습관을 바꾸는 아주 작은 것의 힘

습관을 바꾸는 아주 작은 것의 힘

초판 1쇄 발행 2022년 5월 28일
2쇄 발행 2022년 7월 22일

지은이 정미영
펴낸이 장길수
펴낸곳 지식과감성#
출판등록 제2012-000081호

교정 이혜지
디자인 이은지
편집 이은지
검수 양수진, 이현
마케팅 고은빛, 정연우

주소 서울시 금천구 벚꽃로298 대륭포스트타워6차 1212호
전화 070-4651-3730~4
팩스 070-4325-7006
이메일 ksbookup@naver.com
홈페이지 www.knsbookup.com

ISBN 979-11-392-0498-8(03190)
값 15,000원

• 이 책의 판권은 지은이에게 있습니다.
• 이 책 내용의 전부 또는 일부를 재사용하려면 반드시 지은이의 서면 동의를 받아야 합니다.
• 잘못된 책은 구입하신 곳에서 바꾸어 드립니다.

지식과감성#
홈페이지 바로가기

모든 습관은 신호에 의해 일어난다

습관을 바꾸는
아주 작은 것의 힘

정미영 지음

습관은 인생을 좌우한다!
지속되는 고난과 역경 속에서 저자가 할 수 있었던 것은
생각과 환경을 바꾸고 좋은 습관을 실천하는 것이었다.
습관이란 '아주 작은 것'을 '조금씩, 지속적으로' 바꿀 때 강력한 습관이 된다.
수학문제를 푸는 데 공식이 있듯 습관을 만드는 데에도 공식이 있다.

✏️ 프롤로그

   저는 어려서부터 강인하고 마음 따뜻하신 부모님 아래 성장했습니다. 저는 강원도에서 출생했으며, 아버님께서는 시멘트 회사에 다니셨고, 어머님은 쌀집, 중국집, 횟집 및 하숙집, 슈퍼 경영까지 하셨습니다. 두 분은 늘 바쁘신데도 새벽 4시에 일어나 동네 쓰레기를 주우며 주변 환경 가꾸기에 앞장섰던 분입니다. 제가 고1때 충북 제천으로 이사를 가서도 어머님께서는 지속적으로 쓰레기 줍기와 봉사에 힘쓰며 생활하셨습니다.
   어머님께 긍정적인 마음과 봉사 정신을 배운 오빠는 목사님이 되어 선교지에서 사역을 하고 있습니다.
   저는 항상 바쁘신 어머님을 도우며 어린 시절을 보냈습니다. 어머님께 배운 강인한 정신 덕분에 20대부터 독립하여 아르바이트를 하며 대학교에 다녔고, 장학금을 받으며 성실하게 생활을 했습니다.
   저는 30살에 결혼한 후 많은 고난과 역경 가운데 지냈습니다. 남편의 주식 투자로 인한 3번의 실패로 재산을 잃어 10년 동안 8번이나 이사를 다녀야 했고, 학원 사기, 악덕 상가 주인과의 만남, 부동산 사기, 남편의 건강 문제, 남편이 다니던 병원의 부도에 따른 폐업, 남편이 심한 허리 디스크로 몸을 움직이지 못한 경우 등 여러 가지 고난들로 힘든 상황을 겪었습니다.
   하지만 힘든 생활 가운데서도 긍정적인 마음으로 생활하며 좋은 습관들을 만들어 갔습니다. 가족들을 지켜야 한다는 책임감으로 제가 할 수 있는 일들에 최선을 다하며 노력해서 40대에 인생을 바꾸고 재기에 성공했습니다.

　남들이 불가능하다고 말할 때 저는 '할 수 있다'는 마음으로 작은 것부터 도전했습니다. 40살부터 가족들과 자전거를 타기를 시작해서 자전거 국토 완주 그랜드 슬램을 달성하여 대한민국에서 꿈을 이룬 0.1%의 사람으로 성장하였습니다. 그 이후 걷기 대회, 마라톤, 100대 명산 도전 등 다양한 도전을 하며 강인한 사람으로 성장했습니다.
　두려워서 시작도 안 하면 할 수 있는 일이 없지만, 할 수 있다는 마음으로 도전하면 누구든지 할 수 있습니다.
　자전거 길을 달리다 보면 아스팔트 길, 자갈밭 길, 논길, 산 길, 막힌 길, 돌아가야 할 길, 오르막길, 내리막길, 비포장도로 등 많은 길을 만나게 됩니다. 자전거 길과 인생을 살아가면서 만나는 많은 길들을 비교해 보면 비슷하다고 생각합니다.
　살아가면서 쉬운 길만 있는 것은 아닌 것 같습니다. 많은 어려운 길도 만나게 되지만 어떠한 마음으로 살아가느냐가 중요한 것 같습니다. 힘든 길을 만났을 때 포기하기보다 '할 수 있다'는 마음으로 다시 일어서며 도전하는 마음가짐과 지혜롭게 헤쳐 나가는 자세가 중요한 것 같습니다.
　자전거 여행을 통해 저희 가정은 소중한 마음과 비전을 가지게 되었고, 인생을 살아가면서 어떠한 길을 만나든 포기하지 않고, 인내와 끈기를 가지고 도전하면 목표를 이룰 수 있는 마음을 저희 아이들에게 심어 줄 수 있는 좋은 계기가 되었습니다.

현재는 EBS LittleN English 운영하며 학생들에게 영어를 가르치고 있습니다. 또한 영어 지도뿐 아니라 학생들에게 습관의 힘을 가르쳐 주고 성장할 수 있게 도움을 주고 있습니다.

이 책에서는 제가 습관을 만들면서 겪었던 사례 및 습관의 원리를 이야기하고자 합니다.

책을 내는데 도움을 주신 지식과 감성 출판사 장길수 대표님과 교정 이혜지님, 편집 이은지님, 늘 응원과 격려를 해 준 사랑하는 나의 가족(임재천, 임하은, 임예찬)과 친정식구들, 시댁식구들, 정연억, 임지연, IMHR 회사, 이기준 국사 선생님, 지인들, 제자들, 이상민 작가님, 김정미 작가님, 유영만 교수님, 사랑의 하나님께 진심으로 감사드립니다.

목차

프롤로그 ·· 4

CHAPTER 1.
습관이 중요한 이유 • 11

1. 습관이란 무엇인가? ··· 12
2. 습관을 만드는 3가지 요소: 신호, 반복 행동, 보상 ············· 17
3. 습관에는 유형이 있다: 핵심 습관, 보조 습관, 코끼리 습관 ······ 22
4. 습관이 인간의 운명을 만든다 ·· 27
5. 습관의 과학: 뇌는 변화를 두려워한다 ·································· 31

CHAPTER 2.
미루는 습관 점검 • 35

1. 미루는 습관, 사람은 왜 자꾸 일을 미루는 걸까? ··············· 36
2. 미루는 습관을 이기는 4가지 핵심 요소:
   동기 부여, 자기 훈련, 성과, 객관성 ······································ 43
3. 미루지 않고 즉시 행동하는 사람들은 어떻게 동기 부여를 할까? ········ 51
4. 미루는 습관을 뿌리 뽑는 12가지 단계 ································ 58
5. 미루기에서 벗어나는 사람과 못 벗어나는 사람의 특징이 있다 ········ 65

CHAPTER 3.
의지력은 생각보다 약하다 • 73

1. 의지력은 무한하지 않다 ·· 74
2. 의지력은 무한하지 않기에 적극적인 관리가 필요하다 ······· 81
3. 의지력이 약한 사람들, 의지력이 강한 사람들 특징 ············ 88
4. 의지력이 가진 2가지 문제점:
   한정된 자원, 효용 가치가 단기간만 유지 ···························· 94
5. 의지력 없이 의지력을 발휘하는 법 12가지 ······················ 100

CHAPTER 4.
의지력 대신 환경을 믿어라 • 107

1. 의지력보다 환경의 변화가 훨씬 더 중요하다 ---------- 108
2. 지속력을 키우는 환경을 만들어야 한다:
   칭찬, 라이벌 행동 물리치기, 방해물 낮추기 ---------- 114
3. 사람은 환경을 통해서 성장한다 ---------- 121
4. 습관 형성에 도움 되는 혹은 방해되는 환경에 주목해야 한다 ---------- 127
5. 삶의 질을 높이는 강화된 환경
   (긍정적 스트레스를 주는 환경, 휴식과 회복을 위한 환경) ---------- 133

CHAPTER 5.
아주 작게 시작하라 • 141

1. 팔굽혀펴기 하루 1개, 목표를 작게 잡아서 시작해야 한다 ---------- 142
2. 아침 혹은 저녁, 매일 같은 시간대에 실천해야 한다 ---------- 148
3. 하나만, 습관은 한 번에 하나씩만 만들어야 한다 ---------- 154
4. 3개월, 장기 계획보다는 단기 계획에서 출발해야 한다 ---------- 160

CHAPTER 6.
실천했으면 보상하라 • 167

1. 보상 계획을 치밀하게 세워야 한다 ---------- 168
2. 작지만 즐거운 보상을 마련해야 한다 ---------- 174
3. 습관을 고치는 데는 고통이 들어가기에 보상을 해 줘야 한다 ---------- 181
4. 다양한 보상으로 보상 효과와 결과를 실험해 보아야 한다 ---------- 187
5. 작은 보상을 할 때 유의해야 할 3가지 ---------- 193

CHAPTER 7.
반복으로 습관을 만들어라 • 201

1. 반복으로 습관이 생기므로 반복하는 데 집중해야 한다 ········ 202
2. 힘들더라도 반복의 끈을 놓지 않는다 ······························ 208
3. 반복은 인간의 욕망도 바꿀 수 있다 ································ 214
4. 작심삼일도 여러 번 반복되면 습관이 된다 ······················· 220
5. 결과는 반복되는 행동에서 나온다 ·································· 226

CHAPTER 8.
새로운 습관을 만드는 5단계 공식 • 233

1. 실패, 반드시 실패가 필요하다 ······································· 234
2. 담배와 술, 조금 끊지 말고 완전히 끊는다 ······················· 240
3. 지금 당장, 습관은 지금 당장 시작해야 한다 ····················· 246
4. 공표, 남들에게 대대적으로 공표하면 어떻게든 하게 된다 ···· 252
5. 기록, 반드시 매일 기록을 남겨 습관의 진척도와 효과를 점검해 본다 ···· 258

CHAPTER 9.
일상을 변화시키는 습관들 • 265

1. 건강을 위한 습관 ··· 266
2. 인간관계를 위한 습관 ·· 271
3. 정리 정돈을 위한 습관 ··· 275
4. 여가 생활을 위한 습관 ··· 279
5. 독서하는 습관 ·· 283
6. 일기 쓰기 습관 ··· 287
7. 필사하는 습관 ·· 291
8. 일찍 자고 일찍 일어나는 습관 ······································· 296

에필로그 ··· 300

CHAPTER 1.
습관이 중요한 이유

1.

습관이란 무엇인가?

　매년 새해가 되면 많은 사람들이 새해 다짐을 한다. 예를 들어 운동, 다이어트, 영어 공부, 독서, 금연 등이다. 매년마다 연초에 제일 붐비는 곳이 영어 학원과 헬스클럽이라고 한다. 이처럼 사람들은 계획을 세우고 변하기를 기대하지만, 말처럼 쉽지 않다. 대부분의 사람들이 오래가지 않아 포기한다고 한다. 왜 사람들이 오랫동안 지속하지 못하고 포기하는 걸까? 그건 바로, 습관을 만드는 핵심 원리를 모르기 때문이다. 학자들의 연구에 따르면 습관에는 신호, 반복 행동, 보상이 있다. 이것들은 고리처럼 보인다고 해서 습관 형성 고리라고 한다. 이 원리를 잘 활용하면 습관 만들기가 쉬워진다.
　습관은 현재의 나의 모습이다. 미래를 만들어 가는데 가장 결정적인 역할을 한다. 앞으로의 삶도 현재의 습관으로 결정된다.

　잭 캔필드, 마크 빅터 한센, 레스 휴이트의 『미래를 여는 집중의 힘』에는 이런 말이 있다.
　"습관이란 무엇인가? 간단히 말해, 너무 자주 하다 보니 몸에 밴 일이다. 바꾸어 말하면, 습관은 지속적으로 반복되는 행동 양식이다. 새로운 행동도 꾸준히 반복하다 보면 자연스럽게 습관이 된다. 예를 들어 보자. 수동변속기가 달린 차를 처음 운전하려면 누구나 고생하게 마련이다. 가장 신경 쓰이는 것은, 어떻게 클러치와 액셀러레이터 페달을 조정해서 부드러운 기어 변속을 해내는가 하는 것이다. 클러치를 너무 빨리 떼면 차는 속력을 잃는다. 클러치를 떼지 않고 액셀러레이터를 세게 밟으면, 엔진만 붕붕거릴 뿐 차는 꼼짝도 하지 않는다. 우리는 이따금씩 캥거루처럼 거리를 껑충껑충 뛰어가는 듯한 가여운 초보 운전자의 차를 볼 수 있다. 하지만 머지않아 그들의 솜씨는 능숙해질 것이고, 곧 기어 따위는 의식조차 않고 운전하게 될 것이다."

나는 30세 전까지는 습관의 중요성을 느끼지 못한 채 살아왔다. 30대 이후에 인생의 터닝 포인트를 맞이하면서 '새로운 멋진 인생을 살아 보자. 후반부 인생은 알차게 만들고 싶다'라는 생각을 하며 작은 습관들을 만들어 갔다. 습관을 만들기 전에 먼저 했던 일은 '시간을 관리하는 것'이었다. 계획을 세워 중요한 일을 먼저 하기 시작했고, 자기 전에 다음 날 할 일을 생각하고 계획했다. 중요한 일을 놓치지 않기 위해 달력에 메모해 가며 지켰다. 필자가 제일 먼저 실천했던 습관은 '자녀들과 성경 쓰기'였다.

이러한 습관을 실천한 지 4년이 넘었다. 오랫동안 한 번도 빠짐없이 유지할 수 있었던 것은 미리 시간을 마련해 두었기 때문이다. 당일에 지인과의 저녁 약속이 생기더라도 습관을 실천할 시간을 계산해 집에 일찍 들어가곤 했다. 만약 습관을 실전할 시간을 계획하시 않았나면 중간에 포기했을 것이다.

사람들이 습관을 오랫동안 지속하지 못하는 가장 큰 이유는 목표를 너무 크게 세우기 때문이다. '다이어트를 하기 위해 매일 운동을 2시간씩 하겠다', '영어 학원에 가서 공부를 몇 시간씩 하겠다' 하면서 다짐을 한다. 이렇게 목표를 크게 세운 사람들은 계속 유지하기 힘들다. 다른 급한 일이 생겼을 경우 습관을 실천하지 못하기 때문이다. 목표를 세울 때는 쉽게 이룰 수 있도록 아주 작게 설정해야 한다. 예를 들어 '운동 30분, 영어 공부 10분' 하는 식으로 작게 시작해야 한다. 10분도 힘든 사람은 5분, 3분부터 시작해도 좋다. 또한 목표는 유연하게 정해야 한다. 우리 뇌가 '오늘도 습관을 실천했다'는 경험을 많이 하게 해 주는 것이다. 이것이 작은 습관의 원리이다. 작은 성공을 만들어 가다 보면 좋은 습관을 형성할 수 있다.

나는 오랫동안 아이들에게 영어를 가르치면서 많은 것을 느끼게 되었다. 그중 하나는 공부를 잘하는 아이들에게는 좋은 습관이 있다는 것이다. 그들은 규칙적으로 생활하면서 그날 해야 할 일을 반드시 끝낸 다음 여가 시간을 즐긴다. 반면 공부를 못하는 학생들은 시간에 쫓겨 살아간다. 여가 시간을 즐기고 숙제는 나중에 해야지 하면서 미루다 보니 늘 당일 숙제를 하지 못하고, 성적도 미흡하다. 나쁜 습관을 가진 학생들을 위해 필자는 매일 할 수 있는 적은 양의 숙제를 내준다. 적은 양이지만 매일 하다 보면 나중에는 실력도 좋아지고, 공부 습관도 생긴다. 필자가 숙제 양을 많이 내주었다면 학생들이 습관 형성을 하지 못했을 것이다. 부자들이 돈보다 중요하게 여기는 것은 사소한 습관을 지키는 것이다. 현재의 나쁜 습관을 버리고 삶을 변화시켜 줄 작은 습관을 만들어야 한다.

또한 습관을 실천할 수 있는 상황을 만들어야 한다. 요즘에는 일반인들 사이에서 바디 프로필 촬영이 유행이다. 이때 사람들은 바디 프로필에 도전하기 3~6개월 전부터 스튜디오에 미리 비용을 지불한다. 이렇게 하면 목표를 달성할 확률이 높기 때문이다. 습관을 성공시키기 위해 다양한 방법으로 SNS(소셜 네트워크 서비스) 또는 주변 분들께 공개 선언을 하기도 한다.

유광선의 『와일드 이펙트』에는 이런 말이 있다.

"공개 선언을 해서 습관을 하게 만드는 것이다. 꿈을 이루기 위한 능력이나 여건 등을 확보하는 것은 약속과 실천의 관계라 할 수 있다. 그렇게 하려면 빠른 시일 안에 달성 가능한 목표를 세우고, 그 목표를 가급적 공개적으로 드러내는 게 좋다."

사람들은 자신의 목표를 공개 선언하면 그것을 끝까지 지키려는 경향이 있다. 말과 행동이 다른 상태가 되면 불편함을 느끼기 때문이다.

나는 만들고 싶은 습관이 생기면 우선 상황을 만들려고 노력한다. 할 수밖에 없는 상황을 만들어 놓아서 습관을 지속하고 있다. 네이버 블로그, 인스타그램 챌린지에 참여해 공개 선언을 하기도 한다. 그 후 매번 습관을 실천한 후 사진을 찍어 그 인증 샷을 포스팅한다. 이렇듯 습관의 목표를 작게 선정하여 공개 선언하는 것이 중요하다.

한편 작년에 A4 용지 2장 분량 정도 되는 필사 챌린지에 참여한 적이 있었는데, 그 과중함을 몰랐다가 바쁜 와중에 수면 부족 상태로 고생한 기억이 있다. 좋은 습관은 오랫동안 유지하기 힘들지만 방심하면 한순간에 쉽게 무너지기도 한다. 오래 지속했던 습관이지만 일주일간의 여름휴가로 인해 습관 유지가 힘들어졌다는 사람들도 있다. 습관도 지속적인 관리가 필요하다.

게리 켈러, 제이 파파산의 『원씽』에는 이런 말이 있다.

"성공에 대해 이야기할 때마다 우리는 늘 '관리'와 '습관'이라는 단어를 만나게 된다. 그 의미는 다르지만 이 두 단어는 높은 성과를 이루는 바탕으로 함께 작용한다. 어떤 목표를 위해 주기적으로 노력하다 보면 그것이 주기적으로 높은 성과를 보장해 주는 것이다. 본질적으로 자기 관리를 철저히 한다는 건 자신을 스스로 정한 방식대로 행동하도록 훈련하는 것과 같다. 그 훈련을 충분히 유지하면 일상, 달리 말해 습관이 된다. 그러니 '자기 관리에 철두철미'하게 보이는 사람도 실제로는 몇 가지 바람직한 습관을 만들어 확립시킨 것뿐이다."

습관을 만들기 위해서는 습관 형성 고리를 이해해야 한다. 시간을 관리하면서 목표를 아주 작게 설정하고, 습관을 실천할 수 있는 상황을 만들어 꾸준한 습관을 유지해 보길 바란다.

2.

습관을 만드는 3가지 요소:
신호, 반복 행동, 보상

찰스 두히그의 『습관의 힘』에는 이런 말이 있다.
"우리 뇌에서 이런 과정은 3단계의 고리로 이루어진다. 첫 단계는 신호다. 신호는 우리 뇌에게 자동 모드로 들어가 어떤 습관을 사용하라고 명령하는 자극이다. 일종의 방아쇠이다. 다음 단계는 반복 행동이 있다. 반복 행동은 몸의 행동으로 나타나기도 하고, 심리 상태나 감정의 변화로도 나타날 수 있다. 마지막 단계는 보상이다. 보상은 뇌가 이 특정한 고리를 앞으로 계속 기억할 가치가 있는지 판단하는 기준이 된다. 시간이 지나면서 '신호-반복 행동-보상'이 반복되면 고리는 점점 기계적으로 변해 간다. 신호와 보상이 서로 얽히면서 강렬한 기대감과 욕망까지 나타난다."

모든 습관은 신호에 의해 일어난다. 신호는 특정한 행동을 하도록 만든다. 예를 들어 당신이 기분이 우울할 때 산책을 하고 싶다면 이때 우울함이 바로 산책하는 습관을 자극하는 신호다. 습관 형성에 유용한 신호에는 시간, 장소, 감정 상태, 사람, 행동의 5가지가 있다. 많은 사람들은 시간을 기준으로 반복 행동을 한다. 시간은 관리하기 쉽기 때문에 새로운 습관을 형성하는 데 큰 도움이 된다. 또한 장소에 의해 여러 습관들이 일어난다. 특정한 장소에 가면 우리의 뇌는 기억된 지시를 따르기 때문이다. 감정 상태도 사람들의 행동에 영향을 미쳐 강력한 신호 역할을 하며, 우리가 함께하는 사람들 역시 잠재적 신호가 된다. 더불어 사람들이 하는 습관은 일련의 행동으로 이루어져 있다. 매일 아침 같은 순서, 즉 '아침에 일어나 이불 정리하고, 세수하고, 물 마신다'를 반복하듯이, 행동 다음에는 또 다른 행동이 이어진다.

새해부터 책을 쓰겠다고 목표를 세웠다면 시간 날 때마다 하는 것으로 두어서는 안 될 것이다. 특정한 장소, 감정 상태, 사람, 행동 등 신호가 될 수 있는 것들을 많이 만드는 것이 중요하다. 나는 어느 순간부터 아이스 아메리카노를 마시면 집필하는데 집중이 잘 되기 시작했다. 나는 집필하기 전 항상 아이스 아메리카노 한 잔을 마신다. 즉, 나는 아이스 아메리카노를 집필 습관 신호로 사용하여 집필하는 습관을 강화시킨 것이다. 알람 시계를 듣는 것은 아침에 일어나라는 신호가 된다. 카카오톡 음이 울리는 것은 카카오톡을 확인하라는 신호가 된다. 새로운 습관을 만들고 싶다면 습관을 만들어 줄 효과적인 신호를 찾아야 한다. 좋은 습관을 만들려면 좋은 습관에 시동을 거는 신호를 인식해야 한다. 이렇듯 신호를 알면 좋은 습관을 형성할 힘이 생긴다.

신호로부터 시작하는 반복 행동은 알기 쉽다. 이 반복 행동이란, 개운치 않은 느낌을 신호로 하는 양치질, 샤워 후 머리를 가꾸는 일 등 흔하게 일어나는 행동을 말한다. 내가 도서관에 가는 행동의 신호는, 주말을 이용해 여가 시간을 보내고 싶다는 느낌이다. 나는 도서관에 갈 때 늘 똑같이 노트북과 가방을 준비하며, 도서관까지 가는 길과 도서관에 가서 하는 행동 또한 몸에 배어 자연스럽다. 책 검색 등 도서관을 이용하는 패턴도 정해져 있고, 도서관에서 책을 대여해서 가는 방법도 똑같다. 이렇듯 반복 행동 후에 다음 반복 행동을 이어지게 하여 신호를 만든다. 도서관 가서 시간을 보내는 것은 단순한 행동이다. 신호와 반복 행동은 일정한 연관을 가지고 하나로 이어진다. 반복 행동의 장점은 일상적인 행동으로 기분을 전환할 수 있다는 점이다. 기분이 상했을 때 오래 달리다 보면 기분이 좋아지는 것을 느끼게 되는 것이 이 예이다.

사람들은 반복 행동을 단순한 한 가지 행동으로 생각하는 경우가 있다. 반복 행동은 일련의 행동으로 일어난다. 필사하는 습관을 예를 들면, 필사할 책과 필기구를 챙기는 것이 첫 번째 행동, 필사할 문장을 소리 내어 여러 번 읽는 것이 두 번째 행동, 필사할 문장을 그대로 손으로 베껴 쓰는 것이 세 번째 행동이며 필사 후 다시 읽어 보고 생각하는 시간을 갖는 것이 네 번째 행동이 된다. 이렇게 나누어 생각해 보면 반복 행동을 만들고 지속하기 위해서 어떤 것이 중요한지 알 수 있다. 이런 일련의 행동 중 하나라도 어긋나면 전체 반복 행동을 지속할 수 없다. 따라서 작은 습관부터 형성함으로서 잠재적인 장애물을 줄이는 것이 중요하다.

보상은 습관을 지속할 수 있는 힘을 준다. 처음 노력한 일에 대한 작은 보상도 없다면 우리는 습관을 지속할 수 없다. 보상의 법칙은 단순하다. 사람들은 대가가 주어지지 않으면 일을 자발적으로 하지 않는 경향이 있다. 우리 몸이 만족스러운 보상을 받으면 뇌는 기분을 좋게 만드는 호르몬인 '도파민'을 내보내는데, 이 도파민은 우리가 습관을 지속해서 할 수 있게 도와준다. 좋은 습관을 형성하기 위해서는 크고 좋은 보상이 도움이 된다. 보상이 만족스러우면 우리는 동기 부여를 받고 원하는 습관을 만들 수 있다. 좋은 습관 형성을 위해 다양한 보상 실험을 하면 우리가 원하는 것이 무엇인지 알아낼 수 있다.

　이러한 보상의 힘을 알면 습관 형성이 쉬워진다. 나는 몇 년 전에 초등학교 자녀들과 자전거 국토 완주 그랜드 슬램을 달성했다. 인증 구간에 도착하면 자전거 수첩에 스탬프를 찍어야 한다. 이 스탬프를 다 모으면 인증서와 금메달을 준다는 달콤한 보상을 알게 되었다. 나는 이 같은 보상 효과를 이용해 아이들에게 자전거 타기라는 건강한 습관을 만들어 주었다. 만약 보상이 없었다면 아이들은 장거리 라이딩을 계속하지 않았을 것이다. 이처럼 보상은 좋은 습관을 들이는데 유익하다. 새로운 습관을 형성하고 싶다면 다양한 보상을 생각해 봐야 한다. 보상이 크면 도파민의 분비량도 크다. 도파민은 분비되고 1분 이내에 습관을 촉진시키므로, 보상을 나중에 받는 것보다 바로 받는 것이 습관 형성을 더 강하게 촉진시킨다.

　또한 습관이 형성되면, 습관을 하게 만드는 신호가 몸에 들어왔을 때 뇌가 인식하여 반복 행동을 하게 된다. 즉, 반복 행동 후에는 적절한 보상이 주어져야 한다. 보상에 대한 만족이 클수록 다시 이 반복 행동을 해야겠다는 열망이 만들어지기 때문이다. 이것들은 고리처럼 보인다고 해서 습관 형성 고리라고 한다. 습관을 시행하게 하는 신호는 시간, 장소, 감정 상태, 사람, 행동처럼 다양하다. 반복 행동은 우리가 원하는 습관을 시행하는 구체적인 행동이다. 예를 들면 독서, 운동 등이다. 보상은 꼭 눈에 보이는 것뿐만 아니라 정신적으로 얻는 것까지를 포함한다. 예를 들면 책을 읽고 나면 기분이 좋아지는 것 또한 보상이 될 수 있다.

　지금까지 말한 신호, 반복 행동, 보상 개념을 이해해 보자. 이 3가지 개념을 적용함으로써 우리가 원하는 좋은 습관을 형성해 볼 수 있다. 좋은 습관은 우리를 성장시킨다.

3.

습관에는 유형이 있다: 핵심 습관, 보조 습관, 코끼리 습관

　습관에는 핵심 습관, 보조 습관, 코끼리 습관의 3가지 유형이 있다. 핵심 습관은 다른 습관에 영향을 주므로, 좋은 습관을 형성하기 위해서는 핵심 습관을 잘 선택해야 한다. 보통 성공하는 습관들은 좋은 핵심 습관으로 구성되어 있다. 보조 습관은 핵심 습관을 시행할 수 있도록 돕는 역할을 한다. 한 가지의 핵심 습관을 이루어 내려면 여러 가지의 보조 습관들이 필요하다. 코끼리 습관은 과중한 일을 할 때 작은 분량으로 나눠서 하는 것이다. 매일 15분 정도 코끼리 습관을 실천하면 힘든 일도 여유롭게 마무리할 수 있다. 이 중 자신에게 맞는 습관 유형을 선택해 실천해 보도록 하자.

　핵심 습관은 우리 인생에 긍정적인 영향을 미친다. 새로운 습관을 만드는 데도 유용하다. 예를 들어 매일 운동하면 몸도 건강해지고, 건강한 음식을 먹게 된다. 운동하는 습관은 물 자주 마시기 습관, 규칙적인 생활 습관 등 좋은 습관으로 이어진다. 삶에 변화를 주고자 할 때 이 핵심 습관은 중요한 역할을 한다. 핵심 습관만 바꾸면 다른 습관들도 바꾸기가 쉬워진다. 시간을 잘 활용하지 못하고 있다면 자신에게 맞는 핵심 습관을 만들어 실천해야 한다. 어떤 습관이 자신에게 긍정적인 영향을 미치는지 생각해 봐야 한다. 바쁜 일정 가운데 핵심 습관을 여러 개 만들기는 쉽지 않다. 자신에게 가장 중요한 습관을 선택하고, 그것을 핵심 습관으로 삼아 우선적으로 이루어 내도록 한다.

나는 매일 3가지 핵심 습관을 실천한다.

첫째, 새벽에 기상한다. 아침에 일찍 일어나면 시간에 쫓기지 않고 하루를 보낼 수 있다. 또한 새벽에는 조용해서 집중도 잘되고 나만의 소중한 시간을 보낼 수 있다.

둘째, 묵상과 기도, 긍정 확언을 한다. 말씀을 읽고 기도하면서 회개하고, 삶을 바르게 살아가려고 노력한다. 매일 삶의 길을 점검하며 하나님 말씀 앞에 내 삶을 비추어 본다. 기도가 끝난 후에는 긍정 확언을 10번 말한다. 나는 이러한 활동을 통해 긍정 에너지를 얻어 하루를 알차게 보낼 수 있었다.

셋째, 글쓰기를 한다. 직장과 가사, 자녀 교육 등으로 매일 글쓰기를 하는 것은 쉽지 않다. 따라서 집중이 잘 되는 아침 시간을 이용해 글쓰기를 하고 있다. 처음에는 한 문장 쓰는데 1시간을 고민해서 쓴 적이 있다. 글쓰기를 통해 대한민국 작가들의 삶을 존경하게 되었고 나 역시 매일 조금씩 성장하고 있다.

한편 사람들은 핵심 습관에만 집중하는 경향이 있는데, 이러한 핵심 습관을 할 수 있도록 돕는 것이 바로 보조 습관이다. 예를 들어 설명하면, 나의 핵심 습관은 글쓰기다. 나는 매일 글쓰기를 하기 위해 5가지의 보조 습관을 실천한다.

첫째, 몇 시에 글쓰기를 할지 결정한다.

둘째, 글쓰기 자료를 읽어 본다.

셋째, 글쓰기에 필요한 자료들을 책상 위에 펼쳐 둔다.

넷째, 어떤 내용으로 쓸지 생각해 본다.

다섯째, 커피를 마시며 마음을 진정시킨다.

이들은 각각 실행하는 데 5분도 채 안 걸리는 보조 습관이지만, 핵심 습관을 형성해 주는 데 중요한 역할을 한다.

나는 매일 4가지 보조 습관을 실천한다.

첫째, 가장 중요한 일을 먼저 한다. 중요한 일을 미루다 보면 나중에는 못 하게 된다. 하루 일과 중 중요한 일이 무엇인지 살펴본 후 가장 먼저 해결한다.

둘째, 책상을 정리한다. 책상이 어지러우면 집중하기 힘들다. 매일 일을 시작할 때 책상 주변을 정리하면 마음도 정리가 되는 느낌이 들기 때문에, 필요 없는 물건은 다 치운다.

셋째, 몸무게를 잰다. 매일 몸무게를 재면서 건강 상태를 확인한다. 몸무게가 많이 나온 날은 음식 조절을 통해 체중 관리를 하고, 노트에 그날의 몸무게를 매일 기록한다.

넷째, 유익한 동영상을 본다. 나는 특히 농기 부여에 관한 동영상을 즐겨 보며 영감을 받고 그대로 실천하려고 노력한다. 유익한 영상은 생각과 가치관의 변화를 가져오고 세상을 보는 관점도 달라지게 한다.

스티브 스콧의 『해빗 스태킹』에는 이런 말이 있다.

"누구나 다음과 같은 이야기를 들어본 적이 있을 것이다. "코끼리를 어떻게 다 먹을까? 한 번에 한 입씩 먹으면 된다." 여기서 핵심은 아무리 크고 복잡한 목표라도 작은 덩어리로 나누어 조금씩 해 나가면 된다는 사실이다. 안타깝게도 많은 사람이 이 원리를 자신의 삶에 적용하지 못한다. 아주 큰 프로젝트를 해야 할 때, 도저히 끝낼 수 없다는 생각이 들면 차일피일 미루거나 그 일을 피하려고만 한다. 하지만 조금씩 나눠서 하는 코끼리 습관을 활용하면 아무리 큰 프로젝트라도 여유롭게 해 나갈 수 있다. 코끼리 습관은 하기 싫은 일을 해야 할 때 느끼는 자연스러운 저항감을 극복하는 방법이다."

코끼리 습관은 시간이 많이 걸리는 일을 작게 나눠서 하는 것이다. 나는 매일 3가지 코끼리 습관을 실천한다.

첫째, 새로운 것을 배운다. 물론 그 전에 '관심 있는 일' 또는 '지속할 수 있는 시간'을 계획하는 일이 우선이다. 이때는 여유로운 저녁 시간을 활용하면 좋다.

둘째, 컴퓨터 파일을 정리한다. 예전에는 바빠서 컴퓨터 파일을 정리하지 않고 사용했는데, 문서 찾는 데 오랜 시간이 걸렸다. 그 이후 문서를 폴더별로 정리하고, 필요 없는 문서는 휴지통에 넣고 비우게 되었다.

셋째, 집을 청소한다. 청소를 한 번에 하려면 지치고 힘이 든다. 대신 매일 조금씩 하면 시간을 아낄 수 있다. 사용한 물건을 제자리에 놓고, 재활용을 구분해서 하고, 사용하지 않은 물건은 버린다. 이처럼 한 번에 하기 힘든 일들을 매일 작은 분량으로 나눠서 하는 코끼리 습관을 실천해 보자.

톰 콜리의 『습관이 답이다』에는 이런 말이 있다.

"우리가 살면서 습득하는 습관은 좋은 습관일 수도 있고 나쁜 습관일 수도 있다. 좋은 습관을 가졌다면 무의식적으로 좋은 습관을 통해 재정, 건강, 정신 상태로 가득한 삶을 만들어 낸다. 반면 나쁜 습관을 가졌다면 나쁜 재정 상태, 건강 악화, 좌절, 불행 등이 가득한 삶을 만들어 낸다. 그것은 우울증, 인간관계 문제, 재정적 고통의 원인이 된다. 따라서 인생을 변화시키려면 좋은 습관을 선택하고 나쁜 습관을 제거해야 한다. 어떤 습관을 채택해야 하는지 알려면 먼저 가난해지는 습관이 무엇인지 파악해야 한다."

자신이 만들고자 하는 좋은 습관을 유형별로 구별한 후 삶에 적용해 봐야 한다. 세계 최고 부자들은 공통적으로 세 가지 유형의 습관들을 가지고 있었다는 점을 기억하자. 나쁜 습관은 버리고 자신을 성장시켜 줄 좋은 습관을 만들어 보자.

4.

습관이
인간의 운명을 만든다

운명을 바꾸려면 습관을 우선 바꾸어야 한다. 어떤 생각, 태도, 행동을 하느냐에 사람의 인격과 운명이 좌우되기 때문이다. 좋은 씨앗을 심어야 좋은 열매를 맺듯이 매사 긍정적인 마음으로 생활하는 것이 중요하다. 어려움을 극복하고 성공한 사람들은 어떠한 상황 가운데서도 굳건한 마음을 지키며 성실히 노력한 사람들이다. 고난과 실패를 성공의 지름길이라 생각하고 목표를 세워 최선을 다하는 사람들은 반드시 성공한다. 실패했다고 인생이 끝난 것이 아니다. 다시 시작하라는 기회인 것이다. 우리의 삶은 시행착오를 통해 성장한다. 자신의 운명을 바꾸려면 부정적인 생각을 지우고, 긍정적인 생각으로 현실을 만들어 내야 한다. 좋은 습관을 통해 인생을 성공적으로 만들어 보자.

이충호의 『십대, 꿈을 이루어주는 습관의 힘』에는 이런 말이 있다.
"습관은 운명을 결정하는 놀라운 힘을 가지고 있다. 습관은 우리의 생각과 행동을 지배하고 생활을 지배하며 성격을 형성하고 운명까지도 좌우한다. 습관은 이처럼 무서운 힘으로 사람을 지배한다. 그래서 어느 철학자는 '습관은 폭군 같다'라고 말하기도 했다. 우리가 매일 취하는 행동의 95%는 습관으로부터 나온다고 할 만큼 인간은 습관의 묶음인 것이다. 문제는 그 습관이 어떤 것인가 하는 것이다. 좋은 습관은 그것으로 인해 자기의 능력을 향상시키고 행복한 삶을 누리며 성공의 길을 걷게 되지만, 나쁜 습관은 그것 때문에 능력이 저하되고 불행한 삶을 살며 실패의 길을 걷게 된다. 그런데 습관은 만들기는 쉬우나 한 번 만든 다음에는 고치기가 무척이나 어렵다."

나는 남편의 3차례의 주식 실패로 큰 어려움을 겪으며 힘든 시간을 보냈다. 10년 동안 8번이나 이사를 다니다 보니 몸과 마음이 지쳤었다. 힘들었던 순간에도 주어진 환경에 감사하며 부정적인 마음을 없애고자 노력했다. 생각을 바꾸고 작은 습관을 하나씩 만들어 갔다. 긍정적인 마음으로 좋은 습관을 꾸준히 실천했더니 인생이 변화되기 시작했다. 힘들었을 때 내가 부정적인 생각으로 지냈다면 지금의 행복한 삶은 없었을 것이다. 나는 실패를 통해 교훈을 얻고 목표를 이룬 것이다. 따라서 좋은 습관을 만들기 전에 생각의 전환이 필요하다. 운명은 자신의 노력으로 만들어 가는 것이다. '나는 어떠한 상황도 극복하고 이겨 낼 수 있다'라는 긍정적인 생각으로 운명을 바꿀 수 있도록 노력해야 힌다.

좋은 습관은 우리의 목표를 이룰 수 있게 도와주고 성공의 밑거름이 된다. 성공한 사람들은 공통적으로 좋은 습관들을 가지고 있는데, 이러한 습관은 부모로부터 물려받는 경우가 많다. 아이들은 어려서부터 부모의 행동을 보고 모방한다. '세 살 버릇 여든까지 간다'라는 속담은 습관의 중요성을 강조하는 말이다. 어려서 생긴 습관은 커서도 쉽게 고치지 못한다. 그러니 가정에서 부모는 아이들에게 모범이 될 수 있도록 말과 행동을 조심해야 한다. 좋은 습관을 만들 수 있는 환경을 제공해 주어야 한다. 또한 습관을 만드는 데는 많은 노력이 필요하다. 자신에게 맞는 습관을 선택한 후 지속적으로 실천해 보자. 습관에도 복리 효과가 있다는 사실을 기억하고 매일 1%씩 변해 갈 수 있도록 조금씩 실천해 보자.

나는 좋은 습관을 형성하기 위해 메모하는 습관을 실천하고 있다. 해야 할 일을 계획하고 메모하면서 스케줄을 관리한다. 머릿속으로만 기억하는 데는 한계가 있기 때문에, 바쁘고 정신없다 보면 나도 모르게 잊어버리곤 한다. 이럴 때 메모를 하면 복잡한 머리를 비울 수 있어 좋다. 또한 아이디어가 생각났을 때도 바로 메모한다. 이렇게 하자 좋은 글을 필사하는 습관이 생겼고 다른 습관에도 영향을 주기 시작했다. 이처럼 좋은 습관 하나만 만들어도 다른 좋은 습관들을 만들 수 있다. 나는 이 방식을 100일 동안 꾸준히 실천해서 습관으로 만들었다. 습관이 형성되고 나서는 실천할 때가 되면 몸이 자동으로 움직여지곤 한다.

한편 나쁜 습관은 쉽게 만들어진다. 그것이 삶에 부정적인 영향을 준다는 것을 알면서도 우리는 쉽게 끊지 못한다. 나쁜 습관은 인생에 즐거움과 쾌락을 주기 때문이다. 요즘 사람들의 나쁜 습관에 가장 큰 요인이 되고 있는 것은 'SNS 중독'이다. 대부분의 사람들은 아침에 일어났을 때와 하루를 마감할 때 스마트폰을 장시간 사용한다. '스마트폰만 있으면 무인도에서도 살아남을 수 있다'는 우스갯소리도 한다. 한 온라인 고용 사이트에서 실시한 조사에 의하면 노동자들이 매일 능률적으로 일하는 시간이 5시간 미만이라고 한다. 그 이유가 바로 '스마트폰 사용'이다. 과도한 스마트폰 사용으로 일의 집중도가 떨어지면 수면 시간도 일정해지지 않아 불규칙한 생활을 하게 된다. 나쁜 습관의 심각성을 깨닫고 원인이 되는 요인들을 제거하여 해결책을 마련해 보자.

  나는 학부모 상담할 때 '스마트폰 중독 때문에 아이들이 공부를 안 한다'는 말을 학부모들에게 자주 듣는다. 부모와의 대화 시간도 줄어들고 있는 게 현실이다. 사람들은 SNS 공간에 많은 사진들을 올리며 자신을 아름답게 표현하려고 한다. 또한 많은 공감수와 댓글을 받으며 자신을 드러내기도 한다. 하지만 블로그, 페이스북, 인스타그램 속에서의 인간관계는 회원 탈퇴를 하는 즉시 인연이 끊어지게 된다. 한마디로 말해 가짜 인간관계인 것이다. 이런 가짜 인간관계에 얽매여 소중한 시간을 잃어서는 안 된다. 스마트폰을 사용하는 나쁜 습관을 끊기 위해서는 사용 시간을 제한하고, 즐겨 사용하는 게임이나 애플리케이션을 지우도록 해야 한다. 나쁜 습관을 없애기 위해 유해한 환경에서 벗어나도록 노력해 보자.

  좋은 습관은 운명까지 바꾼다. 우리가 하는 행동 중 90% 이상이 습관에 의해 이루어진다. 매일 하는 습관이 우리의 미래를 만든다. 사람의 미래는 어떤 습관을 하느냐에 달려 있다. 우리는 습관을 가볍게 여겨서는 안 된다. 한 번뿐인 인생을 행복하게 또는 불행하게 살아갈지는 자신의 선택에 달려 있다. 힘든 순간이 왔을 때 마음을 단단히 먹고 자신이 할 수 있는 작은 습관부터 실천해 보자. 긍정적인 생각은 성공한 습관을, 부정적인 생각은 실패한 습관을 만든다. 우리의 운명을 변화시켜 줄 좋은 습관을 선택하고, 나쁜 습관은 단호히 끊을 수 있도록 노력해야 한다.

5.
··

습관의 과학:
뇌는 변화를 두려워한다

　사람들은 평소 변화하고자 하는 마음을 가지고 있으나, 쉽게 변하지 않는다. 뇌의 구조 때문이다. 뇌는 변화를 두려워하며, 이 때문에 예전의 생활 리듬으로 돌아가고 싶어 한다. 자신의 의지로 통제하여도 뇌를 이길 수는 없다. 꾸준한 작은 변화를 통해 뇌의 '방어 본능'을 이겨내야 한다. 대부분의 사람들은 목표를 크게 세우고 짧은 기간에 변화하려고 한다. 하지만 작은 목표를 세워 꾸준히 변화하는 것이 뇌의 가소성 원리에 적합하다. 뇌의 가소성은 경험이나 주어진 상황에 의해 변화가 가능하게 하는 뇌의 유연성을 말한다. 이 긍정적인 생각을 하면 긍정적인 삶을 살아갈 수 있으며. 부정적인 생각을 하면 뇌는 부정적인 행동을 일으키게 된다.

　고대원, 성은모의 『습관 공부 5분만』에는 이런 말이 있다.
　"뇌는 우리가 익숙하지 않은 행동을 할 때, 즉 변화하기 위해 새로운 습관을 공부할 때 생존에 위협을 받고 있다고 인식합니다. 그래서 새로운 습관에 저항하고, 하지 않아야 할 수많은 이유들을 찾아내 우리를 설득하기 시작합니다. 변화가 빠르면 빠를수록 저항도 격렬해지죠.

중뇌에 위치한 편도체는 이런 경고 기능을 담당합니다. 편도체의 경고 시스템은 원시시대부터 지금까지 인류의 생존에 큰 역할을 하고 있습니다. 우리가 생명을 위협할 정도의 위험에 처했을 때 논리적, 이성적으로 대응하는 것이 아니라 몸이 먼저 반응하는 것도 편도체 덕분입니다. 오직 그 위험을 벗어나는데 최선을 다하는 것이죠. 문제는 편도체의 경고 시스템이 일상생활에서도 작동한다는 것입니다."

새해에 새로운 목표를 세운 사람들 중 92%는 실패한다고 한다. 습관은 단기간에 형성할 수 없다. 나는 블로그를 운영하면서 작은 습관의 힘을 알게 되었다. 매일 간단하게 블로그에 포스팅을 했더니, 현재까지 10,324개가 넘는 게시물을 올렸고 5,000명의 이웃들을 만들었다. 목표를 크게 세우고 빠른 시간에 이루려 했다면 실패했을 것이다. 블로그 이웃들 중에는 장시간을 투자해 정성껏 포스팅하는 사람들도 많다. 이분들 중 꾸준히 포스팅하는 사람들은 극히 드물다. 생활에 무리 없을 정도로 작게 변화를 주어야 뇌의 가소성 범위에 들어가 습관으로 만들 수 있다.

편도체는 사람들이 인지하는 위험한 요소들에 민감하게 반응한다. 예를 들어 미디어를 통해 부정적인 뉴스를 접했을 때 편도체는 강한 반응을 보인다. 부정적인 뉴스가 긍정적인 뉴스보다 주의를 강하게 끌어당기기 때문이다. 부정적인 사람들은 '세상은 불공평하다' 또는 '되는 일이 없다'고 불평만 하는 경우가 있다. 하지만 부정적인 사람은 아무것도 바꿀 수 없다. 우리는 긍정적인 감정을 통해 학습된 무력감의 회로를 피해야 한다. 편도체의 경고 기능을 무력화하기 위해서는 뇌를 속여야 한다. 그러려면 뇌가 인지하지 못할 정도의 작은 변화가 필요하다. 습관으로 정착하면 뇌도 긍정적으로 인식하고 우리에게 도움이 되는 일이라고 인정하게 된다.

반면 뇌에 부정적인 자극을 주면 모든 것이 잘못되고 있다고 생각한다. 이렇게 되면 우리는 아무것도 못 한다는 무력감에 빠지게 되며, 우울증과 같은 안 좋은 현상을 일으킬 수 있다. 연구원들은 실험을 위해 햄스터를 상자에 넣은 후 투명한 덮개로 닫았다. 햄스터는 처음에는 상자 밖으로 나오려고 여러 번 시도했다. 하지만 시간이 지날수록 그 횟수는 줄어들었고, 햄스터는 탈출을 포기했다. 나중에 연구원들이 덮개를 열어 두어도 햄스터는 탈출 시도를 하지 않았다. 이미 밖으로 나갈 수 없다고 믿었기 때문이다. 이처럼 실패를 반복하면 성공하지 못한다는 결론을 내리게 된다. 이것이 '학습된 무력감'이다. 우리는 일상에서 자주 경험한다. 내면의 힘을 통해 뇌의 부정적인 성향을 긍정적인 성향으로 바꾸어야 학습된 무력감을 피할 수 있다.

뇌가 적응하려면 작은 습관을 꾸준히 실천하는 것이 중요하다. 영국 런던에서 진행된 실험에 따르면 습관이 형성되기까지 평균 66일이 걸린다고 했다. 하지만 이는 대략적인 수치로, 습관 형성에 걸리는 시간은 습관의 난이도와 참가자의 성향에 따라 차이가 날 수 있다. 우리가 의식적으로 행동하면 뇌는 많은 포도당과 산소를 소비하는데, 포도당은 모든 세포에 필요한 에너지의 원천이다. 습관이 형성되어 의식하지 않고 자연스럽게 실천하면, 포도당을 적게 사용하고도 행동할 수 있게 되어 불필요한 에너지 소모를 막을 수 있다.

나는 습관이 형성되기까지 100일 정도가 걸렸다. 대신 습관을 실천하는 100일 동안 하루도 빠짐없이 실천했다. 뇌 전문가들은 도중에 휴지 기간이 있을 경우 처음으로 돌아가 다시 시작하라고 말한다. 나는 원점으로 돌아가는 일이 없도록 네이버 블로그 챌린지에 참여해서 습관 현황을 체크했다. 습관 달력을 이용해 체크해도 좋다. 특히 목표를 작게 정하고 적은 시간을 사용해 습관을 만드는 것이 좋다. 예를 들어 나는 하루를 마무리할 때 감사 일기 5가지를 쓴다. 감사 일기 쓰는데 5분 정도 걸린다. 습관을 실천하기에 부담 없는 시간이다. 이처럼 습관은 처음에 작게 시작해서 크게 만드는 것이 중요하며, 실천하면서 점점 양을 늘려 가면 된다.

 우리는 뇌의 구조를 이해하고 습관을 형성해야 한다. 뇌는 변화를 싫어한다. 뇌를 쉽게 변화시킬 수 없는 이유는 뇌의 구조 때문이다. 뇌는 방어본능이 있어서 새로운 습관을 형성하려고 하면 기존에 상태를 유지하려고 한다. 매일 작은 변화를 통해 뇌의 방어본능을 이겨 내는 것이 중요하다. 목표를 크게 세우는 사람들은 습관 형성이 어렵다. 뇌는 큰 변화를 위험 신호로 여겨 회피하려고 하기 때문이다. 편도체는 위험한 요소에 민감하게 반응하기 때문에 부정적인 뉴스를 차단하는 것이 좋다. 매시 긍정적인 마음을 유지하는 것이 학습된 무력감의 회로를 피할 수 있다.
 자신이 만들고자 하는 새로운 습관을 66일 동안 실천해 보자. 아침에 일어나 침구 정리, 물 한 잔 마시기, 간단한 스트레칭 등의 작은 습관부터 만들어 보자. 작은 습관을 실천할 수 있다면 누구나 좋은 습관을 만들 수 있다.

CHAPTER 2.
미루는 습관 점검

1.
미루는 습관,
사람은 왜 자꾸 일을 미루는 걸까?

　미루는 습관이란? 당장 해야 할 일들을 시간을 지연시키며 나중으로 미루려는 습관이다. 우리는 종종 마감 기한이 될 때까지 미루다가 간신히 일을 처리하는 경우가 있다. 미루는 습관이 고쳐지지 않는 이유에는 여러 가지가 있다. 우리가 바른 행동을 하려고 해도 뇌 안에서 불균형이 일어나도록 무의식적인 통제가 일어나곤 한다. 뇌는 무엇을 하기보다 하지 않는 것을 선호하기 때문이다. 그러니 뇌의 원리를 이해한 후 미루는 습관을 통제해야 한다. 산업화가 시작되고 기계 사용 빈도가 올라감에 따라 일손이 줄어들며 사람들은 일을 지속적으로 미루기 시작했다. 오늘날 전 세계에 디지털 인프라와 스마트폰 사용이 일상화되고 있다.
　사람들은 여러 가지 이유를 대며 할 일을 미룬다. 이 때문에 할 일이 쌓이게 되고 나중에 불이익을 당하기도 한다. 기한 내에 끝내지 못하면 불안, 피해 의식을 느낄 수 있음에도 미루는 습관을 고치기는 쉽지 않다. 세금 등을 제날짜에 내야 되는 걸 머리로는 알고 있지만, 바로 실천하기는 쉽지 않다. 이는 중요하지 않은 일이니까 나중에 해도 된다는 생각 때문이며, 생활 속에서 미루는 습관 때문에 생기게 된다. 바쁜 일이 생길 경우 자신도 모르게 해야 할 일을 놓치게 되고 후회한다. 이를 없애기 위해서는 자신의 미루는 습관을 먼저 파악하고 생활을 변화시킬 방법을 모색해야 한다. 성공을 방해하는 미루는 습관을 없애기 위해 작은 노력부터 해 보자.

 사람들은 바쁜 일이 있다 보면 할 일을 쌓아 놓고 미루는 성향이 있다. 가정에서 예를 든다면 세금 납부이다. 세금을 제때 내지 못하고 마감일을 넘어 연체료를 내는 사람들도 많다. 납부 마감일을 맞추기보다 항상 먼저 낸다는 생각으로 고지서가 왔을 때 바로 납부할 수 있도록 해야 한다. 이 부분이 힘든 사람은 처음부터 자동이체 신청을 해서 자동으로 세금이 나갈 수 있게 해야 세금 납부 미루는 습관을 고칠 수 있다. 자신만의 미루는 습관이 있다면 고칠 수 있도록 대안을 미리 만들어야 한다.
 나는 컴퓨터 랜섬웨어 바이러스에 걸린 적이 있다. 제일 먼저 컴퓨터 대리점에 가니, 기사님께서 고칠 수 없다고 했다. 데이터 복구 업체에서는 해커에게 원하는 많은 돈을 주어야 암호를 풀어 문서를 살릴 수 있다고 했다. 처음에는 삼신 문서가 얼마 되지 않아 안일한 마음을 가졌다. 하지만 그 바이러스는 곧 외장 하드까지 전염시켰고, 다른 랜섬웨어 바이러스로 2차례 더 감염시켜 전체 문서가 안 열리게 되었다. 처음 바이러스를 발견했을 때 백업을 하든가 데이터 복구 업체에 갔어야 했는데 해결을 미루다가 많은 문서를 잃었다. 그 이후 나는 컴퓨터 문서를 바로 정리하고 네이버 N드라이브, 메일 등으로 문서를 옮겨 놓는 습관이 생겼다. 큰 피해를 보고 나서야 미루는 습관을 고칠 수 있었다.

미루는 습관을 가지고 있는 사람들은 자신이 가진 습관의 원인을 파악하고, 계획을 세워야 한다. 그렇게 하기 위해서는 하루 일과를 계획하고 메모하는 습관을 실천해야 한다. 머리로만 기억하려면 나중에 기억나지 않는다. 해야 할 일들을 적어서 매일 체크하는 연습부터 해야 한다. 사람들은 '급하지 않지만 중요한 일'은 미루는 경향이 있다. 예를 들어 인간관계, 건강 관리, 자기 계발 공부 등이다. 현재 급하지 않다고 미루다가 나중에 큰 피해를 볼 수 있다. 처음부터 해야 할 일을 많이 만들면 안 된다. 하루에 자기가 할 수 있는 일을 5가지 선정하여 지키는 것부터 실천해 보자. 이때 다른 사람과 비교해서 자신의 일을 과중하게 늘리지는 말자. 무리한 목표는 꾸준한 습관으로 만들 수 없음을 기억하며, 여유로운 생활을 위해 미루는 습관에서 벗어나기를 바란다.

사람들은 어려운 일을 시작하거나, 새로운 일을 도전할 때 두려움을 느끼고 일을 미루려고 한다. '내가 이 일을 잘 할 수 있을까?' 하면서 일을 미루는 것이다. 두려움이라는 감정은 의심, 우유부단함, 부정적인 감정까지 일으킨다.

할 일을 미루는 사람들의 뇌는 다른 사람들의 뇌와 다르다. 외국에서 이것을 검증하기 위해 MRI 연구실을 찾아서 미루는 사람의 뇌와 미루지 않는 사람의 뇌를 스캔해서 비교했다. 둘 다 '합리적 의사 결정자'가 있었지만, 미루는 사람 뇌에는 '순간적 만족감 원숭이'도 있었다. '합리적 의사 결정자'는 생산적인 일을 하기 위해 합리적인 결정을 한다. 반면 '순간적 만족감 원숭이'는 일이 벌어지기 전까지는 모든 게 괜찮다는 뜻이다. '순간적 만족감 원숭이'는 현재의 순간 속에서만 산다. 과거 기억이나 미래에 대한 지식이 없으며 단지 쉽고 재미있는 것에만 신경을 쓴다.

윌리엄 너스의 『미루는 습관 버리기』에는 이런 말이 있다.

"미루는 습관을 형성하는 과정에서 뇌는 미루는 사고, 감정, 행동에 적응하도록 변화한다. 위협적이거나 부담스럽게 여겨지는 일을 처리해야 하는 상황에서 미루는 습관은 자동적으로 뇌의 회로를 따른다. 불편한 일을 미루고 나서 느끼는 안도감은 탈출로 보상되며, 안도감과 탈출의 관계는 바로 뇌에서 정립된 것이다. 고소 공포증이 있다는 이유로 자신을 비난하지 않는 것처럼, 미루는 습관을 가지고 있다고 해서 자신의 뇌를 비난하는 일은 없어야 한다. 과도한 식욕을 억제하지 못해 과체중이 되었다면 유전자를 탓할 게 아니라, 올바른 식습관을 통해 체중을 조절해야 하지 않을까? 미루는 상태에 있을 때 뇌가 반응하는 상식을 비난하는 일은 바람직하지 않다. 차라리 스스로에게 지금 당장 시행하라고 지시하는 편이 낫다."

나는 집필을 시작하고 유혹에 흔들리기 시작했다. 처음 해 보는 일이라 걱정이 드는 것은 물론, 나의 뇌에서는 집필에 집중하는 힘을 방해했다. '내가 좋아하는 운동을 해야지, 집필은 시간도 오래 걸리고 힘든 일이야'라는 생각이 머릿속에서 머물렀다. 나는 집중이 되지 않을 때면 책상에 바로 앉아서 한 줄이라도 써 보려고 노력했다. 부정적인 마음이 들 때면 '매일 초고도 집중'을 외치며 나 자신을 극복하려 노력했다. 나는 '이상민책쓰기연구소'에서 유 작가님을 만났다. 유 작가님이 3개월도 안 돼서 책을 다 집필하신 적이 있다고 해서 놀란 적이 있다. 유 작가님은 아침 7시부터 밤 11시까지 집필에 전념했다고 했디. 미루는 습관을 이겨 내려면 바로 시작하고 집중하는 수밖에 없다는 것을 깨달았다. 힘든 일을 피하고 시작하지 않으면 아무것도 할 수 없다.

두려움을 이겨 낼 수 있는 방법은 곧바로 실행하는 것이다. '다음에 해야지' 하면서 미루다가 제대로 하는 사람들은 없다. 두렵지만 바로 시작하면 처음에 힘들었던 감정들은 사라지기 시작한다. '나는 뭐든지 할 수 있어'라는 긍정적인 마음으로 하기 싫은 일을 먼저 해 보자. 우리 뇌에 있는 합리적 의사 결정자가 주도권을 잡아야 한다. 순간적 만족을 위해 해야 할 일을 미루지 않도록 노력해야 한다. 미루는 데는 두 종류가 있다.

첫째, 마감 기한이 되어서야 어떻게든 하려고 하는 성향이 있다. 벼락치기로 일을 끝내기도 한다. 마감 기한이 없으면 일을 계속 미룬다.

둘째, 마감 기한이 없다면 아무 일도 하지 않는 성향이다. 기한이 없는 중요한 일은 만남, 운동, 건강, 인간관계 등을 예로 들 수 있다.

옛날에는 일을 하지 않으면 먹고살 수 없는 시절이 있었다. 부지런히 일해야 가족들을 부양할 수 있던 시절이었다. 우리나라는 빠른 속도로 변해 가고 있다. 생활의 모든 영역이 디지털 인프라 위에서 작동된다. 전문가들은 디지털화로 인해 2025년까지 8,500만 개의 일자리가 사라질 것이라고 예상하고 있다. 일하는 사람을 없앤 무인 아이스크림 가게 등도 늘어나고 있다. 이와 같은 편리한 환경은 미루는 습관을 조성하기도 한다. 사람이 하던 일을 기계들이 하고, 편리한 스마트폰이 보급화되며 우리는 미루는 습관을 고치지 못하고 있다. 스마트폰이 없었던 시절이 더 좋았다고 말하는 사람들도 있다. 사람들은 넘쳐나는 정보의 홍수에 빠져 결단하지 못하고 갈 길을 헤매고 있다. 습관을 실천할 수 있는 환경을 조성해 주어야 한다.

스마트폰 사용이 일상화된 것도 미루는 습관이 점점 늘어나게 된 원인이다. 지금 당장 해야 하는 일이 있음을 알면서도 스마트폰을 손에서 놓지 못한다. 성인, 청소년 모두 스마트폰을 하며 많은 시간을 낭비한다. 시간 활용이 제대로 되지 않아 미루는 습관은 고쳐지지 않고 있다. 스마트폰 재미에 빠져 해야 할 일도, 공부도 제대로 하지 않는 것이다. 요즘은 패밀리 링크 앱을 설치해 부모가 자녀의 스마트폰 사용을 차단하고 관리하는 경우도 많다. 하지만 스마트폰을 스스로 통제할 수 있어야 미루는 습관에서 벗어날 수 있다. 하루에 스마트폰 사용 시간을 정해 놓자. 자신과의 약속을 지켰을 경우 작은 보상 제도를 해 주는 것도 도움이 된다. 스마트폰 대신 '해야 할 일' 목록을 정리하고 하나씩 실천해 보자.

나는 아이들 스마트폰 문제 때문에 마음고생을 한 적이 있다. 아이들에게 스마트폰을 사 주고부터 아이들은 틈만 나면 핸드폰을 보려고 했다. 해야 할 숙제보다 핸드폰을 가까이하다 숙제할 시간을 미루기도 했다. 나는 이대로는 더 이상 안 되겠다 싶어 인터넷에서 금고를 구입했고, 아이들이 집에 오면 무조건 스마트폰을 금고에 넣었다. 대신 아이들의 생활 규칙을 정해 놓고 지키면 보상을 해 주며 아이들의 관심을 다른 쪽으로 돌렸다. 이처럼 미루는 습관을 바꾸려면 우선 환경을 먼저 바꿔 주는 것이 중요하다. 아이들을 야단치며 말로만 고치라고 하면 절대 나쁜 습관은 고쳐지지 않는다. 어렸을 때 습관을 잘 들여야 성장해서도 좋은 습관을 실천하기가 쉽다. 또한 부모가 아이들에게 모범을 보이며 행동할 때 아이들도 변화하기 시작한다.

우리는 제4차 산업 혁명 시대를 살아가고 있다. 아무도 예상하지 못했던 코로나 19로 인해 사회 분위기도 침체되고 사람들 간의 미루는 습관도 더 늘어났다. 해야 할 일을 하지 못하게 됨으로써 의욕도 상실됐다. 하지만 이러한 코로나 19 문제를 기회로 생각하고 생각의 관점을 바꿔 보자. 변명과 핑계를 대며 미루는 사람들은 꿈을 이루지 못한다. 자신의 인생은 자신이 선택하고 만들어 가는 것이다. 미루는 습관을 없애려면 자신을 파악하고 미루는 원인들을 생각하고 개선해야 한다. 현재 해야 할 일을 미루고 있다면 마감 기한을 정하고 목록을 작성해 보자. 쉽고 재미있는 것에 신경 쓰기보다 두렵고 하기 싫은 일부터 먼저 해야 한다. 또한 스마트폰 사용 시간을 제한하고, 자신에게 영양분이 될 좋은 습관을 실천하며 미루는 습관에서 벗어나자.

2.

미루는 습관을 이기는 4가지 핵심 요소: 동기 부여, 자기 훈련, 성과, 객관성

요즘 미루는 습관에 대한 연구는 예전에 비해 10배 이상 증가했다. 사회적·개인적 환경으로 인해 미루는 습관도 증가했기 때문일 것이다. 해야 할 일들이 있는데 하지 않으면 마음이 불안하다. 시간은 계속 흐르는데 좀처럼 할 일을 찾지 못한다. 직장 업무를 미루거나, 약속을 미루거나, 가사 일을 미루면서 여러 가지 손실을 남기기도 한다. 하지만 자신의 꿈을 이루려면 미루는 습관에서 벗어나야 한다. 미루는 습관은 사람의 성장을 방해한다. 미루는 습관을 이겨 내려면 동기 부여, 자기 훈련, 성과, 객관성이라는 4가지 핵심 요소가 필요하다.

1) 동기 부여

동기 부여는 개인에게 어떠한 자극을 주어 목표를 이룰 수 있는 행동을 불러일으키는 것이다. 자신이 이루고자 하는 일에 대해 의욕을 일으키는 과정이기도 하다. 동기 부여를 통해 자신을 움직이게 하려면 자신의 삶의 가치와 비전을 찾아야 한다. 외적 동기 부여는 사람들이 기대하는 일이고, 내적 동기 부여는 내가 정말 원하는 일이다. 외적 동기 부여는 외적 자극으로 인해 자신이 하고 싶지 않은 일을 하면서 흥미를 잃기도 한다. 예를 들어 학교에서 강압적으로 공부를 많이 시키거나 직장에서 하고 싶지 않은 일을 할 때가 이에 해당한다. 따라서 장기적이고 효율적인 성과를 위해서는 외적 동기 부여가 아닌 내적 동기 부여가 있어야 한다. 과정 중심의 동기 부여는 자신이 하고 싶은 일에 집중하게 해 준다. 자신이 의미 있다고 생각하면 사람들은 스스로 움직이며, 의미에 초점을 맞추면 큰 동기 부여가 된다.

페트르 루드비크의 『미루는 습관을 이기는 작은 책』에는 이런 말이 있다.

"봉건 시대의 농노, 고대 로마시대의 갤리선 노예, 산업혁명기의 공장 노동자는 외적 동기부여에 의해 노동을 강요당했다. 모두 창의성이 필요 없는 노동이었다. 반면 지금은 다양한 분야에서 창의적 접근 방식이 요구된다. 어떤 일이든 문제를 정확하게 파악하여 새롭고 독창적인 해결 방법을 찾아내는 것이 중요해졌다. 지금까지 많은 연구를 통해 동기부여가 외부로부터 온다면 창의성이 별 필요 없는 일조차 성과가 낮다는 사실이 증명되었다. 따라서 보상이나 처벌을 통한 동기부여 역시 같은 결과를 낳는다. 보상을 기대하고 일했다가 제대로 보상받지 못하면 처벌받을 때와 비슷한 반응을 보인다는 것이다."

외부에서 오는 외적 동기 부여는 지속되지 않는다. 외적 동기 부여는 자신이 하고 싶지 않은 일이기 때문에 흥미를 느끼지 못하고 일을 미루게 한다. 외적 동기 부여에서 유발하는 부정적인 감정 대신 내적 동기 부여를 통해 우리는 긍정적인 생각으로 전환해야 한다. 자신의 내면에서 얻은 내적 동기 부여만이 오랫동안 자신을 움직이게 한다. 좋은 습관을 형성하기 위해 내가 원하는 것이 무엇인지, 나의 목표는 무엇인지 구체적으로 자세히 적어야 한다. 예를 들어 '내가 원하는 것은 책 집필이다. 나의 목표는 습관 책을 통해 많은 분들께 선한 영향력 주는 것이다'라고 적는다. 그런 다음에는 목표를 이룰 기한을 정해야 한다. 우선 마음을 관리하는 것이 중요하다. 자신이 어떠한 생각에 관심을 가지고 있는지 평가해 봐야 한다. 미루는 습관을 없애고 자신을 성장시키려면 의미 있는 올바른 동기 부여를 선택해야 한다.

2) 자기 훈련

자신의 삶의 가치와 비전을 세웠다면 그것을 이룰 수 있는 노력이 필요하다. 비전을 이루려면 구체적인 행동을 해야 한다. 비전을 이루게 하는 행동이 자기 훈련이다. 미루지 않기 위해서는 해야 할 일, 하루를 관리하는 방법, 나쁜 습관을 없애는 방법을 알아야 한다. 매일의 자기 훈련을 통해 일을 효율적으로 하고 생산성을 높일 수 있다. 생산성은 깨어 있는 시간 중 자신의 비전을 이루기 위한 행동을 하는 시간의 비율이다. 충분히 휴식을 취하고, 시간을 계획적으로 활용하고 좋은 습관을 유지하면 생산성을 높일 수 있다. 효율성은 자신에게 시간을 많이 할애하는 일이 중요한 일인지를 평가하는 기준이다. 효율적인 활동은 비전을 빨리 이루게 만든다. 중요한 일을 먼저 하고, 바쁜 일정이 생겼을 때는 다른 사람에게 일을 맡기며 효율성을 높일 수 있다.

나는 비전을 정한 후 그것을 이루기 위해 일정을 계획하고 있다. 24시간 중 깨어 있는 시간에 내가 비전을 위해 해야 할 일들을 계획하고 실천한다. 이러한 자기 훈련을 통해 좋은 습관을 지속적으로 유지할 수 있었다. 예를 들어 아침 시간대는 말씀 묵상과 기도, 긍정 확언, 독서, 필사, 책 집필로 하루를 시작한다. 매일 꾸준히 하면서 지속적으로 나 자신을 훈련할 수 있었다. 만약 내가 비전이 없고 할 일들을 계획하지 않았다면 아무 일도 하려 하지 않고 일을 계속 미루었을 것이다. 요즘은 효율성을 높이기 위해 가족들과 집안일을 분담하고 있다. 책 집필로 바쁜 가운데 여러 가지 일을 하려다 보면 효율성이 떨어진다. 가족들과 일을 분담함으로써 내가 집중하는 일에 효율성을 높이고 있다.

자기 훈련으로 필요한 사항들을 노트에 메모하며 실천하는 것도 중요하다. 자신의 구체적인 비전을 세우고, 비전을 위해 할 수 있는 일들을 정해야 한다.

첫째, 미루지 않기 위해서 해야 할 일들을 정한다. 예를 들어 일을 미루지 않으려면 시간을 계획해야 한다. 일정한 시간에 정해진 일들을 할 수 있도록 한다. 중요한 일들을 먼저 처리한다.

둘째, 하루를 관리하는 방법을 계획한다. 비전을 위해 해야 할 일들을 정했다면 하루를 어떻게 효율적으로 관리할지 생각해 본다. 다이어리를 통해 일정을 체크함으로써 자투리 시간을 잘 활용하면 유익하다.

셋째, 좋은 습관을 만들려면 나쁜 습관을 없애야 한다. 예를 들면 늦게 자고 늦게 일어나는 습관이 있으면 좋은 습관을 유지할 수 없으므로 고칠 수 있도록 노력해야 한다.

3) 성과

사람들은 자신이 좋아하고, 하고 싶은 일을 잘 실천하지 않는다. 좋은 성과를 내려면 자신이 좋아하고, 하고 싶은 일을 제대로 알고 행동에 옮겨야 성취할 수 있다. 뇌의 편도체는 우리가 생각하는 모든 것에서 지속적으로 위험성을 찾는다. 이로써 우리는 부정적인 자극을 주목하게 된다.

『식스 해빗』의 저자 브렌든 버처드는 20년 동안 성공한 사람들을 수없이 만나면서 오랫동안 뛰어난 성과를 내는 사람들을 연구했다. 다른 사람들보다 더 빠르게 성공하고 계속 높은 단계로 올라가는 사람들은 매일 반복적으로 하는 행동이 있다. 그것은 바로 습관이다. 훌륭한 성과를 내기 위해서는 좋은 습관을 지속적으로 실천해야 한다. 좋은 습관으로 비전을 이룰 때 성과를 얻고 행복해질 수 있다.

브렌든 버처드의 『식스 해빗』에는 이런 말이 있다.
"자신의 삶을 더 나은 것으로 만들기 위한 능력이 부족한 것이 아니다. 비슷한 프로젝트를 추진하더라도 어떤 프로젝트는 최고의 성과를 내지만 어떤 프로젝트에 대해서는 좀처럼 자신감이 생기지 않고, 어떤 경우에는 리더십을 발휘하면서 인정받기도 하지만 어떤 경우에는 인정받지 못할 때가 있다. 의욕적으로 노력해서 큰 성과를 이뤄내는 날이 있는가 하면, 하루 종일 넷플릭스에서 드라마만 보고 나서 후회하는 날도 있다. 주위를 돌아보면 나보다 더 빠르게 앞으로 나아가는 사람들이 있다. 일을 능숙하게 처리하고, 문제가 발생하면 안정적으로 해결한다. 어떤 분야에서건 어떤 상황이건 간에 성공할 것만 같은 사람들이 있다. 그런 사람들은 어떤 사람들일까? 비결은 무엇일까? 뛰어난 성과를 내는 사람들의 비결은 바로 '습관'에 있다."

우리는 하루를 유익하게 보내면서 좋은 성과를 내야 한다. 자신의 약점을 파악하고 좋은 습관을 만들어야 한다. 습관을 고치면 성과도 바꿀 수 있다. 좋은 성과를 내기 위해서는 다음과 같은 활동이 필요하다.

첫째, 자신이 원하는 것을 파악하고 목표를 세운다. 처음부터 쉽게 찾을 수는 없다. 지속적으로 도전하며 알아 가야 한다.

둘째, 자신의 행동을 통해 무엇을 얻고자 하는지에 대해 생각해야 한다. 예를 들면 '좋은 습관을 실천함으로써 성실한 삶을 살아간다'가 있다.

셋째, 목표를 이루었을 때의 자신의 모습을 상상해 본다. 미리 상상해 봄으로써 자신에게 동기 부여를 줄 수 있고 습관을 실천할 수 있는 힘을 얻을 수 있다.

넷째, 여러 가지 '성과 지표'들을 공부해야 한다. 많은 사람들이 도전하며 훌륭한 성과를 낸 지표들이 있다. 성과 지표들에 대해 공부하며 자신에게 적용해 보면 큰 도움이 된다.

4) 객관성

이것은 자신에 대해 잘못 생각하고 있는 부분을 알아내는 능력과 관련이 있다. 객관성을 가진 사람들은 잘못된 정보에 흔들리지 않고, 편견에 사로잡히지도 않는다. 편견이 생기면 모든 것을 부정적으로 보는 나쁜 습관이 생긴다. 객관성을 가진 사람들은 자신의 장점을 잘 알고 있기 때문에 자신을 실제보다 높거나 낮게 평가하지 않는다. 객관성은 단점을 고치고 좋은 습관을 만들어 가는 데 있어 꼭 필요한 태도이다. 때로는 자신이 세상에서 성공한 사람이라고 확신하는 사람도 있다. 하지만 슬프게도 자신을 제외한 다른 사람들은 그렇게 생각하지 않는다. 자신의 약점을 인지하고 고쳐서 성장하려면 객관성을 가져야 한다.

객관성이 없는 사람들은 잘못된 결정을 내리기도 한다. 꾸준히 성장하려면 자신이 어떤 면에서 객관성이 부족한지 알아내야 한다. 객관적이지 않으면 다른 사람에게 피해를 줄 수 있다. 아래 설명할 사례들은 많은 사람들을 충격에 빠지게 했고, 많은 생명을 잃게 만들었다. 객관성이 없는 사람이 만들어 낸 결과이다.

나는 TV 프로그램 〈꼬리에 꼬리를 무는 그날 이야기 시즌 2〉에서 '많은 사람들에게 잔인한 범죄를 저지르고 자신이 한 일을 반성하지 않고 옳다고 생각한다'라고 말하던 사연을 본 적이 있다. 범죄를 저지른 사람이 자신의 행동을 정당화시키는 것을 보면 '이런 사람들은 어떤 생각을 가지고 살아가고 있을까?'라는 의문이 들기도 한다. 객관성이 없는 사람들 때문에 사람들은 분노하고 오열하기도 한다.

객관성을 높이려면 다음과 같은 지침을 참고하는 것이 좋다.

첫째, 배움을 통해 자신의 능력을 향상시켜야 한다. 교육을 통해 무능한 사람들의 능력을 향상시킬 수 있다. 자신에게 능력이 생기면 자신이 예전에 얼마나 잘못 생각했었는지 알게 된다.

둘째, 믿을 만한 출처와 정보를 알아내야 한다. 인터넷에는 많은 정보들이 있으나, 정보의 출처를 찾고 그것이 옳은 것인지 판단하는 것이 중요하다. 학술지와 논문같이 출처가 표시된 정보는 익명의 저자가 쓴 글에서 알아낸 정보보다 신뢰할 수 있다.

셋째, 여러 가지 피드백을 외부에서 찾아야 한다. 자신의 생각에 대해 다른 사람들에게 질문하고 의견을 들으면 도움이 된다.

넷째, 비판적인 사고를 향상시켜야 한다. 정보가 맞는지 아닌지 확인하는 방법은 비판적인 사고를 통해 길러진다. 자신이 생각과 다른 사람의 생각이 다르다는 것을 알게 되어 상대방의 생각을 받아들이는 데는 용기도 필요하다.

지금까지 미루는 습관을 이기는 4가지 요소를 알아보았다. 자신을 성장시키기 위해서는 올바른 동기 부여를 선택해야 한다. 과정 중심의 동기 부여를 통해 자신이 하고 싶은 일에 집중해야 한다. 습관을 지속하기 위해서는 자신이 원하는 것이 무엇인지, 자신의 목표를 구체적으로 적는다. 비전을 세우고 이루려면 구체적인 자기 훈련이 필요하다. 비전을 위해 자신이 할 수 있는 일들을 정하고 매일 실천해야 한다. 좋은 성과를 내기 위해서는 자신의 약점을 파악하고 좋은 습관을 실천해야 한다. 성과 지표들에 대해 공부하고 자신에게 적용해 보며 실천하는 것도 중요하다. 객관성을 높이기 위해서는 배움을 통해 자신의 능력을 향상시키고, 정보의 출처를 찾아 옳은 것인지 판단해야 한다. 자신의 행동에 대해 외부의 피드백을 받아들여야 한다. 우리는 객관성을 가지고 주관적 편견을 줄여야 한다.

3.

미루지 않고 즉시 행동하는 사람들은 어떻게 동기 부여를 할까?

　많은 사람들이 미루지 않고 즉시 행동하는 사람들은 어떻게 동기 부여를 하는지 궁금해한다. 요즘 자기 계발서 중에서도 동기 부여에 관한 책들이 인기가 많다. 사람들에게 에너지가 되는 동기 부여는 어떤 것들이 있을까? 어떠한 동기 부여를 선택하느냐에 따라 습관이 좌우되기도 한다. 좋은 습관을 지속적으로 유지하는 사람들은 자신에게 맞는 비전을 세우고 실천한다. 비전을 세우고 실천함으로써 과정 중심의 동기 부여를 유발한다. 같은 목표를 가진 사람들과 함께 하면 시너지 효과도 크다. 서로 칭찬과 격려로 동기 부여하며 큰 힘을 얻을 수 있어 효과적이다. 챌린지 프로그램을 통해 같은 목표를 가진 사람들을 만나기도 한다. 정상에 오른 사람들은 몰입 상태에서 도전하고 잠재력을 발휘하였다.

　과정 중심의 동기 부여는 미래의 계획을 유지하고 더 나은 결과를 내고 더 큰 행복을 느끼게 해 주는 힘이다. 자신의 인생은 자신이 책임져야 한다. 비전은 자신이 만드는 것이다. 어느 누구도 대신 만들어 줄 수 없다. 자신이 미래에 이루고자 하는 일과 가치관에 담긴 비전을 세워야 한다. 목표 중심의 동기를 가지고 있는 사람은 목표를 이루기 위해서만 움직인다. 이정표는 자신이 바른 방향으로 가고 있는지 알려주며 피드백을 제공하기도 한다. 비전과 동기는 우리에게 삶의 활력소를 제공한다. 비전이 없는 사람은 어떤 일을 어떻게 해야 할지 모르고 방황하거나, 매일 반복되는 일상을 무의미하게 보내기도 한다. 자신에게 맞는 이정표를 정하고, 작은 것부터 실천해 보도록 해야 한다. 방향이 정해져 있으면 일이 진행되기 마련이다.

나는 꿈을 이루기 위해 시각화된 비전 보드를 만들어 아침마다 동기 부여한다. 비전 보드에 내가 이루고자 하는 일들을 적고 사진을 붙였다. 매일 아침 비전보드를 보는 것만으로도 큰 힘이 된다. 진짜 이루어졌을 때를 생각하니 마음도 부자가 된 기분이다. 비전 보드를 만들기 전까지는 많은 고민을 했다. 내가 좋아하며 지속적으로 할 수 있는 일이 무엇인지? 나의 장점을 잘 살릴 수 있는 일들이 무엇인지? 등을 오랜 시간 고민했다. 하지만 결국 비전 보드를 만드는 것은 나에게 내적 동기 부여가 되었다. 꿈을 이루려면 비전을 세우고 실천하는 것이 제일 중요하다는 것을 깨닫게 되었다.

과정 중심의 동기 부여를 위해서는 자신에게 맞는 비전을 만들어야 한다. 자신이 앞으로 하고자 하는 일, 원하는 것들을 생각한 뒤, 아래 사항을 참고하여 방향성을 결정하는 것이 좋다.

첫째, 자신의 단점과 장점을 분석해 본다. 이렇게 하면 자신의 성장을 방해하는 원인을 발견할 수 있다.

둘째, 자신의 성취 리스트를 만든다. 살아오면서 성취했던 경험들을 노트에 적어 보자. 이를 들여다보면 자부심과 긍정의 효과를 느낄 수 있다.

셋째, 동기 유발 행동 분석을 해 본다. 자기 계발, 유산 창출, 관계 맺기, 자아 2.0의 행동[1]은 동기를 유발하는 네 가지 유형이다. 비전을 한눈에 보기 좋게 그림과 글을 넣어 비전 보드를 만들어 보자. 책상 앞에 붙여 놓고 매일 비전 보드를 보면서 꿈을 이룰 수 있는 준비를 하면 효과적이다.

좋은 습관은 혼자 만들기 힘들다. 같은 목표를 가진 사람들과 함께 하면서 칭찬과 격려를 하면 동기 부여의 시너지 효과도 커진다. 서로 믿고 의지하면 마음이 동화되어 진정한 동기 부여가 이루어진다. '빨리 가려면 혼자 가고, 멀리 가려면 함께 가라'라는 아프리카 속담도 있다. 서로 다르지만 함께 어울리고, 느리지만 함께 가면 더 큰 힘을 얻고 좋은 결과를 얻을 수 있다. 요즘 SNS에서도 다양한 챌린지 모집 공고를 통해 미루지 않고 즉시 행동하는 사람들이 늘어나고 있다. 챌린지를 인증하기 위해 인스타그램에서는 해시태그와 함께 인증 사진을 올린다. 챌린지에 참여하는 사람들끼리 서로 응원의 댓글을 달아주면 동기 부여가 되어 챌린지를 완주하는 데 도움이 된다.

다음은 진주에 사는 30대 정연역 님의 사례다.
"지난해 4월 중순부터 시작된 플랭크 챌린지는 뱃살을 빼고 고질적인 허리 통증을 이겨 내 보자는 목표로 출발했다. 혼자 하면 작심삼일로 끝이 날 수 있어서, 친구 한 명과 상의해서 매일 인증 샷을 톡으로

---

[1] 자기 자신이 아닌 주변 사람들을 위한 이타적 행동을 의미한다(페트르 루드비크, 『미루는 습관을 이기는 작은 책』, 비즈니스북스, 2018 참고).

공유했다. 플랭크 앱을 활용해서, 100일이 되자 약 5kg이 감량되고, 허리 통증도 많이 완화되었다. 그 이후 등산, 걷기, 러닝까지 도전하게 되었다. 주변 분들의 격려 및 칭찬 한마디도 지속할 수 있는 힘이 되고 있다. 주변 분들로 인해 또 다음 목표를 세우게 되고, 조금씩 도전이 더해지고 있다. 습관 만들기를 위한 첫 요소는 싫어하는 감정이 만들어 내는, 변화를 향한 결심이라고 생각한다. '더 이상은 배가 불쑥 나오고, 허리 아프게 살기 싫다'라는 현실을 직시할 수 있는 부정적인 감정 대신, '이제부터는 건강하게 살아 보자'라는 긍정적인 결심으로 변화시켰다."

나는 좋은 습관을 만들기 위해 몇 년째 챌린지 프로그램에 참여하고 있다. 네이버 블로그 챌린지 프로그램과, 켈리 최 회장과 함께 하는 끈기 프로젝트에도 참여하고 있다. 챌린지가 끝나면 작은 보상이 주어져서 챌린지를 계속하게 만든다. 서로 함께 하는 사람들이 칭찬과 격려, 응원에 댓글도 달아 주다 보니 서로에게 최고의 동기 부여가 되고 있다. 혼자서 좋은 습관을 유지하려고 했다면 실패했을 것이다. 살면서 때로는 습관을 실천하기 힘든 상황들이 자주 발생한다. 누구나 힘든 상황이 생기면 습관을 실천하지 않는다. 나는 비 오고 번개 치는 날 만보를 야외에서 걸을 수 없어서 집 안에서 걸은 적이 있다. 챌린지의 위력이다. 챌린지를 통해 같이 하는 사람들을 만나서 책임감도 느끼고 습관을 지속적으로 실천할 수 있었다.

주변에 습관을 함께 실천할 수 있는 파트너를 구하거나 자신이 만들고자 하는 습관 챌린지에 도전해 보자.

첫째, 자신이 실천할 습관을 정해야 한다. 다른 사람들을 따라 습관을 정하는 것이 아니라 자신이 이루고자 하는 습관을 정한다. 스스로 정한 습관은 오랫동안 지속할 수 있는 힘이 있다.

둘째, 습관을 실천할 기한을 정한다. 처음에는 짧은 기간을 선택한다. 처음부터 장기간을 선택하면 중간에 포기할 확률이 높다. 작은 성공을 이룬 후에 실천할 기간을 늘려야 한다.

셋째, 습관을 실천할 사람들에게 동기 부여한다. 챌린지를 함께 마무리할 수 있도록 지속적으로 칭찬과 격려를 하면 집단 동기 부여를 이끌어 낼 수 있다.

페트르 루드비크의 『미루는 습관을 이기는 작은 책』 참고

정상에 오른 스포츠 스타, 성공한 CEO, 예술가들은 공통점을 가지고 있다. 그들은 몰입 상태에서 꾸준히 도전하며 잠재력을 발휘한다. 그들은 하고자 하는 일에 완전히 몰두한다. 몰입 상태에 있으면 계속 도파민이 분비된다. 행복은 자신의 꿈을 이루고, 뜻깊은 일을 해 나가는 과정에서 생긴다. 이 의미는 우선 행복을 찾고 결과가 따라오게 해야 한다는 뜻이다.

어떤 대상에 깊이 빠진 상태를 몰입이라고 하며, 이는 안정된 상태에서 나타난다. 뇌의 컨디션을 좋게 만들려면 운동, 식사, 규칙적인 생활을 해야 한다. 불규칙한 생활과 힘든 도전을 피하려는 태도는 몰입을 방해한다. 일에 몰입하다 보면 1시간이 10분처럼 시간이 금방 지나간다. 또, 몰입하려면 명확한 목표가 필요하고 방해하는 요인을 제거해야 한다. 명확한 목표가 없으면 집중하기 힘들다. 또한 몰입할 수 있는 환경을 만들어야 한다. 예를 들어 주변을 깨끗하게 하고, TV 시청·스마

트폰·SNS는 하지 않는다. 몰입을 할 때 지난날의 안 좋았던 일은 잊어야 한다. 그 대신 부정적인 생각을 긍정적인 생각으로 바꿔야 한다. 긍정적인 생각은 베타 엔도르핀을 분비하여 스트레스를 줄이고 행복하게 해 준다.

나는 자격증 시험을 공부하려고 책상에 앉으면 집중이 되지 않을 때가 있다. 어느 날은 책상에 앉기까지 시간이 많이 걸린다. 때로는 집중이 되지 않아 유튜브로 음악을 듣기도 한다. 주말에 밖에 나가면 자격증 시험에 방해가 될까 햇빛도 보지 않으려고 했다. 그 결과 뇌의 컨디션을 최상으로 만들지 못했다. '자격증 취득은 어려운 일'이라는 생각이 머릿속을 지배하며 자꾸 마음에서 멀어지게 한다. 결국 몰입할 수 있는 방법을 고민하다가 정한 규칙은 공부 마감 시간을 정하는 것이었다. 피할 수 없는 상황을 만들어 놓은 셈인데, 마감 시간을 정하고부터는 몰입하며 책상에 오래 앉아 있을 수 있었다.

몰입하려면 다음과 같은 일들이 필요하다.

첫째, 마음을 편히 갖고 잡념을 내려놓는다. 문제에 대해 충분히 생각하고 천천히 생각하는 습관을 가지도록 하고, 조급한 마음이 들지 않게 한다.

둘째, 규칙적인 생활을 하면서 뇌의 컨디션을 최상으로 유지한다. 뇌의 컨디션이 좋아야 집중도 잘할 수 있다. 수면 시간을 짧게 하면 집중을 방해한다.

셋째, 상황을 피할 수 없게 마감 시간을 정해 놓는다. 마감 시간을 정해 놓지 않으면 계속 일을 미루게 된다.

넷째, 자신이 좋아하는 분야를 정한다. 자신이 좋아하는 일을 정하면 몰입할 수 있게 되고 시간 가는 줄 모른다.

  다섯째, 몰입에 방해되는 환경을 피하고, 매사 긍정적으로 생각해야 한다.

  지금까지 미루지 않고 즉시 행동하는 사람들은 어떻게 동기 부여를 하는지 설명했다. 자신에게 맞는 방법을 선택해서 실천해 볼 수 있도록 한다.

  첫째, 자신이 미래에 이루고자 하는 일과 가치관에 담긴 비전을 세워야 한다. 과정 중심의 동기 부여가 유발될 수 있게 비전을 세우고 실천해야 한다.

  둘째, 같은 목표를 가진 사람들과 함께 한다. 파트너를 구하거나 챌린지를 참여해도 좋다. 자신이 실천할 습관과 기한을 정해서 함께 하는 사람들과 칭찬과 격려로 동기 부여 한다.

  셋째, 최상의 몰입 상태에서 도전에 직면하는 힘과 잠재력을 발휘한다. 마음을 편히 갖고 천천히 생각해야 한다. 규칙적인 생활과 깊은 수면으로 뇌의 컨디션을 유지한다. 마감 시간을 정하고 자신이 좋아하는 일을 정하면 몰입할 수 있다.

4.
미루는 습관을 뿌리 뽑는 12가지 단계

　일을 미루다 보면 마음도 약해지고 게을러진다. 미루는 습관 한 가지만 있어도 다른 것들도 다 미루게 되는 경우가 있다. 일을 미루는 사람은 가정에서도, 회사에서도 좋은 평가를 받지 못한다. 반면 일을 미루지 않고 약속 시간을 잘 지키는 사람은 어디서나 좋은 평가를 받고, 좋은 결과를 낸다. 미루지 않기 위해서는 작은 습관부터 실천하는 것이 중요하다. 예를 들어 도서관에서 책을 빌려 다 읽었다면 제날짜에 반납하는 것이다. 이처럼 간단하고 쉬운 일부터 지키는 것이 중요하다. 처음에 어떻게 미루는 습관을 고쳐야 할지 망설이는 사람들이 많다. 아래의 습관 쌓기 12단계를 통해 미루는 습관을 뿌리 뽑을 수 있도록 실천해 보자.

1) 습관 덩어리를 만들어라
　자신의 삶에서 만들고 싶은 습관이 있다면 5분짜리 습관 덩어리로 만들어라. 예를 들면 명상 5분, 스트레칭 5분, 독서 5분, 긍정 확언 5분, 책상 정리 5분 등이다. 이렇게 하면 하루 일과를 보내면서 습관을 실천할 수 있고 일관성을 가질 수 있다. 뇌에 부담을 주면 습관을 지속할 수 없다. 이때는 큰 덩어리를 잘게 나누어서 습관을 실천하면 효과적이다. 아이들에게 매일 독서를 1시간씩 하라고 하면 싫어하지만, 5분씩 책을 읽으라고 하면 시행하는 데 부담이 없다. 주의할 점은 5분씩 습관을 실천하다가 얼마 되지 않아 갑자기 시행 시간을 올리면 안 된다는 것이다. 5분 습관이 완전히 정착된 후에 시간을 조금씩 늘려야 한다. 이와 같이 매일 작은 습관을 실천하면 자신감을 얻고 습관으로 만들 수 있다.

2) 작은 결과에 집중해라

부담 없이 할 수 있는 작은 습관을 골라 집중해라. 예를 들어 아침에 일어나 물 한 잔 마시기, 몸무게 재기, 스케줄 표 확인하기 등이다. 나는 매일 5분 스케줄 표를 확인하면서 그날 해야 할 일들을 마음에 새기고, 가장 중요한 일을 먼저 할 수 있도록 한다. 가족 여행을 갈 때도 제시간에 습관을 실천할 수 없어서 새벽에 미리 실천한다. 이렇게 하면 마음의 부담도 줄어든다. 실천할 때는 가장 힘들고 미룰 가능성이 큰 일부터 시작해야 하며, 자신의 스케줄과 관계없는 일들은 거절해야 한다. 뭐든지 시작은 간단하게 할 수 있게 목표를 설정한다. 2분 법칙을 적용해서 사소한 일들을 해결해야 한다.

3) 시간과 장소를 정해라

미루는 습관을 뿌리 뽑으려면 시간과 장소를 정해야 한다. 습관을 실천하기 좋은 시간대는 아침이다. 아침 시간은 다른 가족들에게 방해를 받지 않고 습관 실천에 집중할 수 있다. 저녁 시간에 바쁜 일정, 지인과의 만남, 가족 모임이 생길 경우 습관을 실천할 시간을 놓치게 된다. 습관을 실천할 장소를 정하는 것도 중요하다. 장소를 이리저리 옮겨 다니는 것보다 정해진 곳에서 해야 집중할 수 있다. 예를 들어 공부할 때는 책상에 앉아서 해야지, 식탁에서 하거나 거실로 옮겨 다니면 안 된다. 간식을 먹을 때는 식탁에서 먹어야 하며, 책상으로 가져와서는 안 된다.

4) 점검표를 작성해라

습관 점검표를 작성해서 매일 체크해야 한다. 습관의 순서, 완수하는 데 걸리는 시간, 실천할 장소도 포함된다. 워드로 습관 점검표를 만들어서 매달 활용하면 효과적이다. 습관 점검표를 만들 때 가로 줄은 날짜를, 세로 줄은 습관 목록과 시간, 장소를 적는다. 습관을 100% 달성 시 ○, 50% 달성 시 △, 미달성 시 X표로 체크한다. 이는 실천하는 순서대로 정리해야 하며, 매일 습관 현황을 확인하면서 나아진 점과 개선점을 생각해 보아야 한다. 습관 점검표를 눈에 띄도록 책상 앞에 붙여 놓는 것이 좋다. 습관 점검표 작성이 불편한 사람은 관련 앱을 설치해서 체크해도 좋다. 습관 관련 앱으로는 'Loop 습관 제조기', '그로우', '목표 트래커 & 습관 리스트 & 운동 캘린더' 등이 있다.

5) 습관 파트너를 활용해라

습관을 지속할 때 파트너와 함께 하면 큰 도움을 받을 수 있다. 좋은 파트너는 도전과 미래 계획을 공유하고 서로 격려하며 함께 성장할 수 있다는 장점이 있다. 데이먼 자하리아데스의 『작은 습관 연습』에는 이런 말이 있다.

"책임감을 가지게 되면 습관 실천이 즐거워지고 동기부여가 된다. 당신에게 도움이 되는 파트너를 택하면 습관 형성 과정이 설레고 즐거워진다. 새로운 습관을 들이기에 아직 자신의 힘만으로는 부족할 것 같다면 좋은 파트너의 힘을 믿어보자."

한편, 파트너를 선택할 때는 신중하게 고려해야 한다.
첫째, 정직하게 피드백을 해 줄 사람을 선택해야 한다.
둘째, 당신의 성장을 응원해 주고 지지해 줄 사람을 선택해야 한다.
셋째, 매일 연락할 수 있는 사람을 선택해야 한다.

6) 보상을 만들어라

습관을 꾸준히 지속하면서 목표를 달성하려면 보상을 만들어야 한다. 보상의 예로는 작은 선물 하기, 휴식 시간 갖기, 맛있는 간식 먹기, 좋아하는 유튜브 영상 보기 등이 있다. 보상을 만들면 우리는 무의식적으로 보상을 얻기 위해 습관을 지속하게 된다. 좋은 습관을 형성하려면 작은 보상이 필요하다. 어떤 일을 하거나, 하기 싫은 일을 하려는 경우에도 보상을 하면 동기 부여가 된다. 자신에게 동기 부여가 될 만한 보상을 찾아서 만들어 보자. 나는 습관을 목표한 날싸에 달성하면 책 선물로 보상한다. 좋아하는 책을 읽을 수 있다는 생각에 습관을 지속하게 된다. 할 일을 다 한 뒤 유튜브 영상을 보게 해 준다고 하면, 아이들도 일을 신속히 마무리하려고 한다.

7) 일관성을 유지해라

습관을 하루도 빠지지 않고 반복하는 데 집중해야 한다. 습관은 꾸준히 지속하는 것이 중요하다. 반복하지 않으면 습관이 형성될 수 없다.

나는 일관성을 유지하기 위해 아침에 실행할 수 있는 작은 습관 목록을 만들고, 10분 안에 끝낼 수 있는 작은 습관들을 실행하였다. 예를 들면 스트레칭, 긍정 확언, 필사, 책상 정리 등이 있다. 쉽게 할 수 있는 작은 습관은 실천하는 데 부담이 없다. 처음부터 많은 습관을 만들기보다 자신에게 필요한 1~2가지 작은 습관부터 실천하면서 일관성을 유지해야 한다.

8) 습관을 패턴으로 정착시켜라

작은 습관을 만든 다음에는 하루도 빠짐없이 하는 것이 중요하다. 한두 번 빠지다 보면 제대로 된 습관을 형성할 수 없으며, 결국 귀찮아져서 나중에는 포기하게 된다. 하지만 어떤 식으로도 자신과 타협해서는 안 된다. '오늘은 괜찮아, 내일 하면 되지!'라고 생각하면 지속적으로 미루게 된다. 내 지인으로부터, 본인이 블로그 포스팅을 하는 데 3시간이 넘게 걸렸다는 얘기를 들은 적이 있다. 100일 동안 1일 1 포스팅을 하는 게 목표라고 하셨는데, 목표가 크다 보니 중간에 지쳐서 포기하게 되었다고 한다. 이래서는 습관이 정착하기 힘들다. 패턴이 정착될 수 있게 작은 습관을 꾸준히 실천해야 한다.

9) 어려움이나 차질에 대비해라

습관을 실천하다 보면 예상하지 못했던 일들이 발생한다. 이처럼 문제가 발생했을 때 어떻게 할지 계획을 세워야 한다. 다음은 남양주에 사는 40대 임지연 님의 사례다.

"운동을 매일 한 시간씩 하기로 목표를 세웠다. 몇 주 동안은 습관을 지속할 수 있었다. 하지만 장마 때 비가 심하게 오고 나서 한 번 두 번 빠지다 보니 마음이 흔들리기 시작했다. 그 이후로도 여러 가지 이유를 만들어서 운동을 안 하려는 마음이 생겼다. 여러 가지 이유들은 운동을 습관으로 만들지 못하게 했다."

실행에 옮기려면 쉽게 반복할 수 있는 작은 목표를 정해야 한다. 예를 들어 매일 집에서 할 수 있는 운동 10분을 목표로 정하는 것이 습관을 실행하기가 적당하다.

10) 습관의 실행 빈도를 정해라

매일, 매주, 매달 실행할 습관 일정표를 만들 때 실행 빈도도 포함해야 한다. 처음에는 쉽게 매일 할 수 있는 습관을 정해야 한다. 예를 들어 아침에 일어나자마자 침구 정리, 물 한 잔 마시기, 스트레칭하기 등이다. 습관을 잘 실천하는 사람들은 부담 없이 작은 습관부터 실천한다. 애쓰지 않고 편하게 관리하다 보면 좋은 습관을 실행하는 빈도도 늘어난다.

또한 나쁜 습관의 빈도를 줄이는 것도 중요하다. 다른 습관들을 더 만들고 싶다면 주간 일정표나 월간 일정표에 추가하면 된다. 나는 시간이 많이 걸리는 집안 청소를 하는 습관은 주간 일정표에 넣어 실행하였다. 반면 오랜 시간 자전거를 타고 운동하는 습관은 월간 일정표에 넣어 실행하였다.

11) 습관의 규모를 키워라

습관을 꾸준히 실천하면서 실행 시간과 습관 개수를 늘려 나가는 것이 중요하다. 습관을 실천하면서 미루는 일이 생긴다면 자신의 습관을 점검하고 개선점을 찾아야 한다. 처음부터 습관 개수를 많이 만들거나 실행 시간을 길게 하면 안 된다. 1~2가지 작은 습관을 실천하면서 시간을 늘려 나가는 것이 큰 도움이 된다. 나는 적은 시간을 사용하여 독서 및 필사하는 습관을 만들었다. 그 후로 시간을 조금씩 늘려 나갔고, 다른 습관 목록도 추가했다.

12) 습관을 한 번에 하나만 만들어라

처음부터 습관을 여러 가지 만들다 보면 습관을 실천할 확률이 낮아진다. 처음부터 욕심내면 안 된다. 또한 다른 사람 습관 목록을 모방해서 만들어서도 안 된다. 자신이 지킬 수 있는 습관을 정해 매일 실천하는 것이 중요하다. 습관은 한 번에 하나만 만들어서 실천해야 한다. 추가할 때마다 지키기 어려워지므로, 실천하고 있는 습관이 잘 정착한 후에 새로운 습관을 추가하면 된다. 나는 학생들에게 우선 '독서하는 습관'부터 만들라고 권한다. 처음에 제대로 된 습관 한 가지를 실천하다 보면 다른 습관을 만들 수 있는 동기 부여가 된다. 독서하는 습관으로 인해 집중력이 생겨서 공부하는 습관이 생긴 학생들을 많이 보았다.

지금까지 미루는 습관을 뿌리 뽑는 12가지 단계를 알아보았다. 이 단계들을 실천하면서 긍정적인 변화를 가져올 거라 믿는다. 위의 내용들을 자신의 것으로 만들기 위해서는 실천하는 것이 중요하다. 처음부터 12가지 단계를 실행하는 것이 부담이 된다면 자신에게 맞는 몇 가지만 골라 실천해도 좋다. 몇 가지가 적응이 되면 다른 사항들도 실천하면 된다. 이처럼 매일의 작은 습관을 반복함으로써 미루는 습관에서 벗어나자.

5.
....

미루기에서 벗어나는 사람과
못 벗어나는 사람의 특징이 있다

    미루기에서 벗어나는 사람은 구체적인 비전을 세우고 실천하며 끊임없이 노력한 사람이다. 반면 못 벗어나는 사람은 목표 설정이 없거나 지나치게 높은 목표를 세우고 실천하지 못한 사람이다. 이들은 무기력한 하루를 보내며 부정적인 생각을 하느냐 우울증에 걸리기도 한다. 당신은 이 두 특징에 대해 생각해 본 적이 있는가? 생각해 본 적이 있다면 당신은 미루기에서 벗어나려고 시도했던 사람일 것이다. 미루기에서 벗어나려면 문제점을 찾고 해결 방안을 찾아야 한다. 미루기에 영향을 주는 나쁜 환경을 바꿈으로써 좋은 습관을 만드는 것이 중요하다.

    미루기에서 벗어나는 사람은 명확한 비전을 세우고 습관을 꾸준히 실천하는 사람이다.
    톰 콜리의『습관이 답이다』참고
    우연히 성공한 백만장자들은 없다. 그들은 자신의 비전을 구체적으로 정해 성공의 여성을 걸어간다. 미래에 어떻게 인생을 살아갈지에 대한 비전이다. 기적은 행동하며 노력하는 사람에게 일어난다. 자신의 꿈이 다 이루어졌다고 상상하며 미래의 모습을 그려 보는 것도 큰 도움이 된다. 미래의 편지를 쓰게 되면 해마, RAS[2]가 켜지고 자신이 바라는 인생을 끌어오는 방법을 찾게 된다.

나는 지인을 통해 지식 생태학자 유영만 교수를 알게 되어 그분이 집필하신 책을 읽게 되었다. 유영만 교수는 미루기에서 벗어나는 좋은 습관을 꾸준히 실천하고 계신 분이다. 명확한 목표를 세우고 꾸준히 도전하며 비전을 지속적으로 이루어 가신다. 블로그, 인스타그램, 트위터, 페이스북, 유튜브까지 관리하시면서 하루 24시간을 알차게 보내신다. 꾸준한 운동을 통해 자기 관리까지 철저히 하시며 건강한 마음과 신체를 소유하고 계신 분이다. 유영만 교수는 자연에 있는 모든 생명체들이 어떻게 살아가는지를 연구했다. 사람의 생각을 바꾸고 조직을 변화시키는가를 연구해 세계 최초 융합 학문을 만들기도 하셨다. 전 세계에 딱 한 사람밖에 없는 지식 생태학자이자, 한양대학교에서 교수로 재직 중이다. 또한, 수만 권의 책을 읽고 현재까지 95권의 책을 집필하셨다. 이분이야말로 많은 사람들이 닮고 싶어 하는 롤 모델이기도 하다.

나는 미루는 습관에서 벗어나는 사람이 되기 위해 목표를 설정하고 바로 실행하려고 노력했다. 몇 년 전 가족들과 자전거 국도 완주 그랜드 슬램을 달성했다. 우리 가족이 남들보다 특별한 재능이 있어 완주한 게 아니다. 차별점이 있다면 목표를 설정하고 바로 실행했다는 점일 것이다. 우리는 지속적으로 가야 할 길을 설정했고 멈추지 않고 자

---

2   망상 활성계.

전거로 달렸을 뿐이다.

  많은 사람들이 목표를 설정하고 두려워서 실천에 옮기지 못한다. 하지만 목표를 세웠다면 일단 시작해야 한다. 시작하지 않으면 의심과 두려움이 생겨 미루는 습관에서 벗어나지 못한다. 공부를 잘하려면 우선 책상에 앉는 습관부터 들여야 한다. 나는 목표를 세워 해야 할 일들을 작성하고, 매일 끝내야 할 일들을 실천했다. 마감일을 설정해서 기한이 넘지 않도록 노력했다. 미루기에서 벗어나는 사람은 목표를 위해 먼저 실행하고 목표에 전념하며 멈추지 않는다.

  또한 미루기에서 벗어나는 사람은 자신이 하고 싶은 일을 바탕으로 목표를 설정한다. 목표를 작성할 때 구체적으로 작성한다. 5년, 10년, 15년, 20년, 30년 후에 삶을 생각해 본 후에 비전 보드를 만든다.
  미루기에서 벗어나는 사람들은,
  첫째, 어떤 사람들과 함께 할지 결정한다. 주변에 어떤 사람들과 함께 하느냐에 따라 인생이 바뀐다. 여러 번 만났는데도 시기 질투하는 부정적인 사람이라면 만나지 말아야 한다.
  둘째, 자신이 좋아하고 오래 할 수 있는 직업을 선택한다.
  셋째, 건강을 위해 건강한 음식 섭취와 꾸준한 운동을 하기로 결정한다.
  넷째, 어떤 집에 살고 싶은지 정한다. 자신이 살고 싶은 집의 도면을 그리며 구체적인 집의 형태를 상상해 본다.
  이 외에도 자신이 하고 싶은 활동, 가지고 싶은 물건 등을 계획하면서 자신의 큰 그림을 그리며 비전을 세운다.
  미루기에서 못 벗어나는 사람은 지나친 목표를 설정해 놓고 바쁘게 움직인다. 그들은 항상 바쁘지만 실속은 없다. 현실에서 가장 중요한 일을 먼저 해야 하는데 사소한 다른 일들을 하면서 일을 자주 미룬다. 몇 분만 더 자야지, 하면서 몇 시간을 자느라 해야 할 일을 못하는 사람도 있다. 세금을 만기일에 맞춰 내야지, 하면서 미루다 연체료를 내기도 한다. 어떤 사람은 아무 일도 하지 않고 시간을 낭비하며 무기력한 하루를 보낸다. 이 같은 무기력한 하루는 '나는 할 수 없다'라는 부정적인 감정을 만든다. 또한 편도체는 사람의 뇌를 위험에 민감하게 반응한다. 인터넷이나 뉴스에서 부정적인 내용을 접하면 편도체는 강한 반응을 보인다. 편도체로 인해 생긴 부정적인 감정은 전염성이 강해 다른 사람들에게 부정적인 영향을 준다.

  나는 오랫동안 학생들에게 영어를 가르치면서 미루기에서 못 벗어나는 학생들을 자주 보았다. 요즘은 스마트폰으로 할 수 있는 재미있는 일들이 많다. 그들은 SNS 중독에 빠져 해야 할 숙제, 공부도 지속적으로 미루거나, 옆에 앉은 친구들에게 부정적인 영향을 주기도 한다. 이들은 몇 년이 지나가도록 미루는 습관에서 벗어나지 못하곤 한다. 나는 SNS에 중독된 학생들에게 작은 목표를 세우고 해야 할 숙제를 먼저 하라고 늘 얘기한다. 부정적인 영향을 주는 원인을 고치지 않고서는 미루는 습관에서 벗어날 수 없다. 목표가 있는 사람들은 목표를 이루기 위해 움직이며 비전을 이루어 간다.

  미루기에서 벗어나려면 시간의 소중함을 깨닫고 자신이 어떻게 하루를 보내는지 스스로 점검하면서 고쳐야 한다. 무기력한 하루에서 생산적인 하루를 보낼 수 있도록 목표를 설정해야 한다. 부정적인 시각을 긍정적인 시각으로 바꾸며, 미래 지향적인 성향을 가지고 자신의 비전을 생각하며 내적 동기 부여 해야 한다. 미래에 대한 생각을 많이 하면 뇌도 미래를 상상하게 된다. 기존의 잘못된 마음가짐을 바르게 바꿔야 한다. 많은 일을 하기보다 단 한 가지라도 우선 잘 할 수 있도록 실천해야 한다. 일할 때는 일에 집중하고, 쉴 때는 쉬는 시간을 갖자. 시간 활용이 힘든 사람은 25분간 일하고 5분간 휴식하며 실행해 보자. 이를 4세트에서 5세트 반복한 다음, 15분 휴식을 취하는 것이 포모도로 기법이다. 포모도로 기법은 시간제한을 두고 휴식을 둠으로써 집중할 수 있게 만든다.

 미루기에서 벗어나는 사람이 되기 위해 어떤 것부터 고쳐야 할지 생각해 본 적이 있는가? 미루기에서 벗어나는 사람이 되고 싶다면 환경을 바꿔야 한다. 나쁜 습관을 만드는 신호들은 보이지 않게 해야 한다. 잘못된 습관을 만들면 고치기 힘들다. 미루지 않는 사람들은 자기 통제력이 뛰어나다. 유혹하는 모든 환경을 피한다. 예전 대학교 동기 중 한 명이 우스갯소리로 이런 얘기를 한 적이 있다. '열 명의 남자 중 한 명도 여자의 유혹에 넘어가지 않는 사람이 없다', '여자의 유혹에 넘어가지 않으려면 여자가 있는 장소에 가지 않는 게 최선의 방법'이라고 했다. 이 얘기를 들은 후 '동기의 말이 맞다'고 생각했다. 유혹을 피할 수 없다면 환경을 바꿔야 한다.

 제임스 클리어의 『아주 작은 습관의 힘』에는 이런 말이 있다. "나쁜 습관을 그 근원부터 베어내는 것이 더 믿을 만한 접근 방식이다. 나쁜 습관을 제거하는 가장 실용적인 방법은 그것을 유발하는 신호에 노출되는 일을 줄이는 것이다. 어떤 일을 끝마칠 수 없을 것 같다면, 휴대전화를 몇 시간 동안 다른 방에 놓아두어라. 현실이 계속 불만족스럽다면, 질투와 시기심을 자극하는 SNS 계정 팔로잉을 끊어라. 텔레비전을 너무 많이 보는 것 같다면, 침실에서 텔레비전을 없애라. 전자기기에 너무 많은 돈을 쓰고 있다면, 최신 전자제품에 대한 기사를 읽지 마라. 비디오 게임을 너무 오래 하고 있다면, 비디오 콘솔의 전원을 끄고 책장에 넣어라. 이 실행 안들은 첫 번째 행동 변화의 법칙을 반대로 배치한 것이다. '분명하게 만들어라'가 아니라 '보이지 않게 하라'이다."

나는 아이들이 초등학교 때 늦은 시간까지 집에 들어오지 않아 걱정을 한 적이 여러 번 있었다. 집에 올 시간인데도 없어서 놀란 적이 있는데, 학원 끝나고 학원 친구들과 밖에서 노느라 시간 가는 줄 몰랐다고 한다. 그때 아이들은 집에 오자 피곤해서 해야 할 숙제도 못하고, 일을 미루기 시작했다. 나는 이러한 습관을 바꾸기 위해 환경을 바꾸었다. 아이들이 다니던 학원을 바꾸고, 늦은 시간까지 놀던 친구들과 못 놀게 했다. 이처럼 환경을 바꾸고 나서야 일을 미루던 습관에서 벗어날 수 있었다. 습관은 어떤 환경에 있느냐에 따라 좌우되기도 한다.

또한 미루기에서 벗어나는 사람이 되려면 나쁜 습관의 영향을 주는 환경을 바꿔야 한다. 아이들이 공부할 때는 스마트폰을 사용하지 않도록 부모가 관리해야 한다.

다이어트를 결심했는데, 책상 주변에 과자를 사다 놓는 사람들도 있다. 아침에 일찍 일어나야 하는데 밤늦게까지 스마트폰을 하는 사람들도 있다. 건강을 유지해야 한다고 말하지만 냉장고에 탄산음료를 가득 사다 놓고 마시는 사람들도 있다. 위에 말한 사람들은 나쁜 습관의 환경을 바꾸지 않았기에 미루는 습관을 고칠 수 없었다. 미루는 습관에서 벗어나려면 좋은 습관이 형성될 수 있는 환경을 만드는 것이 가장 중요하다.

지금까지 미루기에서 벗어나는 사람과 못 벗어나는 사람의 특징과 미루는 습관을 벗어나기 위해 환경부터 바꿔야 한다는 내용을 설명했다. 미루기에서 벗어나는 사람이 되려면 명확하고 구체적인 비전을 세워 실천해야 한다. 앞으로 어떻게 살아가야 할지 몇십 년 후의 삶을 생각해 보고 구체적인 비전을 만들어 바로 실천해야 한다. 머릿속에 꿈을 그리며 실천하는 사람은 반드시 꿈을 실현한다.

구체적인 습관 형성 방식으로, 집중력과 효율성을 발휘할 수 있는 포모도로 기법도 설명했다. '포모도로'는 토마토를 뜻하는 이탈리아어다. 이 기법은 토마토 모양의 키친 타이머에서 영감을 받아 만든 것이다. 이 방법을 활용하기 위해 타이머를 준비해서 실천해 보자.

CHAPTER 3.
의지력은 생각보다 약하다

1.
....

의지력은
무한하지 않다

    왜 대부분의 사람들은 결심만 하면서 목표를 이루지 못할까? 사람들은 의지력을 발휘하다가도 한순간 통제 불능 상태에 빠진다. 의지력은 쓰면 쓸수록 고갈된다. 즉, 무한하지 않다. 이 사실을 알기 전까지는 사람들은 의지력만 있으면 뭐든지 할 수 있다고 생각했었다. 하지만 좋은 습관을 만들고 싶다면 의지력 대신 환경을 바꾸는 것이 훨씬 효과적이다. 의지력에 대한 이해와 의지력 향상을 위해 올바른 관리도 필요하다. 규칙적인 생활과 건강한 마음과 신체를 유지하면 의지력도 향상된다. 지나친 목표를 세우고 조급해하면서 의지력을 소모시키기보다 꾸준한 습관을 유지할 수 있도록 노력해야 한다. 의지력이 강한 사람들은 한꺼번에 일을 하지 않고 매일 꾸준히 하는 습관을 유지하면서 좋은 결과를 가져온다.

    위키하우(wikiHow)에는 이런 말이 있다[3].
    "자기 훈련, 자제력, 결정력이라고도 불리는 의지력은 자신의 행동,

---

3 http://ko.wikihow.com/의지력을-갖는-법#ref-9

감정, 집중할 대상을 제어하는 능력을 의미한다. 의지력은 충동을 자제하고, 순간적인 만족을 뒤로 미루고 목표를 달성하기 위해 노력하며, 원하지 않는 생각, 감정, 충동 등을 다른 것으로 덮어 버리며 자신을 제어하는 능력을 의미한다. 의지력의 차이에 따라 재정적 안정성, 육체적, 정신적 건강 상태 유지 등에 도움을 준다. 순간적인 만족을 뒤로 미루면서 목표를 향해 다가가며 의지력을 키울 수 있다. 또한 훈련을 통해 근육을 키우듯, 훈련을 통해 자신의 충동을 절제하는 능력을 키우게 된다."

많은 사람들은 새해 초 SNS에 한 해 목표를 올린다. 새로운 삶을 살며 건강해지겠다고 자신의 운동 계획을 SNS에 공개하기도 한다. 그러나 1~2주가 지나면서 성과가 없다는 글을 올린다. 그 후에는 운동에 대한 게시물도 올리지 않았다. 이런 문제들을 겪고 있는 사람들이 많은 게 사실이다. 이들은 새해에 야심차게 결심을 하지만 대부분 이루지 못하고, 다음 해에도 같은 결심을 하지만 실패로 끝난다. SNS에 공개 선언까지 하고 운동하겠다는 목표와 강력한 의지 등 좋은 조건을 가지고 시작했지만 결과는 좋지 않았다. 반복되는 이런 문제점을 해결하려면 어떻게 해야 할까? '의지력'에 대해 이해함으로써 문제점에서 벗어나 보자. 사용할수록 고갈되는 의지력을 통해서는 습관을 형성할 수 없다는 점을 기억하자.

웬디 우드의 『해빗』에는 이런 말이 있다.
"의지력은 무한하지 않다. 쓰면 쓸수록 고갈된다. 물리력이 신체에 압력을 가하듯, 정신적 힘 역시 우리의 정신에 스트레스를 가한다. 자,

만약 헬스장에 갈 때마다 신중하게 결정을 해야 한다고 상상해 보자. 매일 그날이 처음인 것처럼 첫날의 열정을 되새김질하면서 스스로를 괴롭혀야 할 것이다. 헬스장에 다녀야겠다고 마음먹었던 첫날의 쉰내 나는 다짐과 동기를 떠올리는, 그런 진 빠지는 과정으로 자신을 밀어 넣어야 한다. 게다가 우리의 마음은 놀라울 정도로 불합리하고도 모순적이므로, 당신의 의식은 헬스장에 가지 말아야 할 이유를 맹렬하게 검토하기 시작할 것이다. 하루도 빠짐없이, 당신의 눈을 뜨고부터 헬스장에 도착하기 직전까지 정신적 고뇌에 짓눌린 채 고통받아야 한다."

의지력의 주체는 의식적 자아이고, 습관의 주체는 비의식적 자아이다. 의지력은 늘 실행 제어 기능의 힘을 이용하여 강제로 행동을 일으키고 지속할 수 없다. 습관은 자동화 메커니즘에 따라 습관을 형성하고 지속할 수 있다. 사람의 마음에는 의지력과 습관이 존재한다. 의지력은 일상적 행동 패턴에 별로 영향을 주지 않는다. 습관은 자신이 했던 행동을 생각함으로써 목표를 이룰 수 있도록 특정 행동을 반복하게 만든다. 좋은 습관을 만들고 싶다면 의지력 대신 환경을 바꿔야 한다. 예를 들어 환경을 바꾼 사람들은 자신과의 싸움에서 쉽게 벗어날 수 있다. 유혹되는 환경을 벗어남으로써 방해되는 요인을 차단할 수 있다.

사람들은 의지력이 마음먹기에 달려 있다고 생각한다. 의지력을 결정하는 데는 여러 가지 요소들이 영향을 미친다. 예를 들어 수면 시간, 피로도, 스트레스, 영양 보충 등이다. 의지력이 실제적으로 환경에 더 영향을 많이 받고 있다. 예를 들어 잠이 부족한 사람은 잘못된 결정을 내릴 수 있고 상황을 더 안 좋게 만든다. 오랜 시간 일만 하며 지친 사람은 달콤한 고칼로리 음식의 유혹에 빠질 수 있다. 그러니, 의지력을 강화하기 전에 자신의 주변 환경을 바꾸려는 노력을 먼저 해야 한다. 예를 들어 냉장고 안에 맛있는 음식이 있는 것과 눈앞에 맛있는 음식이 있다고 생각해 보자. 전자와 후자 중 어떤 경우에 더 버티기 힘들까? 후자가 몇 배 버티기 힘들 것이다.

의지력 부족은 목표 달성을 방해한다. 삶을 변화시키고자 하는 사람들은 많은데 지속하는 사람들은 드물다. 좋지 않은 환경 속에서는 의지를 지속하지 못한다. 몇 년씩 공부해서 공무원 시험을 준비했지만 미루는 습관으로 포기한 사람들도 있다. 의지만 있으면 살도 쉽게 빼고, 영어 실력도 금방 올릴 수 있을 것 같지만 현실에서 이루어 내기는 쉽지 않다. 여러 가지 일을 하면서 의지력을 소모시키기보다 집중과 몰입할 수 있도록 노력해 보자. 현재 하고 있는 일 외에는 다른 환경을 만들지 않아야 한다. 몰입하고 있다면 의지력은 많이 필요하지 않다는 점을 기억하자.

나는 의지력만 있으면 모든 것을 다 해결할 수 있다고 생각했다. 의지력 하나로 집필을 시작했지만 한순간 무너지는 느낌이 들었다. 바쁜 일성으로 충분한 수면을 취하지 않고, 여러 가지 일들을 하면서 의지력이 바닥난 상태였다. 나는 집필의 속도가 늘지 않아 점점 조급함을 느낀 적도 있다. 나중에는 의지력 소모를 줄이기 위해 하루 일과를 점검하며 개선하기로 했다. 너무 많은 일을 하기보다 하던 일을 단순화시키며 의지력을 소모시키는 일들을 줄이기로 했다. 잠자는 시간을 확보하려고 노력했고, 유혹을 피하기 위해 집필하는 방에서 벗어나지 않으려고 했다. 또한 영양 보충에 신경 쓰며 몸에 나쁜 음식을 먹지 않으려고 노력했다.

스트레스는 의지력을 소모시킨다. 사람들에게 화를 내기보다 긍정적인 생각을 함으로써 스트레스를 받지 않는 환경을 만들어야 한다. 잠을 적게 자면 의지력이 고갈된다. 영양 보충도 많이 하거나 적게 할수록 의지력을 소모시킨다. 할 수 있다는 마음으로 매일 동기 부여하는 것도 효과적이다. 마음속으로 생각하는 것보다 긍정 확언을 외치는 게 더욱 효과적이다. 이때 마음에 와닿는 문구를 작성하여 사용하면 좋다. 외치다 보면 의욕과 집중력, 생산성도 향상된다.

로이 F. 바우마이스터, 존 티어니의 『의지력의 재발견』에는 이런 말이 있다.

"우리는 때때로 의지력을 삶의 핵심적인 순간에 보여주는 하나의 행동, 즉 일종의 영웅적인 개념으로 여긴다. 마라톤을 완주하고 발자국 남기기, 출산의 고통을 이겨내기, 부상을 이기고 위기에 대처하기, 저항하기, 힘든 유혹을 뿌리치고 불가능한 마감일 지켜내기 등등이 여기에 속한다. 물론 이것들은 기억에 오래 남을 훌륭한 이야기의 소재가 될 수 있다. 스탠리에게 가장 비판적인 전기 작가들조차도 마감일을 넘기지 않는 스탠리의 문학적 생산성에 감탄한다. 이투리 우림을 통과하는 끔찍한 여정에서 문명으로 돌아온 지 얼마 되지 않아 스탠리는 짧은 시간에 세계적인 베스트셀러가 된 《암흑의 아프리카에서(In Darkest Africa)》를 출간했다."

아침 6시에 시작해 집필에 전념해서 스탠리는 50일 만에 500쪽에 달하는 두 권의 책을 썼다.

스탠리가 짧은 기간에 어떻게 두 권의 책을 쓸 수 있었을까? 스탠리는 여행 중에도 잘 정리한 엄청난 메모와 기록들을 가지고 다녔다. 스탠리는 매일 일기를 씀으로써 다음 날 밀림에서 일어날 불상사도 대비했고 의지력도 보존했다. 시험공부를 몰아서 하는 학생보다 매일 꾸준히 공부하는 학생이 성적이 더 우수하다. 오랫동안 성과를 지속적으로 냈던 학생은 성공할 확률도 높다. 대학교에서도 종신 교수가 되기는 참 힘들다. 유능한 종신 교수가 되려면 질 좋은 논문을 출간해야 한다. 밥 보이스는 한 연구에서 집필 습관을 관찰했다. 자료를 수집하고 1~2주 동안 몰아서 집필한 사람과 매일 꾸준히 1~2쪽씩 집필한 사람을 비교했다. 에너지를 발휘해 단기간에 집필한 사람보다 꾸준히 집필한 사람이 성과가 훌륭했고, 결국 종신 교수가 되었다. 그는 매일 집필하는 습관을 만들어 큰 성과를 냈다.

세월이 빠르게 흐르면서 사회 문화도 점점 바뀌고 있다. 사람들은 멀티태스킹[4]을 하며 많은 시간을 보낸다. 한 번에 여러 가지 일을 하기보다 한 가지 일에 몰입하는 것이 성과도 높다. 여러 가지 일을 하다 보면 에너지가 분산되기 때문이다. 목표를 단번에 이루려고 하면 실패로 끝난다. 의지력도 근육과 같아서 많이 사용하면 지치고 장기간 훈련할수록 강화된다. 우리는 일을 한 번에 몰아서 하기보다 매일 꾸준히 하는 방법을 선택해야 한다. 여러 가지 일을 하려고 하지 말자. 사람의 의지력과 집중력은 무한하지 않다.

좋은 습관을 지속하고 있다면 의지력을 사용하지 않고 일을 해낼 수

---

4 한 번에 2가지 이상의 일을 동시에 처리하는 것.

있다. 습관의 힘은 위대하다. 습관이 형성되면 하기 싫은 마음은 사라지고 자신도 모르게 반복하게 된다. 꾸준히 습관을 실천하는 성실한 사람들은 의지력이 강한 게 아니다. 습관이 되어서 지속할 뿐이다. 사람들은 변화보다 익숙한 것을 더 좋아하므로, 자신이 하고자 하는 일에 익숙함을 가지는 게 중요하다. 습관을 100일 동안 실천하면 모든 습관을 커버할 수 있게 된다. 장기간의 높은 목표보다 '한 달이라도 꾸준히 해 보자'고 생각하고 실천하는 것이 성공할 확률이 높다는 것을 기억하자.

위의 내용에서 '의지력은 무한하지 않고, 쓰면 쓸수록 고갈된다'고 언급했다. 사용할수록 고갈되는 의지력을 통해서는 습관을 형성할 수 없으며, 대신 환경을 바꿔야 한다. 또한 유혹되는 환경에서 벗어남으로써 방해되는 요인을 차단해야 한다. 의지력을 결정하는 데는 수면 시간, 피로도, 스트레스, 영양 보충 등이 영향을 미친다. 우리는 의지력을 소모시키는 문제점을 잘 관리해야 한다. 긍정적인 생각, 충분한 수면, 적당한 영양 보충, 긍정 확언을 외침으로써 의욕과 집중력, 생산성도 향상시켜야 한다. '꾸준히 하는 사람을 이길 수 없다'라는 말도 있다. 습관을 지속적으로 실천하면 의지력을 사용하지 않고도 훌륭한 성과를 낼 수 있다.

2.

의지력은 무한하지 않기에 적극적인 관리가 필요하다

앞 장에서 '의지력은 무한하지 않으며 쓰면 쓸수록 고갈된다'는 사실을 언급했다. 이처럼 의지력은 쓸수록 사라지기 때문에 적극적인 관리가 필요하다. 성공한 연예인 유재석과 아시아 최다승 기록을 한 박찬호 선수도 의지력을 잘 관리해서 큰 성공을 거두었다고 한다. 사람들은 의지력을 관리하기 위해 작은 목표를 세워서 집중하고, 의지력이 충만할 때 제일 중요한 일을 한다. 의지력 관리를 위해서는 규칙적으로 영양 섭취를 하는 것이 중요하다. 명상을 통해 뇌를 쉬게 하며 마음을 평온하게 유지하는 것 또한 의지력 향상에 큰 도움이 된다.

게리 켈러, 제이 파파산의 『원씽』 참고

우리는 의지력을 소모하는 많은 행동을 하며 살아간다. 자신의 감정을 억누르기도 하고, 한 가지 일에 몰입하며 집중하기도 한다. 이럴 경우 의지력은 소모된다. 의지력이 점점 소모되면 중요한 일을 해야 할 때는 남아 있지 않는다. 의지력을 중요하게 생각하고 잘 관리해야 한다. 다른 것에 쓸데없이 신경 써서 의지력이 소모되지 않게 의지력을 끌어 올려야 한다.

성공한 연예인 중 한 명으로 꼽히는 유재석은 tvN 프로그램인 〈유 퀴즈 온 더 블럭〉 방송에서 이런 말을 했다.

"나는 목표가 없다. 어디까지 가야 한다는 것은 스트레스가 있어서 회피하는 편이다. 목표나 계획을 세우지 않는다. 하지만 맡은 부분에 대해서는 최선을 다한다. 같이 출연했던 2018년 수능 만점자 민준홍, 2019년 수능 만점자 김지명 두 분에게도 목표를 정하지 않고 쉬는 것을 추천한다."

큰 목표와 무리한 계획을 세우면 의지력도 고갈되고 이룰 수 있는 확률도 거의 없다. 하루 이틀 실천하다 계획이 무너질 수 있다. 계획이 무너지면 자괴감에 빠질 수 있다. 유재석처럼 목표나 계획을 세우지 않고 맡은 일에 최선을 다하는 것이 의지력을 관리하는 좋은 방법 중 하나이다.

요즘 사람들은 젊은 나이에 경제적 자유를 누리기 위해 지나친 목표를 세우고 바쁜 일정을 보낸다. 그러다 보니 식사도 제때 못하고, 여유 시간도 부족하다. 이들은 처음부터 의지력을 불태우며 많은 일을 하려고 한다. 하지만 새로운 일을 많이 만들거나, 활동을 많이 한다고 목표를 이룰 수 있는 게 아니다. 스포츠 선수들은 의지력을 잘 관리한다. 이들은 정해진 시간 안에 얼마나 달릴 수 있는지, 얼마나 밀리 뛸 수 있는지 등을 기록하며 의지력의 크기를 가늠해 본다. 이처럼 자신의 한계를 정확히 알고 한계를 넘어 도전하기 때문에, 이들이 훌륭한 기록을 세울 수 있는 것이다.

의지력을 관리하기 위해서는,

첫째, 목표를 크게 세우지 말아야 한다. 작은 계획을 세우거나 처음부터 계획을 세우지 않는 것이 더 유리하다. 의지력도 배터리처럼 충전하면 잘 사용할 수 있고, 방전되면 사용할 수 없다.

둘째, 많은 일을 하기보다 현재 하는 일에 집중해야 한다. 많은 부모들이 자녀들에게 '한 가지라도 제대로 잘 해라'는 말을 하는 것과 같다. 중요한 일 한 가지에 집중하면 의지력을 높일 수 있다.

셋째, 의지력이 충만할 때 제일 중요한 일을 먼저 해야 한다. 시간이 지날수록 의지력이 소모되므로 중요한 일을 할 때 의지력을 발휘하는 게 효과적인 방법이다.

켈리 맥고니걸의 『왜 나는 항상 결심만 할까?』에는 이런 말이 있다.
"지금까지 밝혀진 바로는 우리의 뇌 역시 어느 정도는 못된 구두쇠가 되기도 한다. 인간의 뇌는 언제든 아주 소량의 에너지를 비축해두고 있다. 세포에도 에너지 일부를 저장하지만, 대부분은 신체의 혈류를 꾸준히 순환하는 포도당에 의존한다. 뇌의 일부 세포들이 포도당을 검출하는 역할을 담당하며 에너지의 가용성을 꾸준히 관찰하고 있으므로 가용 에너지가 감소하는 기미가 포착되면 뇌는 다소 예민해진다. 에너지가 바닥나면 어떻게 하느냐? 그 순간 뇌는 은행들이 그랬던 것처럼 에너지 소비를 동결하고 현재 보유한 자원을 비축하기로 한다. 에너지 예산 긴축정책을 고수하여 보유한 에너지를 충분히 쓰지 않으려고 하는 것이다."

우리는 뇌는 에너지 절약을 위해 집중하거나 감정을 조절할 때 필요한 자원을 제공하지 않는다.

뇌의 연료는 포도당이다. 한 연구에서 저혈당증 환자들은 감정 조절하는 데 어려움을 느낀다는 것을 발견했다. 다른 연구에서는 의지력을 발휘한 사람들은 포도당 수치가 떨어졌다는 것을 발견했다. 혈당 수치가 낮으면 어려운 시험을 포기하거나 다른 사람들에게 화를 내기도 한다. 의지력 발휘를 제대로 할 수 없게 되는 셈이다. 일을 할 때 의지력을 사용했다면 연료를 재충전해야 한다. 이 때문에 운동선수들은 훈련보다 휴식과 음식에 더 신경을 많이 쓴다. 또한 피로하면 해야 할 일을 지속할 수 없으므로, 몸이 아프면 쉬면서 회복해야 의지력을 제대로 사용할 수 있다.

우리 가족은 장거리 라이딩 때 포도당이 떨어진 것을 몸소 체험한 적이 있다. 날이 어두워지기 전에 목적지에 도착해야 된다는 생각으로 몇 시간씩 쉬지 않고 자전거를 탔었다. 포도당이 떨어져 자전거를 탈 힘이 없어 바닥에 주저앉았다. 이를 두고 자전거 타는 사람들은 '봉크 왔다'라는 표현을 사용하곤 한다. 장거리 라이딩 때 중간중간 영양 보급을 안 해 주면 몸에 축적된 에너지를 다 사용하여 힘을 쓸 수 없다. 장거리 라이딩 하시는 분들은 필수적으로 사탕, 초콜릿 등 비상식량을 챙겨 다니며 영양 보충에 신경 쓴다.

이처럼 의지력 관리를 위해 영양 섭취를 잘 해야 한다. 또한 혈당이 안정될 수 있도록 저혈당 식단을 섭취한다. 저혈당은 포도당의 소모가 커서 혈당이 매우 낮아진 상태를 말한다. 혈당이 많이 부족하면 생명에도 위험이 있다. 저혈당 발생을 대비해서 설탕, 사탕, 주스, 음료수 등을 휴대해야 한다. 몇 시간씩 운동을 심하게 하는 경우에는 운동 중간에 간식을 꼭 챙겨 먹어야 한다. 규칙적으로 식사를 하고, 공복 시간이 길지 않도록 해야 한다. 또한 공복 시에는 술을 섭취하면 안 된다. 몸에 좋은 음식을 제때 섭취하면서 의지력 관리를 하는 것이 중요하다.

오쇼의 『명상이란 무엇인가』에는 이런 말이 있다.

"명상이란 육체적, 정신적으로 아무것도 하지 않고 있을 때, 즉 모든 행위가 멈추고 그저 존재하기만 하는 상태를 말한다. 우리는 명상을 행위로 할 수 있거나, 단련할 수 있는 것이 아니라, 그것을 이해할 수 있을 뿐이다. 홀로 존재할 수 있는 시간이 주어질 때마다 모든 행위를 멈추어라. 생각하는 것, 집중하는 것, 묵상하는 것 모두 행위이다. 단 한 순간이라도 아무것도 하지 않고, 자신의 중심에 위치하며, 온전히 이완될 때가 바로 명상이다. 그 방법을 깨우치기만 하면, 자신이 원하는 만큼 얼마든지 그 상태를 유지할 수 있다."

EBS 스페셜 프로젝트 〈리얼 타임 영감의 순간〉에는 이런 말이 있다.

"박찬호 선수는 명상으로 슬럼프를 이겨 낸 명상 마니아다. 그는 현역 선수 시절, 생활의 90%는 힘들었고 10%만 행복했다고 말했다. '90%의 힘든 시간이 있었기 때문에 이 자리에서 얘기할 수 있는 거예요. 나는 124승을 했는데 그중 60~70%는 늘 불안 속에서 했어요. 이겨서 승리 투수가 되어도 그것을 잃지 않으려면 또 이겨야 해서 불안해져요. 나를 들여다보자 두려움이 사라지기 시작했어요. 부상이 있었을 때 극복할 수 있었던 시간이 있었는데 문제는 결국 정신적인 부분이라는 것을 확인할 수 있었죠. 명상을 통해 깨달음이 있었기 때문이에요.'"

요즘 사람들의 미라클 모닝 리스트를 보면 '명상하기'가 꼭 들어가 있다. 유튜브와 앱을 통해서 '명상하기'를 실천하는 사람들이 꾸준히 늘고 있다. 명상은 부교감 신경을 활성화하여 몸을 이완시키고 스트스를 감소시킨다. 또한 집중력 향상에 큰 도움이 된다. 아침 시간의 명상 5분은 지친 뇌를 잠시 쉬게 하고 머리를 맑게 한다. 명상은 뇌를 위한 최고의 휴식법이자 의지력 관리에 효율적이다. 마음이 복잡하고, 집중이 잘되지 않는 사람이라면 '명상하기'를 통해 마음을 수련하며 의지력을 회복시켜야 한다.

명상하는 방법은 다음과 같다.

첫째, 가만히 앉아서 움직이지 않아야 한다. 명상을 하는 동안에는 몸을 움직이지 않고, 처음 자세를 유지해야 한다. 자세를 움직이지 않고 유지하는 것이 의지력을 강화시킨다.

둘째, 호흡에 집중해야 한다. 눈을 감고 평온한 공간에 시선을 고정해야 한다. 호흡에 주의를 기울이며 숨을 들이마시고 내뿜어야 한다. 숨쉬기를 여러 번 반복하면 뇌가 활성화되고 뇌 안에 중추가 안정된다. 스트레스가 사라지고 마음이 평온해진다. 집에서 혼자 하기 힘든 사람은 유튜브 등 개인 영상 플랫폼을 사용하면 된다. 또한 머리가 맑아지는 음악, 잠이 안 올 때 들으면 숙면에 도움이 되는 음악, 치유 음악이 인기가 많다.

의지력을 관리하려면 다음의 방법을 따르면 좋다.

첫째, 목표를 크게 세우지 말아야 한다. 지킬 수 있는 작은 계획을 세워야 한다. 계획 세우기가 부담스러운 사람은 처음부터 계획을 세우지 않아도 된다. 일을 많이 하기보다 적게 함으로써 현재 하는 일에 집중하며 의지력을 높이면 된다. 의지력이 충만할 때 중요한 일을 먼저 해야 한다.

둘째, 의지력 관리를 위해 영양 섭취를 잘해야 한다. 영양 섭취가 부족하면 의지력을 발휘하지 못한다. 저혈당 식단을 섭취하며 규칙적으로 식사를 하고, 공복시간이 길지 않도록 한다. 운동을 심하게 할 때는 중간에 간식을 꼭 챙겨 먹어야 한다.

셋째, 명상을 하며 의지력을 강화시킨다. 명상은 뇌를 위한 최고의 휴식법이자 의지력 관리에 효율적인 방법이다. 명상을 통해 생각을 비우며, 부정적인 생각을 없애고, 머리를 맑게 할 수 있다.

3.
....

의지력이 약한 사람들, 의지력이 강한 사람들 특징

　의지력이 약한 사람들은 무슨 일을 해도 끝까지 하지 못하고 포기하는 경우가 있다. 반면에 의지력이 강한 사람들은 주어진 일을 끝까지 하며 자신의 목표를 이루어 간다. 의지력이 약한 사람들과 의지력이 강한 사람들은 어떤 특징이 있는지 알아보자. 의지력이 약한 사람들은 일을 지속적으로 미루고, 한 번에 일을 몰아서 하는 성향이 있다. 반면 의지력이 강한 사람들은 계획대로 실천하며 주어진 일에 최선을 다하고, 긍정적인 생각으로 평정심을 유지한다. 두 가지의 특징을 살펴봄으로써 자신의 의지력 점검과 개선점을 찾고 삶에 어떻게 적용할지 생각해 보자. 포기하고 싶은 1분을 참아 냈던 김연아 선수처럼 우리도 한계를 참아 내며 자신이 원하는 세상을 만들어 보자.

　의지력이 약한 사람들의 특징은 다음과 같다.
　첫째, 일을 지속적으로 미루려는 경향이 있다. 마감일이 다 되어도 시작하지도 않는 사람들이 많다. 시간이 충분히 있는데도 불구하고 다른 곳에 신경을 쓰기도 한다. 해야 할 일 대신 TV를 보거나 SNS를 하는 등 다른 활동을 하며 시간을 지연시킨다. 요즘 대학생들은 하루 중

3분의 1을 무의미하게 보내며 시간을 낭비하는 경향이 있다고 한다. 대학교를 졸업하는 데 많은 시간이 남아 있다고 생각할지도 모른다. 하지만 시간을 제대로 사용하지 않는 사람들은 시간이 순식간에 지나간다. 시간을 효율적으로 사용하기 위해 작은 일부터 도전하는 것이 중요하다.

의지력이 약한 사람들은 자신이 어떻게 시간을 사용할지 결정해야 한다. 물 흐르듯이 흘러가는 시간을 그냥 무의미하게 보내는 것이 아니라 자신만의 멋진 인생을 만들어 가야 한다. 이를 위해서는 하루 계획을 세우고 매일 꾸준히 할 수 있는 작은 습관을 만들어야 한다. 성취감을 느끼면서 자신의 삶의 의미를 부여하는 것은 중요하다. 의지가 강한 사람들은 자신이 하는 일에 중요성을 느끼고 시간을 효율적으로 보낸다. 자신이 처한 환경을 개선하기 위해 유혹이 될 만한 것들을 차단하며 의지력이 약해지는 상황을 만들면 안 된다.

둘째, 한 번에 일을 몰아서 하려는 성향이 있다. 고3이 돼서 수능 대비를 하다 보면 학생 입장에서도 점점 몸과 마음이 지쳐 갈 것이다. 고3 아이들은 '사당오락'이라는 말을 자주 사용한다. '하루 네 시간 자면 대학 입학에 합격하고, 다섯 기간 이상 자면 실패한다'는 말이다. 하지만 많은 시간을 공부하면서 쉬지 않는다면 금방 지치게 된다. 집중력에도 한계가 있다. 몇 시간 동안 공부만 하다 보면 피곤하고 집중력이 흐려져서 공부한 내용도 머릿속에 잘 들어가지 않는다. 의지력이 약한 사람들은 일이니 공부를 할 때 휴식을 취하며 해야 할 일을 나누어서 천천히 해야 한다.

나는 금요일 밤 중요 작업을 하면서 밤을 새운 적이 있다. 토요일은 일을 안 하기 때문에 부담이 없었다. 집중해서 쉬지 않고 중요 작업을 했으나 그 다음 날은 아무 일도 제대로 할 수 없었다. 휴식을 취하지 않고 작업하면서 에너지를 고갈시켰기 때문에 힘이 다 빠진 상태였다. 그때 나는 '금요일 밤에 일찍 자고 토요일에 일찍 일어나서 작업했으면 좋았을 텐데'라고 생각했다. 그날 이후 절대 무리한 스케줄을 감행하지 않기로 결단했다. 단기에 성과를 내기보다 휴식을 취하는 것이 멀리 내다볼 수 있는 방법이다. 꾸준한 습관으로 생활의 리듬을 가지는 게 중요하다는 것을 깨달았다.

따라서 일을 한 번에 몰아서 하기보다, 1시간 일하고 10분씩 휴식 시간을 가져야 한다. 만약 공부하는 학생들에게 쉬는 시간이 없다면 아이들은 공부에 흥미를 잃고 집중하지 못할 것이다. 휴식 시간을 가져야 일의 효율성을 올릴 수 있고, 무리한 일을 한꺼번에 하지 않게 되어 피로해지는 것을 예방해 준다. 타이머를 사용하여 일하는 시간과 휴식 시간을 알람을 맞춰 놓고 생활하는 연습부터 해 보자. 좀 더 일에 몰입할 수 있을 것이다. '잠은 최고의 보약이다'라는 말도 있다. 밤을 새우며 일을 하기보다 잠을 충분히 자고 에너지를 충전하는 것이 더 효과적이다. 정신 에너지의 공급원은 잠이다. 충분한 수면을 통해 건강을 유지해야 일의 집중력도 높이고 의지력도 제대로 관리할 수 있다.

반면 의지력이 강한 사람들은 다음과 같은 특징을 가진다.
첫째, 계획대로 실천하며 주어진 일에 최선을 다한다. 어떠한 상황에도 포기하지 않고 자신의 역할에 책임을 진다.
김연아의 『김연아의 7분 드라마』에는 이런 말이 있다.
"기적을 일으키는 것은 신이 아니라 자신의 의지라고 한다. 기적을 바라기만 하고 아무 노력도 하지 않는 사람에게 기적은 일어나지 않는다. 기적은 신이 내려 주는 것이 아니라 자신의 의지와 노력으로 '일으키는' 것이라고 한다. 이번 시즌에서 내가 거둔 성적은 부상과 싸우면서도 포기하지 않았던 내 의지가 있었기에 가능했을 것이다. 아마도 그런 나를 기특하게 여긴 신께서 보내 주신 선물이 아닐까."

김연아는 강한 의지 덕분에 2010년 제21회 밴쿠버 동계 올림픽 피겨 스케이팅 여자 싱글 금메달을 획득했다. 세계 신기록을 세우며 세계 챔피언으로 우뚝 선 김연아 선수는 많은 사람들에게 영감을 주었다.

뭔가를 집중해서 하다 보면 한계에 부딪힐 때가 있다. 그 순간을 참아 내느냐 아니면 포기하느냐에 따라 마지막이 결정된다. 나는 마라톤을 하면서 한계를 극복한 적이 있다. 장거리 마라톤을 하다 보면 호흡이 힘들어서 중간에 포기하고 싶은 마음이 계속 든다. 하지만 힘든 구간을 잘 참고 이겨 냈더니 그다음 구간부터는 숨이 편해지는 것을 몸소 느꼈다. 힘든 순간에 포기했다면 나는 바닥에 주저앉고 완주하지 못했을 것이다. 우리도 주어진 일을 끝까지 완수할 수 있는 마음을 가져야 한다. 김연아 선수의 말처럼 기적은 자신의 노력과 의지로 일으키는 것이다. 노력 없이는 아무것도 성취할 수 없다. 주어진 일을 게으르게 거부하기보다 꾸준한 도전을 통해 자신의 의지력을 관리할 수 있도록 노력해 보자.

둘째, 매사 긍정적인 생각으로 평정심을 유지한다. 살다 보면 많은 일들로 스트레스를 받는다. 예를 들어 직장 생활, 가정, 자녀 문제, 인간관계 갈등, 오해, 부당한 대우, 사기, 돈 문제 등이다. 안 좋은 일이 생기면 사람들은 부정적인 생각을 하고 우울증이 걸리기도 한다. 의지력이 강한 사람들은 평정심을 유지하며 매사 긍정적으로 바라보며 작은 것에도 감사하는 마음을 가지고 있다. 고난과 역경 속에서 강한 의지와 자신감을 가지고 힘든 상황을 이겨 낸다. 힘든 상황 가운데 부정적인 생각을 하다 보면 상황이 더욱 악화된다. 안 좋았던 일을 빨리 잊고, 다시 일어서는 것이 문제를 해결할 수 있는 방안이다.

나의 어머니는 젊었을 때부터 중국집을 운영했었다. 어느 날 연세가 많으신 손님이 식당에 오셨다. 손님은 일부러 컵에 식초를 따라 한 컵을 마시고 속이 타서 병원에 간 적이 있다. 손님은 우리 어머니가 식초를 물 대신 따라 주었다고 거짓말을 했다. 컵에 코만 대도 식초 냄새가 가득해서 식초라는 것을 알았을 것이다. 억울한 누명을 쓴 어머니는 큰돈을 배상해야 했다. 그때 어머니의 심정은 말로 표현할 수 없을 만큼 억울하고 속상했을 것이다. 하지만 어머님께서는 늘 긍정적인 마음을 유지하며 힘든 상황을 이겨 내셨다.

나의 어머니가 억울한 상황 가운데 부정적인 생각을 하며 하루하루를 보냈다면 상황이 더 악화됐을 것이다. 하지만 어머님께서는 힘든 상황 가운데에서도 강인한 의지력을 발휘하셨다. 훌륭한 인생을 살아가려면 긍정적인 에너지가 필요하다. 현재 상황이 힘들다고 다른 사람의 인생과 비교하며 스스로 불행해지면 안 된다. 힘든 상황을 이겨 낼 수 있는 방법은 마음 가운데 긍정의 씨앗을 심는 것이다. 그래야 자신의 삶에서 풍성한 열매를 맺을 수 있다. 고난과 역경 가운데 환경을 탓하지 않고, 자신만의 인생을 개척해 나갈 수 있도록 작은 노력부터 실천해 보자.

의지력이 약한 사람들은 하루 계획을 세워 작은 것부터 실천해야 한다. 꾸준히 할 수 있는 습관을 만들고 유혹이 될 만한 것들을 차단해야 한다. 또한 일을 한 번에 몰아서 하기보다 휴식 시간을 가져야 한다. 그래야 일의 효율성을 높일 수 있고, 피로해지는 것을 예방할 수 있다. 알람을 맞춰서 휴식 시간을 놓치지 않도록 하자. 또한 벼락치기처럼 잠을 자지 않고 서둘러서 일을 하면 안 된다. 충분한 수면을 취해야 에너지도 충전되고 일의 능률도 올릴 수 있다.

 의지력이 강한 사람들은 자신의 한계를 참아 내며 포기하지 않고 주어진 일에 최선을 다한다. 어떠한 상황 가운데서도 긍정적인 생각으로 평정심을 유지하며 고난과 역경을 극복해야 한다. 고난 가운데 불평하기보다 긍정적인 마음을 유지하는 것이 인생에서 승리하는 길이다.

4.
....

의지력이 가진 2가지 문제점:
한정된 자원, 효용 가치가 단기간만 유지

사람들은 의지력만 있으면 계획했던 모든 일들을 다 할 수 있을 거라고 생각했다. 의지력이 무한하지 않고 관리가 필요하다는 것을 알게 될 때 비로소 의지력이 가진 문제점을 생각하게 된다. 의지력이 가진 2가지 문제점은 다음과 같다.

첫째, 의지력은 한정된 자원이다. 의지력은 사용할수록 고갈된다.

둘째, 의지력은 효용 가치가 단기간만 유지된다. 의지력은 쉽게 소멸되기 때문에 믿을 수 없다. 의지력으로 새로운 유형을 만드는 데 도움이 되지 않는다면 작은 습관을 만드는 것이 효과적이다.

의지력이 가진 문제점을 이해하고, 쉽게 실천할 수 있는 작은 습관을 만들어 삶에 적용해 보자.

데이먼 자하리아데스의 『작은 습관 연습』 참고

의지력의 문제점은 한정된 자원이라는 점이다. 예를 들어 여행 갈 때 자동차에 연료를 넣고 떠나지만 목적지에 갈수록 소멸되듯이 의지력도 마찬가지다. 하루를 시작할 때는 의지력이 충만하지만 시간이 지날수록 의지력이 고갈된다. 하루를 마무리할 때는 의지력이 남아 있지 않는 경우가 대부분이다. 잠을 충분히 자고 출근한 사람은 연료가 가득하여 맑은 정신으로 업무에 집중할 수 있다.

지인의 집에는 아들 3명이 있다. 오전에 통화할 때 보면 지인은 목소리에 힘도 있고, 에너지가 넘친다. 하지만 밤에 통화를 하면 목소리에 힘이 없다. 지인은 '매일 가사와 아이들 돌보고 나면 지쳐 늦은 시간에는 아무것도 할 수 없다'고 하소연한다. 지인은 우스갯소리로 이런 말을 한다. '아들 셋 키운 엄마는 천국 간다. 왜냐하면 지상에서 아들 셋 키우면서 이미 지옥을 맛봤기 때문'이라고 한다. 의지력 고갈의 문제점을 개선하지 않으면 생활에 악순환이 계속 반복되어 번아웃이나 슬럼프에 빠진다.

나는 워킹맘으로 살아가면서 의지력이 한정된 자원이라는 걸 많이 느꼈다. 새벽부터 일어나 자기 계발, 업무, 가사, 자녀 교육까지 하다 보면 시간이 빨리 간다. 푹 자고 일어난 오전 시간에는 의지력이 충만한데 저녁에는 힘이 빠져 행동도 느려지는 편이다. 첫째 아이가 신생아였을 무렵 새벽에 잠을 자지 않아 힘든 적이 있었다. 나는 다음 날 출근을 위해 자야 하는데 아이가 계속 울고 보채서 거실에서 유모차를 밀고 다녔었다. 결국 잠을 못 잔 채 다음 날 출근하니 계속 졸음이 쏟아지고 손에 힘까지 빠져 일에 집중할 수 없었다. 사용할 의지력이 하나도 남지 않은 것이다. 이처럼 힘든 날이 반복되다 보니 산후 우울증까지 와서 신경이 예민해졌다. 그 후 나는 문제점을 해결하기 위해 시어머님께 첫째 아이를 밤에 돌봐 달라고 부탁드렸다.

의지력은 한정된 자원이기에, 의지력이 충만할 때 중요한 일을 먼저 해야 한다. 의지력이 고갈된 상태에서는 집중도 되지 않고 일을 제대로 마칠 수 없다. 그러니 중요한 일은 의지력이 충만한 아침 시간에 하면 좋다. 또한 하루에 너무 많은 일을 하지 않는 게 중요하다. 많은 일을 하다 보면 금방 의지력이 고갈된다. 혼자서 많은 일을 하기보다 주변 분이나 가족들에게 도움을 요청하는 것도 현명한 방법이다. 위의 사례처럼 필자도 시어머님께 도움을 요청해 힘든 순간을 극복했다. 규칙적인 생활과 충분한 영양 보충, 휴식 시간을 가지고 의지력을 제때 잘 활용해 보자.

의지력의 두 번째 문제점은 효용 가치가 단기간만 유지된다는 점이다. 의지력은 급속도로 소멸한다. 그 때문에 새로운 일을 시작하기는 쉽지만 끝까지 유지하기는 힘들다. 사람들은 의지력이 한정된 자원이라는 것을 알지 못한 채 의지력에 쉽게 기대려고 한다. 만약 의지력이 장기간 유지됐다면 많은 일들을 문제없이 잘 처리할 수 있었을 것이다. 의지력 대신 사용할 수 있는 습관의 힘을 믿는 것이 더욱 바람직한 방법이다.

로이 F. 바우마이스터, 존 티어니의 『의지력의 재발견』 참고
살아가면서 여러 가지 변화 시도를 동시에 할 경우 실패할 확률이 높다. 예를 들어 금연을 실천하려고 하는 사람이 금주까지 실천하기는 힘들다. 두 가지 모두 실천하기 어려운 상황이기에, 한 가지를 정해 실천해야 한다. 의지력을 지나치게 사용하면 효과적인 습관을 만들 수 없다. 주변에 습관을 지속적으로 실천하고 있는 사람들은 의지력을 알맞게 사용하고 있다. 의지력을 많이 사용하지 않고 유익한 습관을 만들 수 있도록 노력해야 한다.

나는 예전에 의지력이 무한하다고 생각했다. 의지력만 있으면 뭐든지 할 수 있다는 마음으로 장기 계획을 화려하게 세운 적이 있다. 하지만 시간이 지날수록 지쳐 갔고 계획했던 일들이 하나둘 무너지기 시작했다. 하나를 잘하려고 노력하다 보니 다른 것을 할 수 있는 에너지가 줄어들었다. 의지력의 문제점을 깨달은 후 나는 나에게 맞는 작은 목표를 세워 매일 실천해 갔다. 욕심부리지 않고 적당한 계획을 세우니 마음도 편해져서 한 가지 일에 더욱 몰입할 수 있었다.

이처럼 의지력은 효용 가치가 단기간만 유지되기 때문에 하고 싶은 목록 리스트를 많이 만들면 안 된다. 자신에게 가장 중요한 일 한 가지를 세워 몰입해야 한다. 또한 유혹에 넘어갈 수 있는 환경을 만들지 않는 것이 중요하다. 예를 들어 공부를 하면서, 핸드폰을 옆에 두거나 카카오톡 알림을 끄지 않는 행동을 하면 안 된다. 핸드폰을 아예 옆에 두지 않는 것도 하나의 방법이다. 자신의 목표에 따라 환경을 먼저 변화시켜 보자. 자신이 시간을 보내는 장소, 즉 환경을 우선 나열해 보고, 하루 습관을 생각해 보자. 나쁜 행동을 하기 어려운 환경을 조성하면 습관을 만들기가 쉬워진다.

습관을 실천하려고 한다면 많은 유혹을 참을 수 있어야 한다. 친구들의 달콤한 제안에 자제력을 발휘해야 한다. 의지력은 사용할수록 고갈되는 자원이다. 습관을 형성하면 우리가 다른 것과 비교하며 애쓰지 않아도 자연스럽게 움직인다. 예를 들어 외출을 자주 하는 습관을 가지고 있다면, 때가 되면 자연스럽게 밖으로 나가게 된다.

또, 아침에 세수하는 습관을 예로 들어 보자. 우리는 아침에 일어나서 화장실에 가서 세수할까 말까 고민하지 않는다. 이것은 출근하기 전에 하는 행동이기에 몸에 밴 습관이다. 세수하는 데 의지력이 필요하지도 않다. 마트에 가도 자동으로 카트를 준비하고, 식품 코너 등을 둘러보며 필요한 물품들을 구입한다. 이런 것들을 의식하지 않고 자연스럽게 한다는 것은 습관이 형성되었다는 것이다. 루틴은 의지력과 관계없이 하는 가장 쉬운 행동이다. 핸드폰을 켜자마자 유튜브를 시청하는 것도 강력한 루틴이다. 이처럼 완전한 습관이 형성되면 작은 요인에도 흔들리지 않는다. 습관의 힘은 강력하다.

나는 취미 생활로 네이버 블로그를 시작했다. 부담 없이 편한 시간대에 들어가서 자유롭게 관리할 수 있다는 것이 장점이었다. 나는 블로그 이웃 5,000명을 만들자는 목표로 매일 새로운 게시물을 올렸다. 이렇게 블로그 관리를 매일 하다 보니 어느새 나는 목표를 이루었고 작은 습관들이 하나둘 자연스럽게 생기기 시작했다. 블로그 관리를 통해 좋은 이웃들을 만났고, 이웃들의 포스팅을 매일 읽음으로써 유익한 정보를 많이 얻게 되었다. 블로그를 매일 관리함으로써 나는 습관의 힘을 알게 되었고 습관을 꾸준히 지속할 수 있는 힘을 가지게 되었다.

한정되고 단기간만 유지되는 의지력 대신 습관을 만드는 것이 더 효과적이다. 습관은 의지력의 한계를 뛰어넘는다. 습관을 만들려면 자신에게 맞는 목표를 세우는 것이 중요하며, 목표를 정했다면 실천할 작은 습관을 정해야 한다. 예를 들어 새벽 기상이 목표라면 '매일 밤 11시에 잠자기'를 작은 습관으로 만들면 된다. 작은 습관을 만들었다면 기존 습관에 새로운 습관을 연결하면 된다. 예를 들어 현재 가지고 있는 양치하는 습관에 치실 사용하는 습관을 연결하는 것이다.

의지력은 한정된 자원이기에 의지력이 충만할 때 중요한 일을 먼저 해야 한다. 의지력이 충만한 아침 시간에 중요한 일을 하면 된다. 혼자서 많은 일을 하기보다 주변 사람들에게 도움을 요청하여 의지력 소모를 줄이자. 의지력을 잘 관리해야 제때 잘 사용할 수 있다. 또한 계획을 많이 세우면 안 된다. 자신에게 가장 중요한 일 한 가지를 세워 몰입해야 한다. 더불어 유혹에 넘어갈 수 있는 환경을 만들지 않아야 한다. 환경을 변화시키면 의지력을 사용하지 않아도 된다. 의지력으로 새로운 유형을 만들고 유지하기 어렵다면 작은 습관을 만들어야 한다. 먼저 목표를 세우고, 목표를 실천할 작은 습관을 만들면 된다. 현재 습관에 새로운 습관을 연결하는 것도 좋은 방법이다.

5.
………………………………………………………………

의지력 없이
의지력을 발휘하는 법 12가지

　의지력 없이 생산적인 하루를 보내려면 일을 집중해서 할 수 있는 최적의 환경을 만들고 시간을 잘 활용해야 한다. 자신에게 주어진 시간을 어떻게 보내느냐에 따라 일의 성과와 효율성이 달라진다. 요즘 주변을 보면 집중할 수 없는 환경 때문에 일을 지속적으로 미루며 일을 끝내지 못하는 사람들이 많다. 중요한 일은 먼저 끝내고, 작은 일이라도 미루지 않는 습관을 가져보자. 하루하루의 작은 노력들이 쌓이면 변화가 일어난다. 생산적인 하루를 보내며 일을 끝내고자 하는 사람들은 아래 12가지 사항들을 기억하고 실천해 보기를 권한다. 처음부터 완벽한 사람은 없다. 자신이 실천할 수 있는 몇 가지를 골라 자신의 삶에 적용해 보자.

1) 주변 사람들에게 바쁜 상황을 미리 말해 둔다
　중요한 프로젝트나 빨리 마무리해야 할 일들이 있다면 주변 사람들에게 자신의 상황을 미리 말해 두어야 한다. 말해 두지 않고 연락도 받지 않으면 지인들과 오해가 생겨 관계도 깨진다. 분주해서 일일이 연락하기 힘든 사람은 카카오톡 메시지 상태에 자신의 상황을 '당분간 연락 못함' 등으로 명시한다. 이처럼 주변에 미리 말해 두면 일을 꼭 끝내야 한다는 책임감도 느끼게 돼서 일에 더욱 집중할 수 있게 된다. 나 역시 주변 사람들에게 책 집필이 끝날 때까지 못 만나고 자주 연락도 할 수 없음을 얘기했다.

2) 일할 시간을 구체적으로 정한다

중요한 일을 할 때 우리는 '하루 종일 시간을 투자해서 해야지'라고 생각하지만 말처럼 쉽지가 않다. 구체적으로 일할 시간을 정하고 시작해야 생산적인 하루를 보낼 수 있다. 예를 들어 '하루에 8시간 일하기'처럼 말이다. 일할 시간을 정해 놓고 시간 안에 끝내려고 노력해야 된다. '시간을 정하느냐 또는 시간을 정하지 않느냐'의 차이는 크다. 일할 시간을 정해 놓으면 적응이 되며, 시계도 덜 보게 되고 일에 집중할 수 있다. 나는 시간을 정해 놓지 않으면 마음이 풀리고 느슨해져서 일에 집중하기 힘든 편이다. 그 때문에 반드시 시작할 시간과 마감 시간을 구체적으로 정해 놓고 일을 시작한다.

3) 정해진 일할 시간을 꼭 지킨다

8시간 동안 일하기로 정해 놓고 일을 할 경우 때로는 '시간이 길다'고 느끼면서 중간에 마음에 흔들린다. 그러니 자신이 일에 집중할 수 있는 시간을 고려해서 일할 시간을 구체적으로 정한 다음 꼭 지켜야 한다. 사람들은 마감 시간이 촉박해지면 마음도 분주해져서 더 빨리 일을 마무리하려는 성향이 있다. 혼자서 일할 시간을 지키기 힘는 사람은 가까운 지인에게 도움을 구하자. 가까운 지인에게 자신의 상황을 얘기하면서 일을 꼭 마무리해야 한다고 얘기를 해 놓는 것이다. 이때 내기를 해도 효과적이다. 예를 들어 '정해진 시간 안에 일을 마무리하지 못할 경우 밥을 사겠다'라고 얘기해도 좋다.

4) 남들보다 이른 시간에 시작한다

남들과 같은 시간대에 자동차로 출근하려다 보면 차가 막혀서 정체되는 경우가 많다. 남들보다 이른 시간에 출발해야 차도 막히지 않고 빠른 시간에 직장에 도착할 수 있다. 일할 때도 마찬가지다. 남들보다 더 이른 시간에 시작하면 일을 더욱 집중해서 하고 빠른 시간에 마무리할 수 있다. 이처럼 생산적인 하루를 보내려면 남들과 다르게 시작해야 한다. 남들보다 1시간만 더 빨리 시작해도 하루가 달라진다. 요즘 자기 계발에 최선을 다하는 사람들은 새벽 5시에 기상하여 생산적인 하루를 보낸다.

5) 보상은 뒤로 미룬다

제프 헤이든의 『스몰 빅』에는 이런 말이 있다.

"일할 때 음악 듣는 것을 좋아한다고 해 보자. 생산성 극대화의 날에는 처음 몇 시간 동안은 음악을 틀지 않는다. 몇 시간이 흐르고 의욕이 떨어질 무렵 음악을 틀면 사기가 크게 올라갈 것이다. 평소 자신에게 주는 '선물'을 생산성을 올려주는 총알로 생각하자. 탄약을 너무 빨리 써버리면 정말로 필요할 때 아무것도 남지 않는다. 따라서 평소 힘든 하루를 헤쳐 나가도록 도와주는 방법이 있다면 뒤로 미뤘다가 활용한다. 만족감은 뒤로 미뤄둘수록 크다. 더불어 동기부여도 부여된다."

나는 자기 계발 영상을 보는 것을 좋아한다. 집필을 시작하고부터는 집필은 마친 후에 자기 계발 영상을 본다. 집필에 몰입하기 위해 달콤한 유혹은 뒤로 미루었다.

6) 쉴 때는 다른 일을 하지 않는다

생산적인 하루를 보내려면 쉴 때 제대로 쉬어야 한다. 쉴 때도 텔레비전을 보거나 인터넷을 하면 피로감이 쌓인다. 쉴 때는 조용한 공간에서 편안하게 휴식을 갖는 게 중요하다. 편안한 휴식을 취해야 에너지도 제대로 충전될 수 있다. 요즘 주변을 살피지 않고 스마트폰을 보면서 느리게 걸으며 산책하는 사람들이 있다. 이런 사람들을 스마트폰 좀비(Smartphone Zombie)라고 한다. 밖에 나와서까지 스마트폰을 보면서 걷는 것보다 주변 자연환경을 둘러보며 심호흡에 신경 쓰는 것이 더욱 바람직한 방법이다.

7) 의외의 시간에 휴식을 취한다

스티브 스콧의 『해빗 스태킹』 참고

일을 다 하고 휴식을 취하기보다 중간에 휴식을 취하는 것이 더욱 효과적이다. 중간에 휴식을 취하고 일을 하면 일을 미루고 싶은 마음이 사라진다. 쉬지 않고 계속 일하다 보면 의욕이 떨어져서 일의 효율성도 낮아진다. 자신에게 맞는 적절한 타이밍을 정해 휴식을 취하며 생산성을 높여 보자.

8) 연료가 떨어지기 전에 재충전한다

마라톤을 하려면 아침 식사를 든든하게 먹어야 한다. 출발 전에 미리 물도 마셔야 탈수를 막을 수 있다. 앉아서 일하는 사람은 1시간에 한 번씩은 휴식 시간을 갖고, 일어서서 스트레칭을 해야 한다. 서서 일하는 사람은 휴식 시간에 앉아서 쉬어야 한다. 식사 시간도 알맞게 정해야 한다. 신속하게 준비해서 적당한 시간에 식사를 마쳐야 한다. 또한 에너지를 재충전하면 다시 일에 집중하는 것이 중요하다. 연료가 떨어지기 전에 재충전하지 않으면 아무 일도 제대로 할 수 없다는 것을 잊지 말자.

9) 시간이 걸려도 중간에 포기하지 않는다

일을 하다 보면 쉽게 그만두고 싶은 마음이 생긴다. 자꾸 그만두는 습관이 생기다 보면 다른 일도 쉽게 포기하게 된다. 시간이 걸리더라도 포기하지 않고 끝까지 해내야 한다. 일을 다 마무리하면 성취감도 느끼고 마음 편히 쉴 수 있다. 포기하고 싶을 때 마음에 중심을 잡고 '할 수 있다'는 마음으로 끝까지 해내도록 노력해 보자. 누구나 처음은 힘들어하지만 지속적으로 시행하면서 익숙해지면 잘하기 마련이다. 걱정할 시간에 바로 시작하는 것이 포기하지 않는 방법이다.

10) 일을 할 때는 스마트폰을 무음으로 해 놓는다

일할 때 계속 메시지 알림이 울리면 신경이 쓰여 일에 집중할 수 없다. 요즘 사람들은 무료 카카오톡을 이용해 수시로 메시지를 보낸다. 이러면 시간을 제대로 활용할 수 없다. 일에 집중할 때는 스마트폰을 무음으로 해 놓고 신경 쓰지 않도록 해야 한다. 나는 스마트폰 바탕화면 메뉴에 있는 네이버, 인스타그램, 카카오톡을 첫 화면에 안 보이게 해 놓았다. 메뉴를 보이지 않게 해 놓은 이후부터는 신경 쓰지 않고 일에 집중할 수 있었다.

11) 매사 긍정적인 마음으로 생활한다

똑같은 일이라도 어떤 관점에서 바라보느냐에 따라 상황이 달라진다. 우리는 매사 긍정적인 마음으로 생활해야 한다. 긍정적인 마음으로 일하다 보면 일도 잘 되고, 지속적으로 좋은 쪽으로 생각하게 된다. 반면에 부정적으로 바라보는 사람들은 일할 때 자주 불평하고 실수하는 경향이 있다. 현재 자신이 부정적인 사람이라면 마음을 바르게 가지고 일할 준비를 해야 한다. 긍정적인 마음으로 가질 수 있도록 꾸준한 노력이 필요하다. 부정적인 말을 하는 사람이라면 말을 줄이고 상대방의 말을 듣는 연습부터 해 보자. 감사의 마음을 표현할 줄 모르는 사람은 감사의 마음이 생길 때마다 '감사합니다'라는 말을 하도록 실천해 보자.

12) 멍 때리기, 즉 뇌가 쉴 수 있게 잠깐 먼 산을 바라보며 휴식한다

바쁘게 움직이는 현대인들은 먼산바라기 할 시간이 부족하다. 출퇴근길 지하철을 탄 사람들은 대부분 스마트폰을 지속적으로 사용한다. 잠시의 여유도 없이 화장실에서 스마트폰을 보는 사람들도 많다. 현대인들은 하루 종일 뇌를 사용하니 뇌가 쉴 시간이 부족하다. 뇌를 쉬게 하려면 멍 때리기가 효과적이다. 아무런 생각도 안 하고 먼 산을 바라보며 휴식을 취하면 뇌를 쉬게 하여 뇌의 수행 능력을 높여 준다.

의지력 없이 생산적인 하루를 보내려면 다음을 기억하자.
첫째, 주변 사람들에게 바쁜 상황을 미리 말해 둔다.
둘째, 일할 시간을 구체적으로 정한다.
셋째, 정해진 일할 시간을 꼭 지킨다.
넷째, 남들보다 이른 시간에 시작한다.

다섯째, 보상은 뒤로 미룬다.
여섯째, 쉴 때는 다른 일을 하지 않는다.
일곱째, 의외의 시간에 휴식을 취한다.
여덟째, 연료가 떨어지기 전에 재충전한다.
아홉째, 시간이 걸려도 중간에 포기하지 않는다.
열째, 일을 할 때는 스마트폰을 무음으로 해 놓는다.
열한째, 매사 긍정적인 마음으로 생활한다.
열두째, 뇌가 쉴 수 있게 잠깐 먼 산을 바라보며 휴식한다.

위의 사항을 몇 가지만 지켜도 일의 효율성은 달라질 것이다. 위의 12가지 방식을 참고하여 자신의 한계를 높이며 생산적인 하루를 만들 수 있도록 노력하자.

CHAPTER 4.
의지력 대신 환경을 믿어라

1.
....

의지력보다 환경의 변화가
훨씬 더 중요하다

　나는 의지력으로 오랜 시간 동안 다이어트를 하려고 운동을 했었지만 아무런 변화가 없었다. 매일 잘 먹고 운동하는 것이 다이어트의 최선의 방법이라고 생각했었다. 나는 다이어트 실패의 원인을 알고부터 의지력보다 환경의 변화가 훨씬 더 중요하다는 것을 깨달았다. 환경을 바꾸면 좋은 습관을 형성할 수 있다. 습관 형성을 방해하는 환경은 피해야 한다. 오스트레일리아의 동기 부여 연설가인 닉 부이치치는 팔과 다리가 없이 태어났지만 자신의 환경을 바꾸고 인생을 성공적으로 변화시켰다. 우리는 주어진 환경을 탓하지 말고 자신의 환경을 개선할 수 있도록 노력해야 한다. 어떤 환경에 노출되고 어떤 사람을 만나느냐에 따라 삶이 좌우되기도 한다. 나쁜 감정은 비우고 매사 긍정적인 마음으로 좋은 환경을 만들어 보자.

　사람들은 변화하기 위해서는 의지력만 있으면 된다는 말을 자주 한다. 변화하려고 몇십 번씩 시도해 봤지만 실패로 끝난 경우가 많다. 좋은 습관을 만들겠다고 매번 의지를 다져도 다시 원점으로 돌아가는 경우가 많다. 변화하려면 의지력 대신 환경을 바꿔야 한다. 또한 자신의 목표에 맞는 환경을 조성해야 한다. 예를 들어 체중 감량을 목표로 하고 있다면 냉장고 안에 있는 정크 푸드는 모두 처분해야 한다. 살을 빼겠다는 의지가 있어도 냉장고 문을 열고 음식을 보는 순간 쉽게 유혹에 넘어가는 게 현실이다. 어떤 환경을 만드느냐에 따라 습관이 좌우된다.

김은경의 『습관의 말들』에는 이런 말이 있다.
"SBS 스페셜 『당신의 인생을 바꾸는 작은 습관』편은 습관 때문에 괴로운 사람들이 습관 바꾸기 프로젝트에 참여한 내용을 담고 있다. 공부 습관, 정리 습관, 야식 습관으로 각각 고민인 세 사람이 4주 동안 전문가의 도움을 받아 변화에 도전했다.
세 참가자 중 한 명인 정재현 씨는 '음악'이라는 꿈을 위해 음식점에서 새벽 아르바이트를 하는 청년이었는데, 매일 밤 인스턴트 음식으로 늦은 야식을 먹는 습관을 바꾸고 싶어 했다. 도움을 위해 투입된 행동치료 연구소 팀의 전문가가 그에게 강조한 것은 의지보다 환경의 변화가 중요하다는 것! 제일 먼저 정한 규칙은 집에 와서 바로 눕지 않기 위해 기상 후 매트리스를 정리하는 것이다."

나는 예전에 운동을 3년 동안 했지만 체중 변화가 없었다. 새벽마다 헬스장에 가서 운동을 하는데 왜 살이 안 빠질까? 하며 고민했었다. 그러다 우연히 2015년에 〈EBS 스페셜 프로젝트 소셜다이어트 내 몸 혁명〉 시리즈를 보게 되었다. 각 분야의 전문가들과 다이어트 참가자들이 나와, 운동하는 습관과 식습관을 보여주었다. 예전에 나는 운동만 하고 식습관과 환경은 그대로 유지했었다. 하지만 다이어트를 제대로 하려면 물도 많이 마셔야 하고, 탄수화물 섭취도 줄여야 하고, 군것질도 안 해야 한다. 따라서 다이어트를 할 수 있는 환경을 만들어 주었다. 물을 매일 자주 마시기 위해 물통을 준비하여 책상 앞에 두었다. 아침과 저녁은 단백질, 과일, 채소 위주로 식사하고, 점심에만 밥을 한 공기 먹었다. 또한 군것질을 하지 않기 위해 주변에 있는 과자와 빵을 모두 처분했다.

  나는 6개월 만에 20㎏ 감량에 성공했다. 주변 분들이 '내 몸에서 초등학생 저학년 아이가 한 명 나간 것 같다'는 우스갯소리까지 했다. 운동을 했던 3년 동안은 살을 빼려는 의지만 있었고 환경을 바꾸지 않았었다. 환경을 바꾸고부터는 다이어트를 쉽게 할 수 있었다. 그 이후 의지력에 기대기보다는 습관을 만들 수 있는 최적의 환경을 만들려고 노력했다. 매일 운동하는 습관을 가지고 싶다면 자기 전에 운동하러 갈 준비를 마쳐야 한다. 아침에 눈 뜨자마자 날씨에 관계없이 운동하러 바로 나가야 한다. 습관을 만들기 위해서 목표를 작게 세우고 적절한 환경을 조성해야 한다.

  사람들은 부잣집에서 태어났더라면 고생을 안 하고 살 텐데, 하면서 신세 한탄하는 경우가 있다. 태어난 환경은 우리가 선택할 수 없는 상황이다. 하지만 태어나고부터는 우리가 환경을 바꿀 수 있다. 어렵고 힘든 환경에서 태어났음에도 불구하고 성공을 이룬 위인들이 많다. 오스트레일리아의 동기 부여 연설가인 닉 부이치치는 태어날 때부터 팔과 다리가 없는 지체 장애인이었다. 그의 인생은 어려움과 고난에 연속이었다. 학교에서 따돌림 당하여 심한 우울증에 빠지고 8살 때 자살까지 생각했었다. 그러나 닉은 하나님께 팔, 다리가 없어도 더 좋은 일들을 할 수 있게 해 달라고 기도하며 자신의 환경을 바꾸어 갔다. 닉은 현재 낚시, 골프, 수영도 하고, 두 발가락을 이용해 글씨도 쓴다. 발뒤꿈치와 발가락으로 타이핑도 한다. 현재는 결혼해서 두 아이의 아빠가 되었다.

나는 어려서부터 부모님 일을 돕는 분주한 환경 가운데 자랐다. 아버지는 시멘트 회사에 다니시고, 어머니는 식당과 여러 가지 일을 하셨기에 한가할 틈이 없었다. 주변 친구들은 편하게 지내는데, 우리 집은 식당을 했기에 가족들과 제대로 된 여행 한 번 간 적이 없다. 어머님 혼자 감당하기에 일이 많으셨기에 우리 삼 남매는 일을 분담하여 도와야 했다. 그 당시에 나는 어머님께서 식당 및 다른 일을 안 하셨으면 하는 바람이 컸다. 어른이 되고 난 후에 나는 부모님을 도우며 지냈던 환경이 나를 강인하게 만들었다는 사실을 깨달았다. 나는 직장과 사회, 가정에서 어려운 일을 겪어도 당당하게 헤쳐 나갈 수 있는 힘을 부모님께 배웠다. 그 힘 덕분에 나는 모든 어려움을 극복하고 작가의 꿈을 가지고 집필을 하고 있다.

이처럼 우리는 주어진 환경을 탓하지 말고 성공할 수 있는 환경을 만들어야 한다. 변화하길 원한다면 변화할 수 있는 환경을 만들어야 한다. 아무런 노력 없이 이루어지는 것은 하나도 없다. 위대한 대통령, 과학자, 정치인, 유명인들도 모두 자신이 처한 환경을 바꾸려고 애를 쓰며 노력했다. 이들은 매일 자신이 정한 일을 어김없이 하는 공통된 습관을 가지고 있다. 배움을 통해 성장하며, 경험을 통해 실력을 쌓고 끝까지 '할 수 있다'는 자세로 최선을 다한다. 좋은 환경을 만들기 시작하면 자신의 목표를 이룰 수 있다.

우리는 지난 일을 후회할 때 과거에서 벗어나지 못하는 경향이 있다. 심지어 고통스럽고 억압된 감정은 쉽게 사라지지 않는다. 그러니 환경을 바꾸기 전에 우리 마음속에 있는 안 좋았던 기억들은 다 잊어야 한다. 과거는 과거일 뿐이다. 지난 일은 후회해 봤자 소용없으며, 앞으로 다가올 날들을 위해 소망을 가지고 살아가는 것이 현명한 방법이다. 사람도 바뀔 수 있는 환경을 만들어 주면 바뀔 수 있다. 예를 들어 부정적인 생각을 밀어내기 위해 매일 감사 일기를 써도 좋다. 나쁜 생각이 떠오르지 않기 위해 명상을 하며 마음을 비울 수도 있다. 우리의 마음을 붙잡고 있는 안 좋은 에너지가 있다면 불필요한 무게를 줄일 수 있도록 노력해 보자.

'당신이 가장 많이 만나는 다섯 명의 평균이 바로 나 자신이다'라는 말이 있다. 이 말대로 성공한 사람 곁에는 반드시 훌륭한 멘토가 있다. 어떤 사람은 선한 영향력을 주는 데 반면 부정적인 영향을 주는 사람도 있다. 잘못된 만남이 환경을 더욱 안 좋게 만들기도 한다. 나는 아이들이 초등학교 때 아이 친구의 학부모님들과 만남을 가진 적이 있었다. 그들은 만나면 서로의 자녀들을 비교하면서 갈등을 일으키기도 했다. 좋은 의도로 만났음에도 불구하고 만남은 지속되지 않았다. 만날수록 마음이 불편해지기 시작했고, 만남의 의미를 느끼지 못했기 때문이다.

우리는 지나간 일을 통해 성장의 발판으로 삼고 앞으로 지속적으로 나아가야 한다. 나쁜 감정을 마음에 담아 두지 않도록 노력해야 한다. 나쁜 감정은 또 다른 나쁜 환경을 만들기 때문에 마음에서 비워야 한다. 부정적인 마음, 시기, 질투는 마음에서 비우고 긍정적인 마음으로 생활해야 한다. 부정적인 감정이 남아 있으면 좋은 환경을 만들 수 없다. 자신의 환경에 부정적인 영향을 주는 사람은 만나지 말아야 한다. 긍정적인 사람은 사람들에게 희망을 주고 타인의 환경까지 변화시킬 수 있는 힘을 가지고 있다. 이런 사람은 인생에서 꼭 필요한 사람이다. 유익한 만남을 통해 삶의 질을 높이고 환경을 개선해야 한다.

우리는 의지력만으로 좋은 습관을 형성할 수 없다. 좋은 습관을 형성하려면 의지력보다 환경의 변화가 훨씬 더 중요하다. 자신의 목표를 세우고 습관을 지속적으로 유지하려면 최적의 환경을 만들어야 한다. 유혹에 넘어갈 수 있는 환경은 피해야 한다. 우리는 주어진 환경을 탓하지 말고 성공할 수 있는 환경을 만들어야 한다. 좋은 환경을 만들기 시작하면 인생의 변화가 일어난다. 우리는 환경을 방해하는 나쁜 감정을 비워야 한다. 나쁜 감정을 가지고 생활하면 계속 안 좋은 일이 일어난다. 긍정적인 마음으로 주어진 일에 최선을 다하면 좋은 환경도 만들 수 있다. 삶에 긍정적인 영향을 주는 사람들을 만나고 비전을 이루어 갈 수 있는 환경을 만들 수 있도록 노력해 보자.

2.

지속력을 키우는 환경을 만들어야 한다:
칭찬, 라이벌 행동 물리치기, 방해물 낮추기

좋은 습관을 형성하려면 지속력을 키우는 환경을 만들어야 한다. 준비되지 않은 환경은 나쁜 습관을 끊지 못하게 만든다. 꾸준히 운동하려고 하는데, 헬스장에 가는데 시간이 많이 걸린다면 습관을 방해하는 환경이 된다. 이러한 환경이 있다면 모두 적어서 하나씩 개선할 수 있도록 노력해야 한다. 사람들은 군대에 가는 것이 좋은 습관을 만들 수 있는 최적의 환경이라고 말한다. 군대는 습관을 지속할 수 있는 환경이 다 마련되어 있고, 단체 생활을 통해 같은 루틴을 형성할 수도 있다. 우리도 칭찬과 라이벌 행동 물리치기, 방해물 낮추기를 통해 지속력을 키우는 환경을 만들 수 있도록 노력해 보자.

'칭찬은 고래도 춤추게 한다'라는 말을 많이 들어 봤을 것이다. 주변 사람들에게 관심을 갖고 칭찬하기 시작하면 긍정적인 변화가 일어난다. 지속적인 좋은 행동을 강화하려면 행동 직후에 칭찬하거나 인정해 주면 효과적이다. 자신이 한 행동을 다른 사람에게 인정받으면 그 행동을 지속하게 된다. 예를 들어 지인에게 직접 만든 반찬을 갖다주었는데, '너무 맛있어, 솜씨가 훌륭해'라는 말을 들었다고 하자. 칭찬받는 즉시 기분도 좋아지고, 앞으로 또 반찬을 갖다주고 싶은 마음이 생길 것이다. 반면 '음식이 짜고 맛이 별로네'라는 말을 들었다면 기분도 상하고 속상할 것이다. 꾸준히 습관을 유지하게 하는 가장 좋은 방법은 '칭찬'이다.

이시다 준의 『지속력』에는 이런 말이 있다.

"사람은 행동을 통해 좋은 결과가 나오면 그 행동을 반복합니다. 이런 현상을 행동과학에서는 '좋은 결과에 의해 행동이 강화되었다'라고 말합니다. 행동이 강화되면 사람은 그 행동을 반복합니다. '과자를 먹는다'라는 행동은 '맛있다!'라는 결과에 의해서 '강화'되며, 이는 과자를 먹는 행동을 반복하게 만듭니다. 어학 학습이나 복근 운동처럼 꾸준히 지속해야 하는 '부족 행동'은 대부분 행동 직후에 좋은 결과가 바로 얻어지지는 않습니다. 물론 조금씩 오래 기간 지속하다 보면 언젠가는 분명 좋은 결과를 얻을 수 있다는 사실을 누구나 머리로는 이해하지요. 그런데도 계속하지 못하는 이유는 끈기가 없기 때문도, 의지가 약하기 때문도 아닙니다."

나는 20년 이상 학생들 영어를 가르치면서 '칭찬'의 힘이 얼마나 크고 중요한지 매번 느끼고 있다. 그중 유별나게 돌발적인 행동을 하며 폭언을 하는 학생들을 만나기도 한다. 이들은 가만히 있는 학생들을 괴롭히거나, 부정적인 말을 하며 주변 학생들에게도 안 좋은 영향을 준다. 나는 이런 학생들을 만나면 수업 태도를 바꿔 보라고 권유하며 학생의 좋은 점을 칭찬하려고 노력한다. 예를 들어 '너는 얼굴도 잘생기고 똑똑한데, 친구들 공부 방해만 안 하면 더욱 좋겠다'라고 말한다.

이 말은 들은 학생은 눈빛이 변하고, 얼굴에 미소를 짓는다. 나름대로 칭찬받아서 기분이 좋아진 상태이다. 강하게 훈육하려고 하면 역반응이 일어난다. 특히 사춘기인 중2 학생들은 항상 민감한 상태이기 때문에 학생들의 마음 상태를 살피고 칭찬해 주려고 노력한다.

회사에서도 직장 상사가 직원에게 부정적인 말투로 단점만 얘기한다면 같이 일하고 싶지 않을 것이다. 부족한 부분도 덮어주고 칭찬과 격려를 해주는 상사라면 주변 직원들도 일을 열심히 할 것이다. 잘못한 일 대신 잘한 일을 칭찬해 주면 바른 행동을 더 많이 하게 된다. 우리는 사람들을 대할 때 단점보다 장점을 보며 칭찬하려고 노력해야 한다. 칭찬은 즉각적으로 해야 한다. 마음에서 우러나오는 칭찬은 자연스럽게 나온다. 사람들이 잘한 일을 진심을 담아 구체적으로 칭찬해 주면 효과적이다. 불편해하지 않는 범위 안에서 마음을 담아 칭찬해 주기 시작하면 좋은 행동들이 강화될 것이다.

이시다 준의 『지속력』 참고

부족 행동을 실행하려면 라이벌 행동을 물리쳐야 한다. 라이벌 행동을 하지 않도록 환경을 만드는 것이 중요하다. 예를 들어 수학 공부를 하고 있는데 친구의 전화를 받았다면 라이벌 행동에 빠진 것이다. 즉 부족행동을 실행하지 못하게 되는 원인이 된 셈이다. 라이벌 행동을 방지하기 위해 수학 공부 중에는 친구 전화를 받지 않는 환경을 조성해야 한다.

이처럼 라이벌 행동을 물리칠 수 있도록 환경을 바꿔야 한다. 예를 들어 아이가 숙제를 해야 하는데 스마트폰이 옆에 있다면 계속 스마트폰을 보려는 마음이 들 것이다. 이럴 경우 스마트폰을 눈에 보이지 않는 곳에 두어야 한다. 스마트폰을 꺼서 다른 방에 놓아도 좋다. TV 때문에 공부를 못하는 경우가 있다면 TV 선도 뽑아 다른 곳에 두어야 한다. 아이들에게 공부하라고 하면서 부모들은 TV를 보거나 스마트폰을 하고 있으면 안 된다. 부모들도 아이들이 공부할 때 조용히 책을 읽는 것이 바람직한 방법이다. 아이들이 지속적으로 하는 행동을 방해하는 라이벌 행동이 무엇인지 관찰하고 환경을 바꾸어 주어야 한다.

　나는 집중적으로 일을 할 때 라이벌 행동을 할 수 없도록 환경을 만들어 놓는다. 사용하지 않는 인터넷 창은 다 닫고, 주변에 소음이 들리지 않도록 가족들에게도 조용히 해 줄 것을 부탁한다. 핸드폰은 무음으로 해 놓고 다른 방에 놓는다. 핸드폰이 옆에 있으면 계속 메시지를 확인하고 싶은 마음이 들기 때문에 집중이 되지 않는다. 일을 할 때는 책상에서만 한다. 예전에 피곤하다고 침대 위에 작은 책상을 놓고 기대어 일을 하다 침대에 누워 잠이 든 경우도 있다. 그때 이후 책상 말고는 다른 곳에서는 일을 하지 않기로 했다. 집중하기 위해 책상 앞에 '매일 초고도 집중, 긍정적인 생각'이라는 문구까지 적어 붙여 놓았다. 일할 때 다른 일에 신경 쓰지 않도록 문구를 보며 마음을 단련시키기 위해서다.

　무언가를 할 때 유혹에 넘어가지 않으려면 눈에 보이지 않게 해야 한다. 두 가지 일을 동시에 하려면 한 가지 일도 제대로 할 수 없다. 식사할 때는 식사만 해야지, 식사하면서 다른 일을 하려면 식사도 제대로 못하니, 다른 일도 신척이 보이시 않는나 컴퓨터로 일할 때 집중하려면 일하는 사이트 외에 다른 창은 닫아 두어야 한다. 창이 열려 있으면 일하면서도 자꾸 보고 싶어지며, 일의 생산성과 효율성도 떨어지게 된다. 혼자 힘으로 라이벌 행동을 물리치기 힘든 사람은 주변 사람들에게 도움을 요청해도 좋다.

　습관을 지속적으로 하려면 방해물을 낮추어야 한다. 방해물이 없는 환경을 만들면 습관을 지속하기 쉬워진다. 예를 들어 아이의 독서 습관을 만들어 주려고 한다면 주변에 만화책 대신 읽어야 할 책들을 두어야 한다. 보지 않는 책은 과감하게 정리해서 비우고, 꼭 읽어야 할 책들만 책상에 두어야 효과적이다. 늘 정리가 안 되는 사람이라면 책꽂이를 정리하고 읽어야 할 책을 정해진 곳에 두어야 한다. 운동하러 갈 때 매번 운동복 준비에 시간이 걸리는 사람이라면 전날에 찾아서 옷걸이에 걸어 두어야 한다. 나쁜 습관을 하지 못하는 환경을 만들고, 좋은 습관을 실천할 수 있는 환경을 만들어야 한다.

　지인은 정리가 안 되는 습관 때문에 매번 힘들어했다. 그러다 그 나쁜 습관을 개선하기 위해 집에 있는 짐을 비우기 시작했다. 사용하지 않는 오래된 물건과 몇 년 동안 입지 않은 옷들을 모두 처분했다. 짐을 비우고부터는 정리하는 습관이 생겨 수납 도구들을 구입해 깔끔하게 정리했다. 전에는 쓰레기통이 베란다에만 있어서 평소 지인은 방 안에서 사용한 쓰레기를 바로 버리지 않는 습관이 있었다. 문제점을 개선하기 위해 각 방마다 쓰레기통을 준비했다. 그 후로는 쓰레기를 바로 버리고 방을 깨끗하게 유지할 수 있었다.

　나는 거실에 실내 자전거를 두면 공간이 좁아 보인다고 생각하여 다른 방 베란다에 두었다. 그렇게 실내 자전거를 멀리 두고부터는 실내 자전거를 탄 적이 없다. 다른 방에 두고부터는 눈에 잘 띄지 않아 실내 자전거를 타고 싶은 마음이 사라졌다. 그 이후 다시 실내 자전거를 거실로 옮겼다. 눈에 보이니까 시간이 되면 실내 자전거를 타게 됐다. 이로써 눈에서 멀어지면 마음도 멀어진다는 것을 깨달았다. 아침마다 실천하는 습관들에 필요한 물건과 책들은 바구니에 넣어 두었다. 그 뒤로는 매번 각각 찾아야 하는 어려움 없이 습관을 쉽게 실천하게 되었다. 아이들에게는 학습 환경을 만들기 위해 거실에 있는 TV를 없애고, 책장과 책상만 두었다. 그 이후 아이들은 거실에서 책을 읽으며 시간을 보낸다.

주변에 나쁜 습관을 지속하는 방해물이 무엇인지 적어보고 환경을 바꿔야 한다. 처음부터 한 번에 다 바꾸기는 힘들다. 집안 환경부터 하나씩 시도하면서 천천히 바꿀 수 있도록 노력해 보자. 방해물만 낮추어도 습관을 지속하기 쉬워진다. 공부가 집에서 안 되는 사람이라면 도서관을 이용하거나 분위기 있는 카페를 이용해도 좋다. 피아노가 2층에 있어서 연주하기 힘든 사람이라면 피아노를 자신의 방으로 옮겨야 한다. 환경만 바꾸어도 생활이 편리해지고 오래 걸리는 시간을 단축시킬 수 있다. 습관을 꾸준히 지속하는 사람들은 주변에 방해물을 두지 않는다는 사실을 기억하자.

지속력을 키우는 환경을 만들려면 다음과 같은 일을 실천하자.
첫째, 사람들을 칭찬하거나 인정해 줘야 한다. 사람들은 칭찬과 인정을 받으면 그 행동을 지속하게 된다. 칭찬은 행동 직후에 진심을 담아 바로 해야 한다. 만약 사람들이 칭찬을 받지 못하고 단점만 듣는다면 사람들은 그 행동을 다시는 하지 않을 것이다.

둘째, 부족 행동을 지속적으로 실행하려면 라이벌 행동을 물리쳐야 한다. 예를 들어 독서를 해야 하는데, 스마트폰이 바로 옆에 있다면 라이벌 행동에 빠져 부족 행동을 실행하지 못하게 된다. 라이벌 행동의 유혹이 생기지 않도록 환경을 조성해야 한다.

셋째, 습관을 지속하려면 방해물을 낮추어야 한다. 나쁜 습관을 하지 못하게 하는 어려운 환경을 만들고, 좋은 습관을 실천할 수 있는 쉬운 환경을 만들어야 한다. 주변을 주의 깊게 관찰해서 방해하는 환경을 개선할 수 있도록 노력해야 한다.

3.
사람은
환경을 통해서 성장한다

　사람은 주어진 환경에 따라 성장하고 변화한다. 세상에는 두 부류의 사람들이 있다. 환경을 극복하지 못하고 패배의 삶을 살아가는 사람, 또는 환경을 극복하고 성공하는 삶을 살아가는 사람들이 있다. 후자는 불행한 환경 속에서 낙심하지 않고 포기하지 않는다. 그들은 자신의 힘든 환경을 바꾸고 모든 시련을 견디며 고난을 성공으로 바꾸기도 한다. 우리는 환경의 중요성을 깨닫고 성장할 수 있는 환경을 만들어야 한다. 헬렌 켈러는 불행한 조건을 가지고 태어났지만 좋은 환경을 만들고 훌륭한 선생님을 만나 성공한 인생을 살았다. 집안 환경과 부모의 태도에 따라 아이의 인생이 좌우된다. 부모가 작은 것을 나누고, 베풀며 감사하는 인생을 살아간다면 자녀들도 배우며 성장하게 된다.

　오래전부터 환경의 중요성은 강조되어 왔다. 우리는 교과서에서 배운 '맹모삼천지교'를 통해 환경의 중요성을 실감했을 것이다. '맹모삼천시교'는 맹자 어머니가 자녀를 교육하기 위해 3번 이시했다는 말이다. 맹자는 어릴 때 아버지가 일찍 돌아가셔 홀어머니 밑에서 자랐다. 맹자의 집이 공동묘지 근처여서, 맹자는 어렸을 때 장사 지내는 흉내를 내고 놀았다. 첫 번째 환경이 좋지 않아 맹자 어머니는 시장 근처로 이사했다. 이사 후에 맹자는 시장에서 물건을 사고파는 장사꾼 흉내를 내며 놀았다. 맹자 어머니는 시장 근처도 맹자에게 도움이 되지 않는다고 생각해서 서당 근처로 이사를 했다. 서당 근처로 이사를 하고부터는 맹자는 책도 읽고 지식을 쌓으면서 훌륭한 유학자가 되었다.

 어떤 환경을 만나느냐에 따라 사람이 성장한다. 맹자는 3차례의 이사를 통해 좋은 환경과 좋은 친구들을 만났고 삶이 변화되었다. 꾸준히 성장하고 싶다면 좋은 환경을 만들어야 한다. 낙천적인 사람이 되고 싶다면 긍정적인 사람들을 만나야 한다. 자신의 삶의 부정적인 영향을 주는 사람들을 만나지 말아야 한다. 공부를 잘하고 싶다면 공부 잘하는 친구들을 만나 어떻게 공부하는지 배워야 한다. '썩은 사과 옆에 있는 사과는 썩는다'라는 말을 많이 들어 봤을 것이다. 사람은 자신의 주변에 어떤 환경을 두느냐에 따라 성장하기도 하고 실패하기도 한다. 사람은 환경을 모방하며 성장한다.

 성공하는 삶을 살 것인가, 아니면 실패하는 삶을 살 것인가는 자신에게 달려 있다. 자신이 처한 환경이 불행하다면 불행한 환경을 바꿀 수 있도록 노력해야 한다. 성공하려면 성공한 사람들을 만나야 한다. 요즘은 책을 통해서 성공한 훌륭한 멘토들을 만나 멘토들의 삶을 모방하며 경제적 자유를 꿈꾸는 사람들도 많다. 변화를 원한다면 성공한 사람들을 롤 모델로 정하고 삶을 변화시킬 수 있는 환경을 만들어야 한다. 자신보다 훌륭한 사람들을 만나고 배움을 지속하는 환경을 만들어 간다면 꾸준히 성장할 수 있다.

 헬렌 켈러는 미국에서 태어난 지 19개월 만에 열병을 앓아 들을 수도, 볼 수도 없고 말도 제대로 못 하는 장애를 갖게 되었다. 하지만 어린 시절 설리번 선생님을 만나 암흑 속에서 벗어나게 되었다. 설리번 선생님의 열정적인 노력으로 헬렌 켈러는 점자책도 읽고 독서에 빠지게 되었다. 헬렌 켈러는 말하기와 글쓰기도 배우면서 훌륭한 성인으로 성장할 수 있었다. 많은 활동을 통해 전 세계 장애인들에게 희망을 주었고 여성과 노동자를 위한 운동에도 앞장섰다. 헬렌 켈러는 풍부한 감수성이 뛰어난 작가이자 교육자로서 많은 문학 작품을 남기고 진정한 위인의 삶을 살았다.

　헬렌 켈러가 좋은 환경과 훌륭한 선생님을 만나지 못했더라면 성공적인 삶을 살지 못했을 것이다. 그녀는 불행한 조건을 가지고 태어났음에도 불구하고 좋은 환경을 만들어 성공적인 인생을 살게 되었다. 요즘 자기 계발 분야에서도 불행한 환경을 바꾸고 성공한 사람들의 책들이 베스트셀러가 되는 경우가 많다. 성공한 사람들은 불행한 환경 속에서도 긍정적인 생각으로 삶을 바꾸려고 노력하며 최선을 다했다. 집안에 돈이 없어 학교에 진학할 수 없는 환경에서도 포기하지 않고 돈을 벌 수 있는 환경을 찾아 나섰다. 그들은 굳은 인내와 노력으로 수십억 대의 자산가가 되어 많은 사람들에게 선한 영향력을 주는 삶을 살고 있다.

　나는 30살에 편안한 삶을 살기 위해 결혼을 했다. 생활력이 안정적인 남자를 만나 남산 근처에 있는 아파트에 살며 풍요로운 삶을 꿈꾼 적이 있었다. 하지만 남편의 3차례의 주식 실패와 여러 가지 고난들을 만나면서 많은 빚을 지게 되었고 지속적으로 이사를 다녀야 했다. 남편은 그 당시 너무 힘들어서 '잠잘 때가 가장 편안한 상태'라는 말을 자주 했었다. 나는 힘든 환경을 바꾸기 위해 돈을 많이 벌 수 있는 방법을 생각하다가 공부를 선택했다. 돈을 많이 벌려면 영향력을 갖춰야 한다는 생각에 나는 어려운 형편에 대학원 진학을 했다. 아이들을 가르치는 직업과 영유아 자녀들을 돌보기도 힘든 상황이었지만, 배움을 통해 성장하며 환경을 변화시켰다. 그런 10년간의 노력을 통해 40대에도 멋진 도전을 할 수 있는 삶을 만들었다. 그 당시의 어려운 상황을 극복하고 나는 작은 것에도 감사하며 꾸준히 성장할 수 있었다.

　30대의 힘들었던 환경을 바꾸지 않고 똑같은 생활을 했다면 현재의 나는 없었을 것이다. 나는 힘들었던 시절에 생각을 먼저 바꾸었다. 우리 가족들이 같이 사는 것만으로도 행복하고 감사하다는 생각부터 하고 내가 할 수 있는 노력들을 찾아서 하기 시작했다. 힘든 환경 속에서 부정적인 생각만 한다면 힘든 상황을 벗어날 수 없다. 고난과 위기를 어떻게 대처하느냐에 따라 인생이 바뀌기 시작한다. 우리는 한 번뿐인 삶을 멋지게 변화시킬 능력을 가지고 태어났다. 긍정적인 생각으로 작은 것에도 최선을 다하며 감사하는 삶을 살아야 한다. 생각의 전환을 통해 행동과 환경을 바꾸고 성장할 수 있도록 노력해 보자.

　요즘 오은영 박사가 출연하는 〈금쪽같은 내 새끼〉라는 TV 프로그램이 시청자들의 사랑을 받고 있다. 베테랑 육아 전문가들이 모여, 부모들에게 요즘 육아 트렌드가 반영된 육아법을 코칭하는 프로그램이다. 이 프로에서 '아버지께 5년째 반항하는 큰아들, 자해 행동하는 둘째'의 사연이 방송되었다. 집안 분위기는 싸늘했고, 갈등의 골이 깊어진 부자 관계의 모습이 방영되었다. 첫째 아들의 인사에도 아버지는 묵묵부답으로 일관했고, 좋지 않은 분위기에 첫째는 자리에 일어나 화장실로 갔다. 그 뒤로 첫째는 아무런 용건 없이 화장실에서 멍하니 시간을 보냈다. 이후 부모님과 실랑이가 벌어지면서 막말을 하게 되었고, 아버지와 갈등이 불거져 몸싸움까지 하게 되었다. 사연은 아버지의 폭언으로 끝이 났다.

　문제 행동을 보이는 아이들은 보면 집안 환경도 좋지 않다. 〈금쪽같은 내 새끼〉에서도 힘든 사연들이 많이 방영되었는데 그들의 공통점은 '잘못된 환경'이었다. 그럼에도 불구하고 부모들은 환경을 바꾸려고 하지 않았다. 잘못된 원인을 자녀 때문이라고 하소연하기도 했다. 이런 일이 없도록 잘못된 환경이 어떻게 만들었는지 원인을 파악하고 바로 개선할 수 있도록 노력해야 한다. 환경을 바꾸지 않으면 자녀의 성장에도 악영향을 주기 때문이다. 위의 사례처럼 5년째 반항하는 자녀들이 있었지만 부모는 감정적으로 대하고 상황을 더욱 악화시켰다. 잘못된 환경을 바꿔야 문제점을 보다 쉽게 해결할 수 있다.

　나는 오랜 시간 동안 아이들을 가르치면서 많은 아이들을 만났다. 정서가 안정적인 아이들은 집안 분위기도 좋고, 공부도 잘한다. 반면 공부를 안 하려는 아이들은 집안에 문제가 있었다. 학부모 상담을 할 때 학부모님의 말투와 태도를 보면 아이의 성향까지 알 수 있다. '부모는 아이의 거울'이라는 말도 있다. 아이들은 부모와 똑같은 행동을 하며 부모를 통해 사회생활의 기초를 배운다. 부모의 역할이 매우 중요하다. 부모의 말과 행동을 통해 아이들의 인성도 달라진다. 가정환경이 바른 아이들은 문제점을 지혜롭게 해결하고 충동적인 행동을 하지 않는다.

　자녀를 성인으로 성장시키면서 힘들어하지 않는 부모는 아무도 없다. 미숙한 아이에서 성숙한 성인으로 성장시키려면 많은 노력이 필요하다. 사람은 환경을 통해 성장하기 때문이다. 아이들마다 성장과정이

다르므로 아이들을 이해하고 성장할 수 있는 환경을 만들어야 한다. 다른 아이들과 비교해서 자신의 아이들을 불행하게 만들면 안 된다. 부모들의 부정적인 태도는 아이들에게 나쁜 영향을 미친다. 사회적으로 문제가 되었던 범죄자들의 성장 환경을 보면 잘못된 환경과 부모의 양육 방식에 문제가 있었다. 현재 처한 문제점만 바라보기보다 문제점을 해결할 수 있는 환경을 만들어야 한다.

의지보다 환경이 더 중요하다. 요즘에는 자녀의 교육 문제로 이사를 여러 번 하며 환경을 바꾸는 부모들도 있다. 좋은 환경을 만나면 사람은 훌륭하게 성장한다. 불행한 환경을 바꾸고 성공한 사람들을 만나 그들의 삶을 통해 배우며 좋은 환경을 조성해야 한다. 성공한 사람들은 긍정적인 생각으로 삶을 바꾸며 주어진 일에 최선을 다한다. 그러니 힘든 환경 속에서도 포기하지 않고 인내와 노력으로 삶을 변화시켜야 한다.

잘못된 환경은 부모와 아이의 성장을 가로막는다. 부모는 상황에 따라 아이들을 감정적으로 대하기보다 아이들을 이해하고 변화시킬 수 있는 환경을 만들어야 한다. '한 아이를 키우려면 온 마을이 필요하다'라는 아프리카 속담을 들어 봤을 것이다. 이 말처럼 아이들에게는 좋은 환경이 필요하다.

4.
―――――――――――――――――――――――――――――――――――

습관 형성에 도움 되는
혹은 방해되는 환경에 주목해야 한다

　주변을 둘러보면 습관 형성에 도움이 되는 환경과 방해되는 환경이 있다. 좋은 습관을 유지하고 싶다면 이 두 가지 사항을 주목해야 한다. 환경을 바꾸지 않고 좋은 습관을 형성할 수 있는 사람은 아무도 없다. 습관 형성에 도움이 되는 환경을 가까이하고, 방해되는 환경은 멀리해야 한다. 자신의 현재의 삶을 꾸준히 발전시키면서 성장하길 원한다면 주변을 둘러보고 환경을 개선해야 한다. 우리가 생활하고 있는 환경 가운데 나쁜 습관을 지속하게 만드는 환경이 무엇인지 찾고 개선해 보자.

　습관 형성에 도움이 되는 환경을 만들려면 다음을 살펴보라.
　첫째, 주변이 말끔히 정리되어 있어야 한다. 한 분야에서 큰 성공을 이룬 스티브 잡스, 워런 버핏도 물건을 적게 소유하고 정리를 잘하는 달인이었다. 주변에 습관 형성이 되지 않는 사람들을 보면 집 안이 어수선하다. 그 때문에 필요한 물건을 찾는 데 시간이 많이 걸리고 시간 활용을 제대로 하지 못한다. 정리가 되어 있지 않으면 집중도 안 된다. '방을 보면 그 사람을 알 수 있다'는 말도 있다. 한 번에 몰아서 정리하기보다 매일 꾸준히 정리해야 한다. 정리만 잘해도 마음가짐이 달라지고 좋은 습관을 형성할 수 있다.

　나는 20대부터 모은 많은 책들을 결혼해서도 버리지 못했었다. 이사할 때마다 이삿짐센터 직원들이 책이 너무 많아 힘들다는 말까지 할 정도였다. 남편이 오래된 책은 비우라고 당부를 해서, 나는 깔끔하게 읽은 책들은 중고로 팔거나 기부하면서 책의 절반 이상을 처분했다. 책을 비우고 나니 새로운 공간이 생기고, 찾고 싶은 책도 쉽게 찾을 수 있었다. 정리를 하고 기분도 좋아졌고, 마음에 여유도 생겼다. 아이들이 다 푼 문제집은 바로 버리며 짐을 쌓아 놓지 않은 습관이 생겼다. 일주일마다 분리수거할 때 사용하지 않은 물건은 과감하게 비우면서 집안을 깔끔하게 유지하고 있다. 미니멀 라이프를 실천하고부터는 삶의 중요한 부분에 집중하게 되었다.

　습관을 형성하려는데 정리가 되어 있지 않으면 많은 유혹에 넘어갈 수 있다. 방이 정리되어 있지 않으면 책을 읽고 싶은 마음과 공부하고 싶은 마음까지도 사라진다. 살을 빼고 싶은데 주방에 정크 푸드가 가득하다면 지속적으로 먹게 되어 다이어트에 실패한다. 정리가 되어 있지 않아 물건을 찾지 못하면 똑같은 물건을 새로 구입하여 과소비를 하게 된다. 습관 형성에 있어 정리 정돈된 환경은 가장 중요한 요소이다. 정리를 잘하려면 필요 없는 물건을 미련 없이 비워야 한다. 정리가 안 되는 이유는 물건이 너무 많기 때문이다. 사용한 물건은 제자리에 두어야 쉽게 찾을 수 있다. 정리만 잘해도 자신이 하고 싶은 일이 무엇인지 알게 된다.

　둘째, 습관에 관련된 신호들을 인지할 수 있는 환경을 만들어야 한다. 해야 할 일들이 눈에 보이지 않으면 안 하게 된다. 좋은 습관을 만들고 싶다면 신호를 분명하게 만들어야 한다. 예를 들어 매일 약을 먹어야 한다면 약통과 물병을 침대 선반 위에 두어야 한다. 매번 약속 날짜를 잊어버리는 사람은 방에 큰 벽걸이용 달력을 이용해 일정을 표시해 두어야 한다. 아침마다 시간에 쫓기는 사람이라면 전날에 출근 준비를 미리 마쳐야 한다. 습관을 실천할 수 있는 환경만 바꾸어도 자신을 통제할 수 있다.

제임스 클리어의 『아주 작은 습관의 힘』 참고

습관은 어떤 신호에 의해 일어난다. 사람들은 시각적으로 보이는 것을 신호로 알아차린다. 자주 사용하는 물건들을 다른 곳에 두면 사용하지 않게 된다. 습관을 일으키는 신호들이 작거나 보이지 않는다면 그것들을 지나치게 된다. 반면 시각적 신호를 분명하게 만든다면 우리는 습관적인 행동을 하는 성향이 있다. 예를 든다면 초등학교 화장실 변기 중앙에 파리 모양의 스티커가 붙어 있으면, 남학생들이 파리를 향해 소변을 본다는 얘기를 들었다.

나는 예전에 견과류를 사 오면 통에 담아 냉장고 안에 넣어 두었다. 눈에 보이지 않으니 잘 안 먹게 되었다. 가족들과 견과류를 즐겨 먹기 위해 통에 담은 견과류를 식탁 옆에 두었다. 그 이후 식사 전후로 조금씩 먹게 되었다. 아이들이 잘 먹지 않은 과일이나 야채도 씻어서 통에 담아 식탁 위에 올려놓았다. 이 방법을 이용해 요즘은 아이들한테 숙제나 공부하라는 잔소리를 안 한다. 아이들 방에 가끔씩 가서 아이들이 해야 할 숙제나 풀어야 할 문제집을 책상 위에 올려놓는다.

신호들을 인지할 수 있는 환경만 만들어도 습관을 바꾸기가 쉽다. 또한 정해진 공간에서는 한 가지 일만 해야 한다. 정해진 공간에서 여러 가지 일을 하다 보면 습관들도 무너진다. 예를 들어 책을 읽을 때는 책상에서 하고, 잠을 잘 때는 침대에서만 자야 한다. 이처럼 활동 구역을 확실하게 나누어야 한다. 우리가 실천하는 모든 습관은 자기 영역을 가지고 있다. 습관을 만들 수 있는 안정적인 환경을 만드는 것이 중요하다. 새로운 환경에 만들기 위해서는 기존의 환경을 점검하면서 설계해야 한다. 습관 형성에 도움이 되는 물건들을 가까이에 두고, 습관에 방해되는 요소를 없애려면 눈에 보이지 않게 해야 한다. 요즘 사람들에게 습관을 방해되는 요인 베스트를 뽑으라고 물어본다면 '스마트폰 사용'이라고 대답할 것이다. 지하철을 타면 대부분 사람들이 스마트폰을 보는 데 집중한다. 어른부터 어린아이까지 스마트폰을 안 하는 사람이 거의 없을 정도다. 스마트폰이 없었을 때는 지하철에서 책이나 신문을 읽는 사람들이 많았다. 요즘은 산책을 하면서도 스마트폰을 보며 걷는 사람, 근무 중에도 수시로 스마트폰을 하는 사람이 많다. 산책할 때는 스마트폰 없이 나가고, 일할 때는 스마트폰을 가방에 넣어 두는 것이 유혹을 이겨 낼 수 있는 방법이다. 미래를 위해 스마트폰 사용은 자제하고 배움을 실천하며 좋은 습관을 만들 수 있도록 노력해야 한다.

제임스 클리어의 『아주 작은 습관의 힘』 참고
사람들은 부정적인 환경에서 긍정적인 습관을 실천할 수 없다. 나쁜 습관을 만드는 요인을 먼저 제거해야 한다. 나쁜 습관을 제거하려면 나쁜 습관을 유발하는 신호를 줄여야 한다. 텔레비전을 안 볼 자신이 없다면 다른 곳에 두어야 한다. 계속 라디오를 듣고 싶어 하는 사람이라면 라디오를 보이지 않는 곳에 두어야 한다. 다른 사람의 SNS 계정 때문에 질투하거나 시기하는 마음이 든다면 계정 팔로잉을 끊어야 나쁜 습관을 고칠 수 있다.

나는 SNS를 하면서 시험에 든 적이 있다. 서로 아는 지인들인데, 다른 지인한테는 공감을 계속 눌러 주면서 나한테는 눌러 주지 않은 일이 있었다. 어느 순간부터는 기분이 안 좋아져 SNS를 탈퇴하고 싶은 마음까지 들었다. 안 좋은 감정을 없애기 위해 나는 SNS를 하는 시간을 짧게 정해 놓았고, 그 지인의 계정은 안 보기로 했다. 눈에서 보이지 않으니 마음도 편해졌다. 한 지인이 나에게 이런 말을 했다. '오는 사람은 붙잡고 가는 사람은 잡지 마라'. 그 이후 나는 진정한 사람은 곁에 두고 무의미한 만남은 자제하게 되었다. 안 좋은 상황을 보지 않는 것이 나쁜 습관을 없애는 방법 중 하나라는 것을 깨달았다.

요즘 아이들이 방에서 핸드폰이나 컴퓨터로 오락만 해서 걱정이라고 하는 부모들이 많다. 이런 경우 환경을 꼭 바꾸어 주어야 한다. 환경을 바꾸지 않으면 나쁜 습관을 끊을 수 없다. 아이들 방에 있는 컴퓨터를 공용 공간인 거실로 옮겨 놓든가, 아이들이 집에 오면 휴대 전화를 부모님께 맡기게 해야 한다. 나쁜 습관의 유혹을 피하려면 신호에 노출을 줄여야 한다. 아무리 자제력이 높은 사람이라도 눈앞에 있으면 저항하기 힘들어진다. 하지만 그들은 자제력을 발휘할 필요를 적게 만들며 나쁜 습관을 이겨 내려고 노력한다. 주변에 좋은 습관에 방해되는 환경이 있다면 환경을 바꿀 수 있도록 노력해 보자.

습관 형성에 도움이 되는 환경을 만들려면 다음을 실천하자.

첫째, 주변이 말끔히 정리되어 있어야 한다. 환경이 깨끗이 정리되어 있으면 정신도 맑아지고 집중도 잘 된다. 정기적으로 사용하지 않는 모든 것을 없애야 한다. 정리만 잘 해도 마음가짐이 달라지고 자신이 하고 싶은 일이 무엇인지 알게 된다. 미니멀 라이프를 실천하면서 좋은 습관을 만든다면 멋진 미래를 만들 수 있다.

둘째, 습관에 관련된 신호들을 인지할 수 있는 환경을 만들어야 한다. 분명한 시각적 신호는 우리의 주의를 끌어 습관적 행동을 하게 된다. 습관 형성에 도움이 되는 물건들을 가까이에 두고 방해되는 요소는 눈에 보이지 않게 해야 한다. 나쁜 습관을 제거하는 가장 실용적인 방법은 나쁜 신호에 노출되는 일을 줄이는 것이다. 위의 사항들을 실천하면서 좋은 환경을 만들며 습관을 실천해 보자.

5.
....

삶의 질을 높이는 강화된 환경
(긍정적 스트레스를 주는 환경, 휴식과 회복을 위한 환경)

스트레스를 잘 관리해야 삶의 질을 높일 수 있다. 책상에 앉아서 쉬지 않고 공부만 하는 것은 부정적 스트레스를 주는 환경이다. 대학교에서 쉬지 않고 학문 연구에 힘쓰며 훌륭한 논문들을 발표했던 교수가 50살이 되기 전에 건강을 잃은 경우도 있다. 우리는 행복한 삶을 위해 스트레스의 원인을 파악하고 개선할 수 있도록 노력해야 한다. 긍정적 스트레스를 주는 환경과 휴식과 회복을 위한 환경은 일을 집중할 수 있게 만든다. 이 두 가지가 강화된 환경에 놓이면 온전히 몰입할 수 있다. 이상민 작가는 휴식과 회복을 통해 훌륭한 성과를 낼 수 있었다고 한다. 목표를 세우고 장기적으로 노력하기 위해서는 적절한 휴식과 회복을 위한 환경을 만들어야 한다.

위키하우(wikiHow)에는 이런 말이 있다[5].
"스트레스는 다양한 환경에서 주어진다. 당신은 어떤 상황에서 주로 스트레스를 받는가? 직장? 인간관계? 돈 문제? 아이 양육? 자신의 스

---

5   http://ko.wikihow.com/스트레스-안-받고-사는-방법#ref-3

트레스의 근본적 원인을 파악하면 더 관리하기가 쉬워질 것이다. 부정적인 것은 따로 말할 필요도 없겠지만, 결혼이나 집을 사는 것처럼 삶에 긍정적으로 작용하는 요소도 스트레스의 원인이 될 수 있다는 점을 기억하라. 원인을 파악했다면 종이에 적어 한눈에 파악할 수 있게 하자. 장기적인 요소와 단기적인 요소로 구분하는 것도 도움이 된다."

위에서 말한 대로 스트레스 원인을 파악한 후 문제를 해결해야 한다. 예를 들어 일만 하면서 쉬는 시간이 없다면 스트레스의 원인이 된다. 일과 휴식 시간을 적절하게 분배해서 생활할 수 있도록 계획을 세워야 한다. 충분한 휴식 시간을 통해 몸과 마음의 피로를 풀어야 한다. 이때 무리한 계획을 세우면 스트레스를 받아 일을 진행할 수 없다. 또한 가족이나 주변 사람들에게 도움을 요청하거나 스트레스 받은 일에 대한 얘기를 하면서 스트레스를 해소할 수 있다. 주변 사람들에게 말하기 힘든 상황이라면 전문가에게 도움을 요청하자.

나는 힘든 시기를 겪으면서 스트레스를 받는 환경에 대처하려고 노력했다. 부정적인 생각이 들 때마다 긍정적인 생각으로 전환하려고 노력했다. 주어진 환경에 감사하는 마음을 갖고부터 상황이 점점 바뀌기 시작했다. '현재 상황은 힘들지만 지금이 상황으로 더욱 성장할 수 있겠다'라고 생각하며 습관을 만들기 시작했다. 제일 먼저 만든 습관은 성경 쓰기와 감사 일기 쓰기였다. 매일 성경 쓰기를 하면서 하나님의 은혜로운 말씀을 마음에 심고 기도했다. 또, 작은 것에도 감사하는 마음으로 감사 일기를 쓰기 시작했다. 이 두 가지를 하면서 마음이 평안해졌고, 고난을 기회 삼아 도전을 지속적으로 하고 싶은 마음까지 들었다. 그 이후 도전하는 것을 즐기며 꾸준히 성장할 수 있었다.

스트레스를 해결하려면 다음을 참고하라.

첫째, 규칙적인 운동을 해야 한다. 일정한 시간을 내어 걷기만 해도 기분이 좋아지고 스트레스를 해소할 수 있다. 규칙적인 운동은 몸과 마음을 건강하게 만들어 우울함을 해소시킨다.

둘째, 자신이 좋아하는 일에 시간을 투자해야 한다. 자신이 좋아하는 일에 집중하다 보면 스트레스를 덜 받고 마음이 편안해진다. 반면에 자신이 해야 할 일을 미룬다면 스트레스를 받게 된다. 또한 대인 관계를 소홀히 하면 스트레스의 요인이 된다. 셋째, 균형 잡힌 식사를 해야 한다. 건강한 음식이 신체를 강화시키고 스트레스를 감소시킨다.

넷째, 충분한 수면을 취해야 한다. 수면이 부족하면 스트레스는 물론 생활에 악영향을 준다. 편안한 환경을 만들고 최소 하루에 7~9시간은 자야 한다.

벤저민 하디의 『최고의 변화는 어디서 시작되는가』에는 이런 말이 있다.

"첫 번째 유형의 강화된 환경은 높은 수준의 스트레스를 주는 환경인데, 여기서의 스트레스는 긍정적인 스트레스, 즉 유스트레스eustress이다. 이것은 사람들이 흔히 경험하는 디스트레스distress와는 완전히 다른 종류다. 디스트레스는 인간을 죽음과 쇠락에 이르게 하는 반면, 유스트레스는 인간을 성장으로 이끈다. 긍정적인 스트레스는 우리를 더 강하게 만들어 자기 한계를 시험하도록 독려함으로써 스스로 가능하다고 생각해왔던 이상을 성취하게 해준다. 이것이 레이놀즈가 자신의 한계 이상으로 스스로를 채찍질하며 한 달의 절반을 사는 방법이다."

현대인들은 과도한 업무나 사람들과의 관계에서 오는 어려움을 통해 스트레스를 받는다. 스트레스를 받으면 정신적, 육체적 균형도 무너진다. 한편, 현재는 부담이 가더라도 적절한 행동을 통해 삶이 나아지도록 도와주는 긍정적 스트레스가 있다. 긍정적 스트레스는 삶의 활력을 주고 생산성과 창의력을 높일 수 있다. 이처럼 스트레스를 어떻게 대응하느냐에 따라 삶에 긍정적인 영향을 줄 수 있다. 적절한 스트레스는 뇌를 활성화한다.

힘든 상황을 긍정적인 스트레스로 바꾸려면 내면의 힘이 필요하다. 긍정적인 마음으로 생활하면 부정적인 스트레스를 치유할 수 있는 힘이 생긴다.

나에게 긍정적 스트레스를 주는 환경은 '책 쓰기' 환경이다. 책을 잘 쓰려면 많은 책을 읽어야 하고, 읽은 내용을 잘 정리해야 하고, 콘셉트를 잘 잡아야 한다. 이 3가지를 원활하게 하려면 많은 시간이 필요하다. 처음 책 쓰기를 시작했을 때에는 많은 시간이 걸려서 힘들었다. 나는 책을 쓰고 고치는 작업만 주말에 10시간 이상 한 적도 있다. 책을 지속적으로 쓰면서 사고가 발달하고 이해의 폭이 넓어졌다. 어느 순간부터는 아이디어가 폭발적으로 떠올라 메모를 하며 정리를 한 적도 있다.

사람들은 새로운 도전을 하기 전에 두려움을 느낀다. 두려움을 느끼고 시작하지 않으면 아무것도 이룰 수 없다. 두려운 마음이 들더라도 도전을 하면서 이겨 내면 더 큰 성과와 보람을 느낄 수 있다. 꾸준히 성장하려면 긍정적 스트레스를 주는 환경을 만들어야 한다.

자신의 삶을 개선하고 성장하길 원한다면 적절한 긍정적인 스트레스를 주는 환경을 만들어야 한다. 새로운 도전을 하는 것도 긍정적인 스트레스를 주는 환경이다. 마라톤도 처음에는 하기 힘들지만 꾸준히 연습하다 보면 앞으로 나아갈 힘이 생긴다. 당장은 스트레스를 받더라도 긍정적인 결과를 기대하면 상황은 달라진다. 지나간 일에 얽매이며 살기보다 지난 일을 교훈 삼아 긍정적으로 생활하는 자세도 중요하다.

벤저민 하디의 『최고의 변화는 어디서 시작되는가』 참고
인생에서 성공하려면 많은 노력과 동시에 회복의 환경이 필요하다. 편히 쉴 수 있어야 회복도 가능하다. 두 가지를 실천하며 일에 몰두한다면 원하는 꿈을 이룰 수 있는 역량을 가질 수 있다. 회복하려면 충분한 수면, 휴식, 여가 시간을 가져야 한다. 일을 많이 하기보다 적당한 휴식을 취하며 회복할 수 있는 환경을 만들어야 한다. 힘들게 연구만 하는 사람보다 휴식을 취하며 연구하는 사람이 아이디어도 잘 떠오른다.

대한민국을 대표하는 30대 이상민 작가는 매주 사색 여행을 통해 스트레스를 해소하며 회복하는 시간을 갖는다고 한다. 이상민 작가는 2008년 첫 책을 쓴 이후, 지금까지 20여 권의 책을 집필한 전업 작가이다. 서른 살이 되기 전에 3,000권의 책을 읽고, 3,000편의 다큐멘터리를 섭렵했다고 한다. 2014년에는 한 해 동안, 제주도 사색 여행을 통해 그동안 쌓은 지식을 자신의 것으로 만드는 독특한 지식 습득 과정을 수행했다고 한다. 현재는 4,000권 이상의 책과 4,000편 이상의 다큐멘터리를 섭렵한 '대한민국을 대표하는 청년 독서가'가 되었다. 이상민 작가는 현재 대안 교육 공간인 '도산 학교'를 운영하며 '책 쓰기', '유대인 자녀 교육법', '독서법' 강의를 하고 있다. 이상민 작가는 책 쓰기 지도를 통해 192명의 작가들을 양성하는 데 힘썼다.

1:1 책 쓰기 지도를 하려면 몰입된 환경에서 집중해야 한다. 이상민

작가는 매번 책 쓰기 수강생들의 원고를 꼼꼼하게 다 읽고, 보완점을 발견하여 정성스러운 피드백을 해 준다. 그 덕분에 수강생 중에 많은 베스트셀러 작가들이 배출되고 있다. 이상민 작가는 휴식을 필수 조건으로 생각하시고, 매주 쉬는 날은 사색 여행을 통해 에너지를 재충전한다고 한다. 창의적인 아이디어는 휴식을 취하는 동안 떠오른다.

매일 운동만 한다고 근육이 만들어지지 않는다. 휴식 시간을 가져야 근육을 잘 발달시킬 수 있고 건강을 유지할 수 있다. 운동을 통해 손상을 받은 부위에 상처가 나면 회복을 통해 새로운 근육이 채워진다. 이처럼 사람의 몸은 반드시 휴식 시간을 통해 회복의 시간을 가져야 삶의 질을 높일 수 있다. 예를 들어 일하는 시간과 수면 시간은 적절하게 조화를 이루어야 한다. 일하는 시간은 길고, 수면 시간이 짧다면 건강의 문제가 생긴다. 일한 시간보다 더 충분한 회복 시간을 가지면 일의 생산성도 높일 수 있다. 목표를 향해 쉬지 않고 달려가기보다 적절한 휴식을 취하며 피로를 회복하는 것이 중요하다.

스트레스를 잘 관리하기 위해서는 스트레스의 원인을 파악하고 한눈에 파악할 수 있게 해야 한다. 스트레스를 잘 관리하면 삶의 질을 높이고, 변화할 수 있다 준비한 수첩에 스트레스를 받을 때미다 기록하고 빈도를 측정해 보자.

또한 규칙적인 운동, 좋아하는 일에 시간 투자하기, 균형 잡힌 식사, 충분한 수면을 통해 스트레스를 해결할 수 있다. 긍정적 스트레스를 주는 환경은 인간을 성장으로 이끌고 심신을 강하게 만들어 자신이 원하는 것 이상을 성취하게 해 준다. 삶의 질을 높이기 위해서는 긍정적 스트레스를 주는 환경과 휴식과 회복의 환경을 갖추고 일에 몰입해야 한다. 휴식과 회복이 최적화된 환경에서는 아이디어가 떠오르고, 삶의 방향을 결정할 수 있는 에너지가 생긴다.

CHAPTER 5.
아주 작게 시작하라

1.
....

팔굽혀펴기 하루 1개,
목표를 작게 잡아서 시작해야 한다

습관을 지속하지 못하는 사람들은 목표를 높게 설정했던 사람들이었다. 습관을 만들려면 부담 없이 작게 설정해야 한다. 자전거를 못 타는 사람이 '매일 2시간 자전거 타기' 목표를 세웠다면 습관으로 만들 수 없다. '매일 자전거 타기 10분 연습하기'로 목표를 바꾼다면 습관을 형성할 수 있다. 팔굽혀펴기는 하루 1개씩 매일 실천해도 한 달이면 30개나 할 수 있다. 이때 횟수가 중요한 게 아니라 매일 지속하면서 습관을 만드는 것이 중요하다. 습관이 정착하면 자신의 목표에 맞게 계획을 세워 늘려 나가면 된다. '습관은 동아줄과도 같다'라는 말도 있다. 한 올 한 올 날마다 엮다 보면 결국 끊지 못하게 된다. 자신에게 맞는 생산적인 습관을 형성할 수 있도록 노력해 보자.

스티브 기즈의 『습관의 재발견』에는 이런 말이 있다.

"작은 습관이란 말 그대로 당신이 갖고 싶어 하는 새로운 습관의 최소 버전이라고 보면 된다. 예를 들어 '하루 팔굽혀펴기 100번'은 '하루 팔굽혀펴기 한 번'으로 최소화할 수 있다. '매일 A4 5장 글쓰기'는 '매일 2~3줄 쓰기'로 줄어든다. '항상 긍정적으로 살기'는 '하루에 두 번 긍정적인 생각하기'로 최소화하면 된다. '혁신적인 기업가정신을 가지며 살기'는 '하루에 아이디어 두 가지 생각해 내기' 정도면 좋겠다. 작은 습관의 시스템을 이루는 토대는 '한심할 정도로 작은 걸음'에 있다. 작은 걸음이라는 개념은 전혀 새로운 것이 아니지만 이것이 어떻게, 왜 성과를 가져다주는지는 아직 제대로 분석된 바가 없다. 물론 작은 걸음이라는 표현은 상대적이다. 어떤 이에게는 작은 걸음인 것도 다른 이에게는 엄청난 도약일 수 있다."

 습관을 만들려면 아주 작게 시작해야 한다. 무리한 목표는 중도 포기하게 만든다. 처음 습관을 만들려고 하는데 팔굽혀펴기 100개를 하려고 하면 얼마 가지 않아 포기하게 된다. 부담이 없어야 매일 실천할 수 있다. 습관을 아주 작게 시작하여 완벽하게 실천하면 자신감과 긍정적인 마음도 생긴다. 예를 들어 많은 의지력 없이 할 수 있는 일은 팔굽혀펴기 하루 1개, 하루에 감사했던 일 1~2개를 떠올리는 일 등이다. 이는 작은 습관이지만 매일 할수록 지속할 수 있는 힘이 생긴다. 목표를 이루었다는 성과 때문이다.

 나는 항상 습관을 만들 때 작게 시작한다. 예를 들어 하루에 감사 일기 5가지 쓰기, 책 필사는 15줄 이내 쓰기, 성경 하루 1쪽 쓰기, 기도문 3줄 쓰기 등이다. 이렇게 작게 시작했지만 3년 넘게 하루도 빠짐없이 현재까지 지속하고 있다. 작은 습관들을 지속하다 보니 다른 습관들을 만들기가 쉬워졌다. 처음부터 무리하게 계획을 세우고 시도했다면 분명 실패했을 것이다.

 주변 지인이 나에게 '자신의 소원을 매일 100번씩 100일 동안 같이 쓰자'라고 권유했지만 거절했다. 도저히 매일 할 수 있을 정도가 아니라고 생각했기 때문이다. 주말에는 100번씩 쓸 수 있지만 평일에는 할 시간적 여유가 없었다. 나는 이처럼 무리가 되는 계획은 습관으로 만들지 않는 원칙을 가지고 있다. 이 원칙만 잘 지키면 누구나 좋은 습관을 형성할 수 있을 것이다.

가끔씩 초등학교 저학년 학부모들 중에는 영어 단어 암기 숙제를 많이 내 달라고 하시는 분들이 있다. 초등학교 저학년은 이해력과 암기력의 한계가 있어, 많이 내줘도 제대로 하기 힘들다. 고학년처럼 책상에 오래 앉아서 집중하지 못하기 때문이다. 나는 학생들의 상황을 알기에 처음에는 영어 단어 3~5개씩 암기하는 숙제를 내준다. 매일 적은 분량을 하다 보면 학생들이 영어 공부에 부담을 가지지 않아 지속적으로 하게 된다. 반면에 단어 암기 숙제를 많이 내준 학생들은 시간이 없다는 핑계와 불평만 하면서 제대로 하지 않고 중도 포기한다. 습관을 실천하려면 어려움이 없어야 한다. 습관을 만들려면 작게 시작해야 한다. 이처럼 작은 시작으로 매일 하면서 꾸준한 성공을 만들어 가는 것이 가장 중요하다.

습관을 실천했는지 여부를 판가름하려면 수치를 설정해야 한다. 예를 들어 수치 없이 만든 새 습관은 매일 독서하기, 물 마시기, 스트레칭 등이다. 이 습관들에 수치를 명확하게 정한다면 매일 독서 10분, 아침에 일어나서 물 한 잔 마시기, 스트레칭 5분 등이다. 워드 문서로 습관과 관련된 수치를 표로 만들어 매일 체크해도 좋다. 습관을 지속하지 못하는 사람들은 큰 목표를 세우고, 수치를 설정해 놓지 않았던 사람들이다. 자신에게 맞는 작은 목표와 작은 수치를 설정해 습관을 매일 할 수 있도록 노력해 보자.

SNS에서 습관을 잘 실천하시는 분들은 습관 수치를 명확하게 설정한 사람들이다. 이들은 블로그 1일 1 포스팅, 하루 15분 동안 댓글 달기, 유튜브 영상 15분 이내 시청하기 등 습관에 수치를 설정했다. 반면에 블로그 포스팅 하루 여러 개, 댓글 100개 달기로 설정했거나 유튜브 영상만 수시로 보는 사람들은 습관을 만들지 못한다. 습관을 만들려면 시간을 잘 관리해야 한다. 시간이 흘러가는 대로 지내다 보면 시간을 제대로 활용할 수 없다. 주변을 둘러보면 계획이 없는 사람들은 시간에 끌려 하루하루 보낸다. 세상을 바꾼 사람들은 시간을 지배하는 사람들이었다.

자신이 만들고자 하는 습관과 수치를 정해 워드 문서로 만들어 보자. 매일 습관 성공 여부를 체크해야 한다. 미루지 않고 한 달 동안은 매일 체크할 수 있도록 노력해야 한다. 매일 체크하면서 자신의 보완점을 찾아내고 습관을 지속해야 한다. 습관 만들기 앱도 많이 나와 있어 다운로드해 편리하게 이용할 수 있다. 처음 습관을 만드는 사람이라면 독서 10분, 명상 5분, 긍정 확언 5분, 필사 5분 등 수치를 작게 설정해야 한다. 습관을 만들기로 결정했다면 바로 시작해야 한다. 미루다 보면 핑계가 늘어나게 되고, 나중에는 변명하게 된다. 할 수 있다는 자신감을 가지고 꾸준히 실천해 보자.

사사키 후미오의 『나는 습관을 조금 바꾸기로 했다』에는 이런 말이 있다.

"목표를 사게 잡는 데는 또 다른 이점이 있다. 습관을 들이는데 무엇보다 중요한 것은 '자기부정'을 하지 않는 것이다. '자기부정'이라는 나쁜 감정이 의지력을 갉아먹으면 다음 행동에 악영향을 미친다는 것을

1장에서 살펴보았다. 목표를 팔굽혀펴기 1개로 설정해두면 다른 일이 바빠서 정말로 1개밖에 하지 못하는 날에도 자기부정감이 생기지 않는다. 설정한 목표는 제대로 달성했기 때문이다. 나도 해야 할 일을 두고 할까 말까 고민할 때는 일단 그 장소에 가거나 시작하는 것만을 목표로 정한다. 그리고 스스로에게 종종 이렇게 말했다. '헬스장에 딱 한 걸음만 들어가거나, 러닝슈즈를 신은 순간에도 기분이 내키지 않으면 돌아와도 돼.' 한 친구도 나에게 이런 이야기를 해주었다."

목표를 작게 설정해서 매일 성공해야 의지력도 회복된다. 목표를 높게 설정해서 실천하지 못하면 나쁜 감정이 생겨 의지력이 소모된다. 그러니 자기부정감이 생기지 않게 목표를 부담 없이 작게 설정해야 한다. 꾸준한 실천을 통해 자신에게 긍정적인 마음을 심어 주어야 습관을 형성할 수 있다. 힘든 장거리 라이딩 때 지나가던 사람이 나에게 고개를 숙여 큰 소리로 인사를 해 줘서 힘이 나고 기분도 좋아진 기억이 있다. 지나가던 사람의 반가운 인사에 의지력이 회복된 것이다. 감정은 그때의 상황에 따라 달라진다. 그러니 항상 나쁜 감정이 들지 않도록 경계할 필요가 있다.

나는 요즘 집필할 분량을 적당히 설정하고 매일 집필하고 있다. 지금까지 쓴 분량이 많아지다 보니 나름대로 자신감도 생기고 끝까지 마무리할 수 있다는 확신을 가지게 되었다. 처음에는 집필을 6개월 만에 끝내려고 했었다. 집필을 하다 보니 처음부터 무리하게 해서는 빨리 끝낼 수 없다는 것을 느꼈다. 워킹 맘으로 일하다 보니 시간의 한계가 있기 때문이다. 다른 사람의 속도가 아닌 나만의 속도를 유지하며 집필을 마무리하려고 마음먹은 순간 마음도 편해졌다.

우리는 이처럼 자기부정감이 생기지 않게 목표를 작게 정해야 한다. 감사 일기 5가지 쓰기로 목표를 정했어도 어떤 날은 생각이 나지 않을 때도 있을 것이다. 그런 날은 1~2개 정도만 써도 된다. 습관은 지속될 수 있게 이어 가는 것이 중요하다. 운동을 30분씩 하기로 정했어도 힘든 날은 동네 주변을 가볍게 한 바퀴 돌고 들어와도 된다. 습관을 달성했다는 기쁨을 매일 느끼게 해 주면 의지력도 회복된다. 그러니 무리한 목표를 세우지 않도록 주의해야 한다. 처음부터 욕심을 부려 여러 개의 습관을 만들기보다, 단 하나의 제대로 된 습관을 만들어 실천하는 것이 유익하다.

습관을 만들려면 다음 사항을 명심하라.

첫째, 팔굽혀펴기 하루 1개 등 목표를 작게 잡아서 시작해야 한다. 습관을 만드는 데 어려움이 없어야 지속할 수 있다. 무리한 목표를 세운 사람들은 습관을 실천할 수 없는 날이 생기면 포기해 버린다. 습관을 실천할 수 없는 날도 할 수 있는 작은 목표를 세워야 한다.

둘째, 구체적인 수치로 설정해야 한다. 수치를 정해 해당 습관을 성공적으로 실천했는지 여부를 판단해야 한다.

셋째, '자기 부정'이라는 나쁜 감정이 들지 않도록 해야 한다. 무리한 목표는 지속적인 실천을 방해하고 의지력을 소모시킨다. 목표를 작게 정해 지속적으로 실천하며 좋은 습관들을 형성해 보자.

2.

아침 혹은 저녁,
매일 같은 시간대에 실천해야 한다

성공한 사람들은 공통적으로 좋은 습관을 가지고 있다. 습관을 꾸준히 실천하는 사람들은 매일 같은 시간, 같은 장소, 같은 분량을 정해 놓고 행동한다. 이렇게 하면 집중해서 할 수 있고, 습관 실천의 방해물도 미리 대비할 수 있다. 40~50대의 평범했던 사람들이 좋은 습관을 만들어 인생을 성공으로 변화시킨 사례들도 많다. 그들은 타고난 뛰어난 재능이 있어 성공한 것이 아니라, 꾸준히 습관을 실천하면서 재능을 만들고 인생을 바꾼 것이다. 자신의 삶에서 터닝 포인트를 맞이하고 싶은 사람이라면 습관 실천의 원칙을 세워 실천해 보자. 하루하루의 노력들이 모이면 습관이 만들어지고 그 습관들로 인해 꿈을 이룰 수 있는 힘을 얻을 수 있다.

데이먼 자하리아데스의 『작은 습관 연습』 참고
습관을 만들려면 매일 같은 시간에 실천해야 한다. 규칙적으로 실천해야 습관을 형성할 수 있다. 습관을 만들고자 하는 사람은 달력에 일정을 만들어 놓아야 한다. 상황과 감정 등 여러 가지 요인으로 실천하기 어려워도 유혹을 이겨 내야 한다. 매일 같은 시간에 습관을 실천하면 관련된 신호에 의해 자동으로 행동한다. 습관이 형성되면 많은 노력을 하지 않아도 자연스럽게 하게 된다. 이 점이 바로 습관이 형성되었다는 것이다.

아침에 일어나 샤워하기, 양치질하기, 식사하기, 휴식 시간 갖기 등은 매일 같은 시간에 하는 일들이다. 이러한 일들은 우리가 자동적으로 하는 습관이다. 시간을 정해 놓으면 습관을 실천하기 쉽다. 매일 아침 5시 기상을 지속적으로 실천하고 있는 사람이라면 5시가 되면 눈이 자동으로 떠질 것이다. 아침에 일어나서 하는 일련의 행동들이 몸에 배어 습관이 된 것이다. 이처럼 누구나 '자동 시스템'을 활용하면 좋은 습관을 만들 수 있다. 만약 당신이 독서하는 습관을 만들고 싶다면 아침에 일어나 식사하기 전 6시에 하는 것이다. 습관 실천의 신호를 만들면 습관 만들기가 쉬워진다.

나의 습관 실천 시간 대부분은 아침 시간대다. 아침에는 아무런 방해를 받지 않아 집중해서 습관을 실천할 수 있다. 누구나 아침 일찍 일어나기만 하면 자신만의 소중한 시간을 활용할 수 있다. 시간을 정해서 습관을 실천하다 보면 책임감도 생겨 매일 정해진 시간에 하려는 마음이 생긴다. 정해진 아침 시간대에 습관을 실천하다 보면 습관 실천을 방해하는 장애물도 대비할 수 있다. 습관을 실천할 시간을 정해 놓지 않으면 분주하거나 예기치 못한 상황이 생겼을 때 자신의 의지가 흔들릴 수 있다. 매일 운동하기로 결심했지만 운동 시간대를 정해 놓지 않는다면 상황에 따라 실천할 확률이 낮아진다.

데먼 자하리아데스의 『작은 습관 연습』 참고
습관을 지속하려면 매일 같은 시간대에 실천해야 한다. 자신의 하루 일정을 확인하고 아침과 저녁에 할 수 있는 습관들을 정해서 실천해야 한다. 구체적인 계획이 없으면 습관 실천이 어렵다. 중요한 일은 아침 시간대에 미리 할 수 있도록 계획을 세워야 한다. 아침에는 생산적인 습관을 만들고, 저녁에는 가볍게 할 수 있는 습관을 만드는 것이 유익하다. 매일 자신의 스케줄 확인을 통해 습관 실천의 방해물도 미리 대비해서 시간을 정해야 한다. 매일 습관을 실천해야 한다는 책임감을 가지고 유혹에 넘어가지 않도록 노력하는 자세가 중요하다.

구본형의 『익숙한 것과의 결별』에는 이런 말이 있다.
"나는 내가 하고 싶은 대로 나를 위하여 이 책을 썼다. 책을 쓰는 동안, 줄곧 새벽에 깨어 있었다. 새벽은 우리가 늘상 보아온 낮의 세상과는 아주 다른 얼굴을 하고 있다. 화장을 지운 속살을 보여준다. 오랜만에 줄을 쳐가며 책을 읽었다. 한꺼번에 여러 페이지를 몰아쳐가기도 했지만, 한 문장을 갖고 여러 번 고치기도 했다. 나는 시간을 '소모'했고, 이 아낌없는 낭비를 즐겼다. 쫓기지 않고 글을 쓴다는 것은 괜찮은 일이었다."

위의 사례는 자기 계발 분야의 베스트셀러 저자인 구본형 대표의 사례이다. 구본형 대표는 매일 아침에 집필하는 습관으로 인해 일 년에 책 한 권을 만들 정도이다. 구본형 대표는 책을 쓸 때 늘 같은 시간에 시작하라고 말한다. 같은 시간대에 실천해야 독서가 습관이 되고, 그것이 그 일을 오래 하게 만든다. 구본형 대표는 아침에 일찍 일어나 집필하시는 습관으로 훌륭한 책을 집필했다. 시간을 분산시켜 사용하면 안 된다. 여러 가지 일을 하는 사람들은 한 분야의 전문가로 성장하기 힘들다. 삶의 우선순위를 정해 시간을 활용하는 것이 중요하다.

『내 아이 자존감 수업』의 저자 김정미 작가도 미라클 모닝으로 멋진 꿈을 이루셨다. 김정미 작가는 초창기 유튜버 시절 변화된 모습을 갖기 위해 부단한 노력을 하셨다. 그중 하나가 성공한 사람들이 공통적으로 갖고 있는 '좋은 습관을 만드는 것'이었다. 그중 가장 먼저 선택한 습관은 바로 '새벽 5시 기상'이었다. 몇 년 동안 꾸준히 진행했던 새벽 5시 기상 습관은 삶의 기적을 가져왔다. 그녀는 습관을 만들어가는 과정 속에서 작가의 꿈을 이루었고, 조안아카데미를 설립하셔서 유튜브 강사로 활동 중이시다. 꾸준하게 감사하는 습관을 통해 일상에 감사할 거리가 넘치는 날들을 만들어 내셨다. 좋은 습관을 통해 기회를 만들어 내시고 인생을 성공적으로 변화시켰다. 현재에도 작가님은 아침에 독서와 운동하는 습관으로 몸과 마음이 건강한 삶을 유지하고 있다.

나는 네이버 블로그를 시작한 무렵에 이웃으로 김정미 작가를 알게 되었다. 처음 알았을 때 그분은 평범한 40대 중반의 여성이었다. 하지만 아침에 좋은 습관을 만드시고 꾸준히 성장하시면서 40대 후반에 멋진 성공을 이루셨다. 작가님의 성장 스토리는 많은 분들에게 선한 영향력을 주었다. '나이는 숫자에 불과하다'라는 말이 있다. 이루고자 하는 꿈이 있다면 나이는 중요하지 않다. 아침 혹은 저녁 시간대를 이용해 평생 실천할 수 있는 건강한 습관을 만드는 것이 중요하다. 습관을 개선하면 나이, 유전자와 상관없이 건강한 뇌를 가질 수 있다.

이병훈의 『성적이 오르는 학생들의 1% 공부 비밀』에는 이런 말이 있다. "대중강연을 하다 보면 공부습관을 어떻게 해야 잡을 수 있는지 질문 받는 경우가 많다. 너무나도 상식적이지만 공부 잘하는 아이들이 아니고는 아무도 지키지 않는 답변을 드리는 편이다. '매일 같은 시간에 같은 장소에서 같은 분량의 공부'를 하라고. 우리는 습관이라는 것을 우습게 생각하는 버릇이 있다. 언제든 마음만 먹으면 잡을 수 있을 거라고. 마음이 아직 준비가 안 돼서 그렇지 마음만 먹으면 손쉽게 할 수 있을 거라고 생각한다. 미안한 말이지만 마음만 먹는 것으로는 절대 습관이 잡히지 않는다. 습관은 반복된 행동을 통해 몸으로 기억하는 것이지 마음먹는다고 해서 손에 잡히는 대상이 아닌 것이다."

습관을 만들려면 지속적인 실천이 중요하다. 머리로 생각하고 실천하지 않으면 좋은 습관을 만들 수 없다. 성공한 사람들은 정해진 시간, 정해진 장소, 정해진 분량을 계획해서 습관을 실천한 사람들이다. 집중할 수 있는 시간을 정해 습관을 실천하는 것이 중요하다. 예를 들어 공부하는 습관을 만들고자 한다면 아침 6~7시, 저녁 6~9시가 집중하기 좋은 시간대다. 공부할 시간을 정했다면 반드시 그 시간에는 공부를 해야 한다. 시간을 정해 놓고도 다른 일에 신경 쓰고 시간을 낭비하면 자신의 습관으로 만들 수 없다. 습관 형성에 성공한 사람들은 원칙을 잘 지키는 사람들이다.

습관을 실천할 장소를 정해 놓으면 집중할 수 있다. 예를 들어 공부를 해야 하는데 정해진 장소가 아닌 식탁에서 하면 집중이 안 되고 다른 행동을 하게 된다. 겨울에 춥다고 따뜻한 방바닥에서 책상을 펴고 공부하는 아이들이 있다. 정해진 장소인 책상을 벗어난 아이들은 항상 하고자 하는 일을 끝마치지 못한다. 정해진 장소를 벗어나면 장애물이 있기 때문이다. 방바닥에서 공부하는 아이들은 따뜻한 온기에 졸리고 심지어는 한 시간만 자고 일어나야지 하다가 몇 시간을 잔다. 운동을 하려고 한다면 매일 정해진 시간에 헬스장에 가야 한다. 헬스장에 가지 않고 집에서 운동해야지, 하는 사람은 운동 습관을 만들 수 없다. 상황에 따라 실천할 수 없기 때문이다.

 습관을 실천할 때 분량을 정해 놓아야 습관 실천 시간을 정할 수 있다. 자신이 하루에 얼마만큼 습관을 실천할 수 있는지를 측정하고 분량을 정해야 한다. 분량을 정해 놓지 않고 막연하게 시간을 보내다 보면 시간의 효율성도 떨어진다. 시간을 측정할 수 있는 사람은 습관을 제대로 실천할 수 있다. 시간과 장소, 분량을 정해 놓고 습관을 실천하는 사람들은 습관을 지키지 않으면 어색한 느낌이 든다. 우리는 규칙적으로 습관을 만들고 실천해야 한다. 정해진 시간에 습관을 실천하면 부담도 줄고 휴식을 취할 때도 편하게 쉴 수 있다. 습관을 실천하기 위해 걱정하기보다 명확한 규칙을 세우고 행동으로 실천하는 것이 좋은 습관을 만드는 방법이다.

 매일 같은 시간대에 정해진 습관을 실천하면 연관된 신호에 루틴이 자동적으로 반응하니 나중에도 큰 어려움 없이 자연스럽게 하게 된다. 몸에 밴 습관은 자동으로 하게 된다. '자동 시스템'을 이용해 좋은 습관을 만들어야 한다. 자신의 하루 일정을 확인하고 아침과 저녁에 할 수 있는 습관들을 정해서 실천해야 한다. 시간을 집중해서 사용하면 시너지 효과도 생긴다. 또한 여러 가지 일을 하면서 시간을 분산시키지 않도록 수익해야 한다. 습관을 꾸준히 실천하는 사람들은 매일 같은 시간에 같은 장소에서 같은 분량을 정해 놓고 행동한다. 습관은 반복된 행동을 통해 몸으로 기억하는 것이다.

3.

하나만,
습관은 한 번에 하나씩만 만들어야 한다

습관 만들기에 실패하는 사람들은 한 번에 여러 개를 만들려고 하는 사람들이다. 처음부터 욕심내서 여러 습관을 만들려 하다 보면 한 가지도 제대로 만들 수 없다. 하나의 습관을 지속적으로 실천하여 익숙해지게 만들어야 한다. 처음에 운동하는 습관을 만들고 싶다면 하루에 15분씩 매일 실천하면 된다. 습관을 만드는 것은 시간이 아니라 반복되는 횟수이다. 꾸준히 반복하다 보면 습관이 만들어진다. 습관을 실천하고 있는 사람들과 활동을 함께 하면 습관 만들기가 쉬워지고 함께 성장할 수 있다. 습관을 멈추지 않으면 지속적으로 좋은 성과를 낼 수 있다.

습관을 한 번에 여러 개 만들려고 하는 사람들이 있다. 여러 개 만들다 보면 제대로 실천하기 힘들고 집중력도 낮아진다. 쉽게 매일 할 수 있는 작은 습관들을 만들어 실천하는 것이 좋다. 예를 들어 매일 아침 독서 10분, 스트레칭 5분 등이 있다. 작은 습관들을 지속적으로 실천하다, 익숙해지면 점차 시간을 늘리면 된다. 그것을 최소 한 달 정도 유지해야 한다. 그 이후 습관이 몸에 밴 후에 분량을 늘리면 된다. 제대로 습관이 단단하게 몸에 배려면 6개월에서 1년 정도 소요된다. 단단하게 몸에 밴 오래된 습관들은 흔들리지 않는다. 처음부터 무리한 계획을 세우지 말고 천천히 오래갈 수 있는 방법을 선택하여 부담 없이 시작해야 한다.

유튜브 채널에서 습관을 실천하면서 어려웠던 사연들을 얘기하는 영상을 본 적이 있다. 영상에 나온 사람은 미라클 모닝을 실천하며 좋은 습관들을 여러 개 만들었다. 어느 날 자신의 삶에 여유를 준다고 생각하고 일주일 정도는 아무것도 안 하고 쉬었다. 그 후 습관을 다시 실천하려다 보니 일상으로 돌아오기 힘들었다고 말했다. 어렵게 쌓은 습관도 관리하지 않으면 일상으로 자리 잡기 힘들다. 적은 분량이라도 매일 쉬지 않고 실천하는 것이 습관을 지속시킬 수 있는 방법이다. 많은 습관을 만들기보다 한 가지 습관에 집중하며 습관을 유지할 수 있는 법을 몸에 익혀야 한다.

나는 오랜 시간 동안 습관을 실천하면서 습관을 지속할 수 있는 법을 배웠다. 항상 적당한 범위에서 새로운 습관을 만들려고 한다. 무리한 목표는 처음부터 세우지 않고, 작은 목표들을 세워 이루려고 한다. 지금까지 만든 습관들을 3년 이상 지속하면서 어려움을 느낀 적은 없다. 처음에 작은 습관으로 시작해서 훈련했기 때문이다. 그 습관들은 이제 아침에 일어나면 삶의 일상이 되어 자연스럽게 습관을 실천한다. 힘들다고 한두 번 안 해야지, 하고 생각한 적도 없다. 습관을 실천하면서 이런저런 핑계를 만들어 놓으면 어느 순간 놓쳐 버린다. 주변에 지인들이 습관 미션을 한두 번 빠진 후에 며칠을 건너뛰게 되어 포기하는 경우를 많이 봤다.

윌리엄 너스의 『심리학, 미루는 습관을 바꾸다』 참고

대학원생들을 대상으로 한 번에 하나씩 하는 습관을 사용했다. 미루는 습관이 있는 사람들은 기간 안에 자기 계발 프로젝트 중 한 가지를 끝내는 미션이다. 이들은 매주 진행 상황을 기록하며 습관을 실천했다. 체중 줄이기, 저축하기, 마감 전에 과제 마무리하기, 운동 꾸준히 하기 등 선택한 과업은 다양했다. 그들을 관찰한 결과 90% 이상 목표를 달성했다.

위의 사례에서 참여자들은 습관 하나만 골라 집중하면서 개인의 중요한 변화를 어떻게 만들지 이해하게 되었다. 사람들은 변화를 두려워하며 도전하기를 망설여 한다. 목표를 세우고 염려하기보다 일단 바로 시작해야 한다. 바로 시작하면 처음 느꼈던 두려움이 사라지기 시작한다. 아무런 노력 없이 앞으로 나아갈 수 없다. 현재 삶이 힘들고 지친 사람이라면 습관을 개선하며 삶을 변화시켜야 한다. 단 하나의 작은 습관을 만들면 자신의 감정에 관계없이 정한 목표를 실천할 수 있다. 하루에 팔굽혀펴기 1개를 습관으로 만들기로 한 사람들은 집중력 없이도 매일 실천할 수 있다. 너무나도 쉬운 목표이기 때문에 부담 없이 지속 가능하다.

나는 자녀들이 초등학생이던 때 여러 개의 좋은 습관을 만들려 주려고 노력했었다. 독서하는 습관, 한자 쓰기 습관, 문제 풀기 습관, 일기 쓰기 습관 등을 만들려고 했는데 좀처럼 쉽지 않았다. 아이들도 여러 개를 매일 해야 한다는 생각에 마음에 부담을 느끼기 시작했다. 몇 주는 지속 가능했으나 시간이 지나면서 실천이 불가능해졌다. 그 후, 아이들은 독서하는 습관만 유지할 수 있었다. 한 가지의 습관을 실천하다 보니 부담도 없어져 마음의 여유도 생겼다. 한 번에 여러 개 습관을 만드는 것보다 한 번에 하나씩 접근하는 것이 더욱 유익하고 오래갈 수 있는 방법이다.

　자신의 삶에서 미루는 습관이 있다면 한 번에 한 가지만 실천하는 것이 중요하다. 미루는 습관 하나를 선택한 뒤에 시작 날짜와 마감 날짜를 정해야 한다. 날짜가 정해 기한 안에 마무리해야 한다는 책임감을 느끼면서 해야 할 일에 더욱 집중하게 된다. 마감 날짜를 정해 놓지 않으면 여유가 있다는 생각에 하던 일을 계속 미루게 된다. 주변에서 습관을 잘 실천하는 분들은 다음 날 실천할 습관에 차질이 없도록 미리 준비하는 경우도 있다. 예를 들어 매일 블로그 포스팅을 하는 습관을 가진 분들은 다음 날 포스팅할 내용들을 미리 준비해 두기도 한다.

　고대원, 성은모의 『습관 공부 5분만』 참고
　고대원, 성은모 작가가 운영하는 서울대학교 커뮤니티 '5분만'이 있다. 이곳에서는 정기적으로 습관 실천 회원 모집을 한다. 가입을 원하는 사람은 설문지를 작성한다. 설문지 작성한 후 링크를 부여 받고 다른 사람들과 함께 습관을 실천한다. 매일 습관 상황을 기록하고, 서로 공유한다. 습관 기초반인데도 사람들이 왕성하게 활동한다. 커뮤니티에서 기상천외한 습관을 만들기를 원하는 사람들이 많다.
　위의 사례는 서울대학교 커뮤니티 '5분만'에서 운영하고 있는 습관 모임 사례다. 이처럼 처음에 습관 만들기가 힘든 사람들은 SNS에서 모집하는 습관 만들기 프로젝트에 참여해도 좋다. 커뮤니티에서는 상대방의 진행 상황까지 볼 수 있어 습관 만들기에 큰 도움이 된다. 자신이 원하는 습관 프로젝트 기한이 끝나면 다른 습관 프로젝트에 참여해도 좋다. 나는 켈리 최 회장과 함께 하는 100일 프로젝트에 여러 번 참여했었다. 켈리 최 회장은 프로젝트를 기획하실 때 100일 기준으로 모집하신다. 예를 들어 자기 계발 명언 필사 100일을 완료하면 운동 100일 편 참가자들을 모집한다. 켈리 최 회장이 주관하는 습관 만들기 프로젝트는 2020년 3월에 시작해서 현재까지도 지속되고 있다. 현재까지 필사, 운동, 독서, 바디 프로필, 시각화, 생각 파워 모닝콜 등 프로젝트를 진행하셨다.

이처럼 켈리 최 회장이 주관하는 프로젝트는 100일마다 하나씩 좋은 습관을 만들 수 있어 참가자들도 많다. 인스타그램 인증 피드를 올리면서 더욱 지속하는 힘이 생긴다. 습관 만들기 프로젝트에 참여하면서 작은 성공을 여러 번 이루다 보면 습관을 지속할 수 있는 능력이 생긴다. 현재 습관 만들기가 원활하게 되지 않는 사람이라면 SNS에서 모집하고 있는 습관 프로젝트에 참여해 보자. 많은 사람들과 함께 하면서 동기 부여가 되고, 매일 성취감을 느낄 수 있어 유익하다.

자신이 만들고자 하는 습관 한 가지를 선택하고 습관을 실천해갈 수 있는 마인드를 갖추어야 한다. 습관을 실천하다 보면 여러 가지 시행착오를 겪을 수 있다. 그 속에서도 실패를 인정하고 다시 일어서는 법을 배워야 한다. 한두 번 실패했다고 좌절하기보다 실패의 과정 속에서 성장할 수 있는 자신을 발견해야 한다. 습관을 지속적으로 실천하다 보면 자존감도 회복되고 자아 정체성도 확립된다. 현재 자신이 하고 있는 습관들이 곧 자신의 모습이기도 하다. 좋은 습관을 만들면 멋진 인생을 살아갈 수 있다.

새로운 습관을 만들 때는 한 번에 한 가지씩 만들어야 한다. 한꺼번에 여러 개를 하려고 하면 장기적인 성공을 하기 힘들다. 여러 개의 습관을 실천하다 보면 부담을 느끼고 단기간에 포기하게 된다. 쉽게 매일 할 수 있는 습관을 정해 실천해야 한다. 부담 없이 매일 할 수 있는 습관으로는 하루 물 1L 마시기, 하루 5분 스트레칭, 하루 5분 명상 등이 있다. 사소한 습관으로 시작하고 익숙해지면 점차 시간과 횟수를 늘리면 된다. 혼자서 습관을 만들기 힘든 사람은 SNS에서 모집하고 있는 습관 프로젝트에 참여해 보자. 습관 프로젝트에 참여하면 자신의 습관 인증 상황도 올리고, 다른 사람들의 진행 상황까지 볼 수 있어 도움이 된다.

4.
....

3개월, 장기 계획보다는
단기 계획에서 출발해야 한다

　무기력한 하루하루를 살아가는 사람들은 삶의 계획이 없다는 말을 자주 한다. 계획이 없기 때문에 실천하지 않게 되어 무의미한 하루하루를 보내는 것이다. 주어진 인생을 성공적으로 살아가려면 반드시 계획을 세워 실천해야 한다. 처음부터 무리한 장기 계획을 세우기보다 작은 성공들을 이루어 갈 수 있는 단기 계획에서 출발해야 한다. 자신의 인생을 성장시킬 구체적인 인생 목표와 계획을 세워 보자. 어느 누구도 자신의 인생을 대신 살아 줄 수 없다. 스스로 인생을 계획하고 개척해 나가며 생산적인 시간을 보낼 수 있도록 노력해 보자. 성공한 사람들은 구체적인 계획을 세워 매일의 노력을 멈추지 않은 사람들이다.

　나가타 히데토모의 『100일을 디자인하라』에는 이런 말이 있다.
　"목표 달성 방법을 이해하려면 자신이 언제 목표 달성할 것인지 곰곰이 따져보는 것이 효과적이다. 이를 통해 나는 실패했을 때 나타나는 네 가지의 패턴을 발견했다. 첫째, 자신의 현재 상황을 파악하지 못한다. 둘째, 자신에게 맞지 않는 방법을 고수한다. 셋째, 마지막 날에 목표가 완료되도록 스케줄을 짠다. 네 번째 목표 달성까지 기간이 너무 길다. 목표를 달성하지 못하는 첫 번째 이유로 "목표를 달성하려는 자신의 현재 상황을 정확하게 파악하지 못한다"를 들 수 있다."

 자신의 상황을 정확하게 파악하지 못하면 어떠한 목표도 제대로 이룰 수 없다.

 계획을 세우기 전에 목표 달성을 이해하고 어떻게 달성할 것인지 생각해 본 후에 단기 계획을 세워야 한다. 처음 습관을 만들고자 하는 사람은 장기 계획보다는 단기 계획에서 출발해야 한다. 100일 동안 습관을 만들 수 있는지 실천해 본 후에 점차 계획을 늘려도 된다. 우선은 100일 동안 지속할 수 있도록 노력해야 한다. 100일 동안 실천하면 작은 습관을 만들 수 있다. 그 뒤에 자신이 원하는 다른 습관을 만들어도 좋다. 습관은 지속하는 것이 중요하다. 여러 가지 성취를 경험하려면 장기 계획보다는 단기 계획을 세워 달성할 수 있도록 노력해야 한다.

 나는 처음에 동아 마라톤에서 풀코스인 42.195km를 완주하겠다는 막연한 목표만 있었다. 분주한 일정으로 세부적인 계획은 세우지 못했다. 그러면서 계속 시간만 지나가던 어느 날, 아는 지인께서 마라톤 지도 코치님을 소개해 주셨다. 코치님과 통화한 후에 마라톤 풀코스를 어떻게 준비해야 할지 이해하게 되었다. 그 이후 100일 동안 훈련할 목표를 구체적으로 세웠다. 평일 새벽에는 헬스장에서 운동하고, 주말에는 잠실종합운동장에서 START RUN 커뮤니티 회원들과 같이 달리기 연습을 했다. 연습 이후 마라톤 기록이 점점 향상되어 오랜 시간 힘들지 않게 달릴 수 있었다.

 자신의 꿈을 이루어 가려면 처음에는 단기 계획에서 출발해야 한다. 처음부터 장기 계획을 세워 실천하다 보면 실수가 많아 실패하게 된다. 요즘에는 자신의 계획을 구체적으로 세워 글과 그림으로 매일 시각화하며 꿈을 이루어 가는 사람들도 있다. 단기 계획을 세울 때 한눈에 알아볼 수 있게 만들어야 한다. 목표가 막연하면 아무리 열정과 의지가 있어도 실천하기가 힘들다. 예를 들어 공무원 시험 대비하려는 사람이 '내년부터 시작하면 돼'라고 말하는 경우도 있다. 이렇게 말하는 사람은 몇 년 동안 말만 하고 실천하지 않는다. 이유는 명확한 목표를 세우지 않았기 때문이다. 구체적인 단기 계획을 세워 실천할 때 목표는 실현된다. 위에서 언급한 목표 달성 실패했을 때의 4가지 패턴도 고려해서 계획을 신중하게 세워야 한다.

스티브 스콧의 『게으름이 습관이 되기 전에』 참고

1년 동안 해야 할 일, 하고 싶은 일을 적어 보라. 자신이 하고 싶은 일에 대해 생각하는 시간을 가져야 한다. 하고 싶은 버킷리스트 장기 계획을 세우는 것도 중요하지만 미루는 사람에게는 중요하지 않다. 처음부터 장기적인 목표를 세우기보다 미루는 습관을 먼저 고쳐야 한다. 우선 미루는 습관을 고치기 위해 1년 동안 자신이 할 수 있는 일에 집중해야 한다.

노트에 자신이 해야 할 일 리스트를 만들어 보자. 노트 사용이 어려운 사람들은 다른 방법으로 리스트를 만들어도 좋다. 개인, 직장, 가정, 자신의 현재 목표까지 포함해서 적어 보자. 예를 들어 자신의 목표, 현재 진행하고 있는 일들, 버킷리스트, 직장 일, 가족 여행, 병원 검진, 집안 정리 등이 있다. 할 일 리스트를 만든 다음에 가장 먼저 실행할 수 있는 일은 무엇인지 생각하여 단기 계획을 세워 보자. 만약 단기 계획에서 실행할 수 없는 일들은 장기 계획으로 세우고 보류해도 된다.

계획을 세울 때 어떻게 계획을 실행할 것인지에 대해 메모해 둔다. 자신의 목표에 맞게 우선순위에 따라 일을 분류하는 계획을 세워야 한다.

해야 할 일 리스트를 만들었다면 질문을 만들어 답을 적어 보자. 현재 자신의 목표를 위해 노력하고 있는가? 해야 하는데 계속 미뤄 온 일들은 무엇인가? 현재 프로젝트는 잘 진행되고 있는가? 계획하고 있는 가족 여행은 있는가? 만들고 싶은 습관은 무엇인가? 약속 일정은 잘 정리되어 있는가? 가족 행사 일정은 잘 정리되어 있는가? 꾸준히 하고 싶은 운동은 있는가? 위에 질문들 외에도 자신의 상황에 맞게 질문을 추가하여 만들어 답을 적어도 된다. 질문을 적었다면 우선순위대로 목록을 정리해야 한다. 목록을 정리할 때 마감해야 할 기한을 적어 두고 실행할 때마다 밑줄을 그어 표시해 두자. 끝마치지 못한 계획들이 생기면 다음 단기 계획을 세울 때 참고하여 세우면 된다.

A4 종이 한 장에 단기 계획 리스트를 요약해도 된다. 눈에 잘 보이는 책상 앞에 붙여 두거나, 수첩에 메모해서 휴대해도 효과적이다. 항상 눈에 띄는 곳에 두고 해야 할 일들을 수시로 확인해도 좋다. 목표를 지속적으로 달성하는 사람들은 명확한 목표를 가지고 있고, 자신이 계획한 목표들을 기억하고 있다. 계획을 세울 때 단기 계획에서 실천할 수 없는 일들은 과감히 내려놓는다. 성공한 사람들은 작은 성공을 끊임없이 반복한다. 단기 계획을 여러 번 성공시켜야 장기계획도 안정적으로 세울 수 있다.

스티브 스콧의 『게으름이 습관이 되기 전에』에는 이런 말이 있다.
"나는 1년짜리 목표가 아니라 분기, 즉 3개월마다 세우는 목표를 더 좋아합니다. 특히 '스마트 S.M.A.R.T. 목표'를 선호합니다. 스마트 목표란 〈경영 리뷰 Management Review〉 1981년 11월 호에서 컨설턴트 조지 도란 George Doran이 처음 사용한 용어로, 그 의미는 다음과 같습니다. S(Specific): 구체적인 목표, M(Measurable): 측정할 수 있는 목표, A(Attainable): 달성할 수 있는 목표, R(Relevant): 관련성 있는 목표, T((Time-bound): 명확한 기한이 있는 목표입니다. 스마트 목표는 명확하고 이해하기 쉬워서 마감일이 되면 목표를 달성했는지 달성하지 못했는지 자연히 알게 됩니다."

나의 목표를 스마트 목표에 대입해 보면 다음과 같다.

첫째, 구체적인 목표는, 2021년도에 책 집필을 마무리하는 것이다. 매일 아침 시간과 밤 시간을 이용해 집필을 한다. 주말에는 식사하는 시간을 제외한 시간은 집필에 집중한다.

둘째, 측정할 수 있는 목표는, 건강을 위해 하루 8잔 물 마시기다. 뇌와 마음 건강을 위해 아침 1시간 운동을 한다. 정상적인 생활을 유지하기 위해 5시간 이상 수면한다.

셋째, 달성할 수 있는 목표는, 책 집필을 마무리하는 것이다. 책 집필이 마무리되면 지인분께 책 추천사를 부탁한다. SNS에 책 홍보를 시작한다.

넷째, 관련성 있는 목표는, 블로그, 인스타그램 구독자를 늘리기 위해 매일 한 시간 관리하는 것이다. 방문자 수를 늘리기 위해 인기 있고 유익한 정보를 매일 포스팅한다.

다섯째, 명확한 기한이 있는 목표는, 다음 달에 책 집필을 마무리하는 것이다. 출판사에 책 투고할 준비를 한다.

위의 사례처럼 목표는 구체적으로 작성해야 한다. 목표가 구체적이지 않으면 방향을 잃을 수 있다. 육하원칙에 따른 구체적인 목표를 세워야 한다. 누가 참여하는가?, 언제 그 일을 이룰 것인가? 어디서 목표를 실행할 것인가? 무엇을 이루고자 하는가? 어떻게 목표를 이루고 싶은가? 왜 목표를 이루고 싶은가? 등을 작성해 보자. 육하원칙에 따라 질문에 답하다 보면 우리가 목표를 위해 실행해야 할 사항들을 정리할 수 있다. 이때 실현 불가능한 계획은 세우지 않도록 유의해야 한다. 다른 방법으로 만다라트 계획을 통해 목표를 세우기도 한다. 만다라트 계획은 정중앙에 최종 목표를 설정하고 중앙의 핵심 키워드를 통해 점점 확장해 가는 방식이다.

예를 든다면 '영어 공부를 할 것이다'라는 것은 막연한 목표이다. 구체적인 목표로는 다음과 같이 정리해야 한다.

첫째, 누가? 내가 할 것이다.

둘째, 언제? 오늘부터 100일 동안 한다.

셋째, 어디서? 집에서 한다.

넷째, 무엇을? 영어 회화를 위해 영어 공부를 한다.

어떻게? 아침 외국어 라디오 방송과 영어 온라인 강좌를 병행하여 공부한다.

왜? 영어 회화 실력을 향상시키기 위해서다.

이런 식으로 구체적인 목표를 세우면 자신이 무엇을 해야 할지 알게 된다. 이루고자 하는 목표가 있다면 육하원칙에 따라 계획 리스트를 적어 보면서 목표를 구체화하면 된다. 목표를 세울 때는 세부적인 상황까지 신경 써야 한다.

목표 달성까지 기간이 너무 길면 실패하기 마련이다. 목표를 달성하지 못하는 사람들은 현재 상황을 정확하게 판단하지 못한다. 자신의 현재 상황을 점검해 본 후에 단기 계획을 세워 실천할 수 있도록 노력해야 한다. 단기 계획을 세울 때 한눈에 알아볼 수 있게 만들어야 한다. 목표 달성이 실패했을 때의 4가지 패턴도 고려해서 계획을 신중하게 세워야 한다.

또한 단기 계획에서 자신의 능력을 최대한 발휘할 수 있는 일들에 계획해서 집중해야 한다. 노트에 자신이 해야 할 일 리스트와 현재 이루고자 하는 목표까지 적어 보자. 정리한 목표들을 어떻게 실행할 것인지 리스트 옆에 메모해 둔다. 해야 할 일 리스트를 만들었다면 위에서 언급한 질문들에 답들을 적어보자. 자신의 목표를 스마트 목표에 대입해서 계획을 세우면 목표 달성 여부를 확인할 수 있다. 이외에도 만다라트 계획을 이용해 목표를 세운다.

CHAPTER 6.
실천했으면 보상하라

1.
....

보상 계획을
치밀하게 세워야 한다

  좋은 습관을 만들려면 보상이 제대로 이루어져야 한다. 많은 습관 책에서 보상의 중요성을 언급하고 있다. '보상 없이는 습관도 없다'는 말을 하는 사람들도 있다. 보상을 할 때 감정과 신호를 바로 주어야 한다. 감정은 습관 형성에 큰 영향을 미친다. 보상 계획을 치밀하게 세우지 않으면 직장에서는 훌륭한 인재를 놓치게 된다. 직원들이 일을 더욱 잘할 수 있게 좋은 환경을 제공해 주고, 적절한 보상을 해 주는 것이 중요하다. 보상을 할 때는 즉시 해야 효과가 높다. 추가적인 보상 전략을 세워 체계적으로 관리해야 한다. 좋은 보상은 사람들을 성장시키며 습관을 지속하게 만든다.

  데이먼 자하리아데스의 『작은 습관 연습』 참고
  사람들에게 여러 가지 보상을 하면 동기 부여가 된다. 사람들에게 해 주는 칭찬은 즉시 받을 수 있는 보상이다. 또한 급여 인상처럼 미래에 받을 수 있는 보상도 있다. 보상은 습관을 형성하는 데 중요한 역할을 한다. 보상이 클수록 우리는 큰 동기부여를 받을 수 있다. 보상시스템을 만들면 습관을 형성하는 데 큰 도움이 된다. 보상시스템을 미리 생각해서 정해 놓는다면 보상을 할 때 바로 할 수 있는 장점이 있다.

빠른 보상을 할 수 있도록 보상 플래너를 매일 사용하면 효과적이다. 노트나 다이어리에 일주일의 계획을 요일별로 구체적으로 적는다. 시간대별로 짜게 되면 포기할 확률이 높아진다. 예외적인 상황이 생겼을 때는 시간대별로 정확하게 지킬 수 없기 때문이다. 나는 집필할 때 시간대별로 계획을 세워 놓은 적이 있었는데, 매번 시간을 초과한 적이 많았다. 보상 플래너에 목표를 이루었을 때는 'O' 표시, 이루지 못했을 경우는 'X' 표시를 한다. 목표 비율에 따른 보상 리스트를 미리 만들어 놓아 습관을 꾸준히 실천할 수 있도록 하면 된다. 이루지 못했을 때의 원인과 상황도 메모해 두면 평가하는 데 도움이 된다.

빠른 보상은 행동을 지속하게 만든다. 기분을 좋게 만들어 주고, 의지력을 회복시켜 준다. 가석방 승인 비율을 한 연구에 따르면 판사들은 식사를 하고 나서 승인 비율이 높아졌다. 음식이라는 보상을 통해 의지력을 회복했기 때문이다. 판사들은 중요한 결정을 내릴 때는 생각을 많이 하게 되므로 의지력이 손실된다. 보상을 언제 하느냐에 따라 결과가 달라지기도 한다. 우리는 보상을 미루지 않고 빠른 보상을 할 수 있도록 해야 한다. 다양한 보상 실험을 통해 자신에게 맞는 긍정적인 빠른 보상 시스템을 만들어야 한다. 보상 시스템을 보상 플래너에 적어 관리해야 한다. 매일매일 기록하면 습관을 관리할 수 있다.

습관을 만들 때 보상은 중요한 역할을 한다. 유익한 보상들은 언제나 우리의 마음을 즐겁게 하고 행동을 강화시킨다. 보상은 사람들이 성취감을 갖게 만든다. 빠른 보상을 할수록 효과는 높게 나타난다. 보상을 미루지 않도록 유의해야 한다. 보상 플래너 사용이 힘든 사람은 포트폴리오를 만들어 책상 앞에 붙여 두면 효과적이다. 습관 미션을 같이 실천하고 있는 동기가 있다면 도움을 요청해 보상 계획을 세워도 된다. 꾸준히 습관을 실천하고 있는 사람들의 보상 시스템을 참고하면 도움이 된다. SNS를 잘 활용하는 사람들은 서로에게 피드백을 주며 꾸준히 성장하는 경향이 있다.

스티브 기즈의 『습관의 재발견』 참고

긍정적인 행동을 하면 보상을 얻기는 쉽다. 긍정적인 생각을 하면 마음도 즐거워지고 자신의 삶에 만족할 수도 있다. 예를 들어 다이어트를 하고 있다면 매주 자신의 모습을 거울에 비추어 봐도 만족을 느낄 수 있다. 적은 분량이라도 책을 매일 읽고 있다면 스스로 자랑스러워하며 만족하면 된다. 매일 하고 있는 작은 실천이 습관의 기초가 되어 자신의 삶을 멋지게 변화시켜 줄 것이다.

목표 이상을 달성했을 경우 추가적인 보상 전략도 중요하다. 추가적인 보상 전략을 세우면 행동을 지속하게 만든다. 회사에서도 훌륭한 인재들을 관리하기 위해 보상 계획을 철저하게 세운다. 회사 입사 면접 때도 자신이 받고 싶은 연봉이 얼마인지 물어보기도 한다. 회사는 개인의 니즈를 파악하고 이에 따른 보상 정책도 마련한다. 직원들에게 만족스러운 금전적 보상이 이루어질 때 회사에 충성도도 높아진다. 회사는 금전 보상 외에도 직원들을 위해 다양한 복리후생을 신경 쓰기도 한다. 자녀들 학자금 제도, 휴가, 퇴직금, 자기 계발 지원까지 신경 쓰며 관리한다.

최고의 인재를 키워 내는 꿈의 학교 민족사관학교에서는 훌륭한 보상 시스템을 만들어 학생들을 철저하게 관리한다. 학생들 모두 기숙사 생활을 하면서 새벽 6시에 일어난다. 학교에서는 학생들이 섭렵한 노래가 기상 음악으로 나오게 해서 덜 힘겹게 하루를 시작할 수 있게 한다. 학생들을 기상해서 체육관으로 가서 30분씩 아침 운동으로 검도를 하며 매일 아침 운동으로 공부할 힘을 얻는다. 학기마다 250과목이 개설되어 학생들이 원하는 과목을 선택하고 시간표를 짠다. 민족사관학교에서는 학생들에게 공부를 강요하지 않는다. 그 덕분에 아이들이 공부를 즐기게 된다. 150여 개의 동아리 활동을 통해 학생들은 적성과 소질을 알아 간다. 적절한 보상 시스템을 통해 학생들이 정한 규율을 스스로 지키게 하는 것이 민족사관학교의 가장 큰 특징이다.

위의 사례처럼 추가적인 보상 전략까지 세워 관리하는 회사나 민족사관학교에서는 훌륭한 성과를 낼 수 있었다. 만약에 보상 계획을 제대로 세우지 않고 관리했다면 훌륭한 인재도, 훌륭한 학생들도 생활하기 힘들었을 것이다. 보상 제도로 지속적인 작은 성공을 느끼게 해 줌으로써 동기 부여가 된다. 보상 제도는 사람들에게 만족감을 준다. 타 회사의 보상 시스템을 비교하여 분석해도 도움이 된다. 경쟁력 있는 회사들은 체계적인 보상 시스템을 가지고 있어 직원들에게 심리적인 만족을 준다.

제임스 클리어의 『아주 작은 습관의 힘』 참고
좋은 습관을 형성하면 그것 자체만으로도 보상이 된다. 사람들은 요즘 새로운 것을 얻어야 가치가 있다고 생각한다. 러닝머신으로 여러 번 뛰었다고 해서 금방 살이 빠지거나 건강해지는 게 아니다. 몇 개월이 지나 살이 빠지고 근육이 생기면 운동하는 습관을 지속할 수 있다. 습관을 형성할 초기에는 큰 변화가 없어도 유지가 중요하다. 사람들은 만족스럽고 즉시적인 보상을 원한다.

나는 '웰빙(Well-being)'을 삶의 기준으로 삼고 보상 계획을 세웠다. 몸과 마음이 건강하고 행복한 삶을 추구하기 위해서 나 자신에게 꾸준한 보상을 하고 있다. 예를 들어 운동을 하고 나서는 음료수 대신 몸에 좋은 과일 주스를 마신다. 안 좋은 일이 생겨 마음이 불편할 때는 차분한 음악을 들으며 나쁜 감정을 바로 해소하려고 노력한다. 행동할 때마다 그 행동에 적합한 보상을 하고 있다. 동기 부여가 되지 않는 불편한 보상들은 하지 않는다. 보상 계획을 세움으로써 나 자신을 더욱 사랑하는 법을 배우게 되었다. 좋은 보상은 언제나 마음을 설레게 하고 습관을 지속시키는 힘을 가지고 있다.

나는 2019년에 이상화 선수가 예능 프로그램에 나온 것을 본 적이 있다. 이상화 선수는 어렸을 때부터 꿈을 정해 부단한 노력으로 세계 최고의 스피드 스케이터 선수가 되었다. 또한 금 46개, 은 17개, 동 12개, 레이스 1위 9회, 선수권 우승 10회 등 훌륭한 기록들을 세웠다. 이상화 선수는 자신에게 유익한 보상들을 함으로써 훈련을 열심히 했다. 주변을 항상 깨끗이 정리하고, 건강한 음식을 먹으며 꾸준한 훈련 등 자기 관리를 철저히 했다. 자신에게 동기 부여가 되는 보상들을 하지 않았다면 이상화 선수의 엄청난 기록들은 없었을 것이다. 좋은 보상은 사람들을 성장시키며 꿈을 이루게 만든다.

보상 계획을 철저히 세워 놓으면 습관을 꾸준히 실천할 수 있다. 자신에게 맞는 보상들을 마련해야 한다. 특히 힘든 프로젝트를 할 때는 좋은 보상들이 동기 부여가 된다. 힘든 프로젝트를 그만두고 싶을 때도 보상들을 생각하며 끝까지 버티게 된다. 자녀 교육에 힘쓰는 부모들은 보상 계획 또한 철저하다. 철저한 보상 덕분에 자녀들은 TV 대신에 책을 읽고, 불량 식품 대신에 과일을 먹는다. 이렇게 좋은 보상 시스템을 만들면 생활 자체도 바뀌게 된다. 성공한 사람들은 자신에게 유익한 보상을 꾸준히 한다. 자신이 성향을 파악하고 보상 계획을 세워 실천할 수 있도록 노력해 보자.

 빠른 보상은 행동을 지속하게 만든다. 빠른 보상을 할 수 있도록 보상 플래너를 활용하면 효과적이다. 목표 비율에 따른 보상 리스트를 미리 만들어 놓아 실천하면 큰 도움이 된다. 목표 이상을 달성했을 경우 추가적인 보상 전략도 중요하다. 예를 들어 회사는 개인의 니즈를 파악하고 이에 따른 추가적인 보상 정책도 마련해야 한다. 보상 계획을 철저히 세우면 훌륭한 성과를 낼 수 있다. 훌륭한 보상 시스템으로 민족사관학교는 훌륭한 인재들을 관리하고 있다. 불필요한 보상은 하지 않도록 유의해야 한다. 세계 최고의 스피드 스케이트 선수인 이상화 선수도 유익한 보상들을 통해 자기 관리를 철저히 했다. 자신이 좋아하는 일을 지속하게 만들려면 그에 맞는 보상 계획들을 치밀하게 세워야 한다.

2.
....

작지만 즐거운 보상을
마련해야 한다

스티브 스콧의 『해빗 스태킹』 참고

하루 습관 일정을 다 해내면 적절한 보상을 받아야 한다. 작은 보상을 해 주면 습관 일정을 실천하는 데 큰 동기 부여가 된다. 맛있는 음식을 먹거나, 잠깐 휴식 시간을 갖는 등 유익한 여러 가지 보상들이 있다. 자신이 좋아하는 것을 보상으로 활용하면 된다. 부정적인 효과를 주는 보상은 피해야 한다. 예를 들어 운동을 열심히 하고 나서 빵이나 케이크를 먹는다면 보상으로 적절하지 않다. 일상에서 작지만 즐거운 보상을 마련하여 실천해 보자. 아래 12가지의 즐거운 보상들을 참고하여 자신에 맞는 보상을 선택해 실천해 보자.

1) 음식 보상

첫째, 달콤한 음식을 먹는다. 자신의 기분에 따라 먹고 싶은 것들이 달라진다. 우울할 때는 달콤한 음식을 먹으면 기분이 좋아지는 효능이 있다. 사람들은 초콜릿이나 디저트류, 아이스크림을 즐겨 먹는다. 나는 산책을 한 후 달콤한 초코 밀크티로 보상을 한다.

둘째, 좋아하는 음식을 냉장고에 구입해 둔다. 냉장고에 음식이 가득

차 있다는 것만으로 행복해진다. 좋아하는 다양한 음식들을 구입해서 냉장고를 채우면 된다.

셋째, 가족들과 야외에서 식사를 한다. 야외에서 식사하며 소통하는 것도 기분이 좋아지는 방법이다.

넷째, 좋아하는 음식을 만든다. 좋은 재료를 구입해서 정성스럽게 음식을 만든다. 지인들을 초대해서 식사를 같이 해도 좋다.

2) 무료 보상

첫째, 가까운 분들께 전화를 한다. 가까운 분들께 전화를 해서 좋은 일, 힘들었던 일들을 이야기하는 것만으로도 큰 힘이 된다. 멀리 있어서 자주 못 만나는 오래된 친구들과도 전화로 소통함으로써 안부와 마음을 전할 수 있다.

둘째, 도서관이나 서점에 간다. 그곳에서 좋아하는 책을 읽는다. 요즘 도서관 안에는 휴식을 취할 수 있는 카페도 있다.

셋째, 사진을 찍는다. 분위기 좋은 곳에서 사진을 찍어도 기분이 좋아진다. 요즘은 사진을 예쁘게 찍을 수 있는 앱들이 많다. 흘러간 시간은 다시 돌아오지 않기 때문에 사진을 많이 찍어 추억을 기억하는 것 또한 뜻깊은 일이다.

3) 자기관리 보상

첫째, 헤어스타일을 바꾼다. 머리를 자르거나, 파마하거나 염색한다. 헤어스타일로 첫인상이 결정되기도 한다. 헤어스타일을 어떻게 하냐에 따라 나이도 달라지고, 이미지에 미치는 영향도 다르다.

둘째, 낮잠을 잔다. 낮잠을 자면 집중력과 기분 향상에 도움이 된다.

셋째, 피부 관리나 마사지를 받는다. 마사지를 받으면 전신 순환의 효과를 높여 준다. 신진대사를 원활하게 하는 효과도 있다.

넷째, 헬스클럽에 등록한다. 규칙적인 운동을 하면 건강하고 행복한 삶을 살아갈 수 있다. 유산소 운동을 하면 체력이 증진된다.

다섯째, 옷을 구입한다. 요즘 의류 쇼핑몰 사이트에서 저렴하고 예쁜 옷을 손쉽게 구입할 수 있다.

4) 여행 보상

그동안의 고된 업무나 스트레스로 힘들었던 사람들은 여행을 통해 멋진 자연을 보며 마음을 새롭게 할 수 있다. 여행은 언제나 사람의 마음을 설레게 한다. 한 번도 가 보지 않았던 명소에 가서 주변을 둘러보는 것만으로도 힐링이 된다. 여행을 계획하고 준비하는 기간도 즐겁다. 가족이나 가까운 친구, 지인과 함께 일정을 정해서 정기적으로 가면 좋다. 여행지에서 아침 산책을 즐기며 신선한 공기를 마시는 것도 좋다. 여행지에 가서 승마, 수영, 자전거, 서핑을 즐긴다. 여행지에서 일출이나 일몰을 감상하는 사람들도 많다. 식물원 가기, 하이킹하기, 캠핑하기 등을 해도 좋다. 여행지에서는 마음의 부담을 완전히 내려놓고 편히 쉴 수 있다.

5) 저축 보상

목표에 도달할 때마다 돈으로 보상한다. 저축 보상 통장을 따로 만들어도 좋다. 은행에 가기 불편한 사람은 저금통을 만들거나 인터넷 뱅킹을 이용하면 된다. 저축을 꾸준히 하면 현재의 소비를 줄이고 미래를 대비할 수 있다. 목표도 달성하고, 통장에 돈도 쌓이면 기쁨이 두

배가 된다. 달력에 목표 시작 일과 마감일을 표시해서 목표 달성 여부를 확인한다. 스티커 판을 만들어 목표를 달성할 때마다 스티커를 붙여 주면 된다. 저축 보상으로 인해 자신이 사고 싶었던 물품도 자유롭게 살 수 있다. 아이들 습관 만들어 줄 때 저축 보상을 이용하면 효과적이다.

6) 쇼핑 보상

요즘은 인터넷으로 필요한 물품을 손쉽게 구입할 수 있어 편리하다. 당일 주문하고, 당일에 물건을 받을 수 있는 쿠팡을 많이 이용한다. 30~50대는 홈쇼핑 방송을 선호하며 즐긴다. 홈쇼핑은 1+1 행사할 때 물건을 하나 더 얻을 수 있어 인기가 많다. 대형 마트는 늦은 시간에 가면 할인된 금액으로 물품을 구입할 수 있고, 날씨에 관계없이 편하게 쇼핑할 수 있다. 주의할 점은 쇼핑 보상을 통해 필요한 물품만 구입해야 한다는 점이다. 필요하지 않은 물건이나 고가의 물품들을 사면 안 된다. 쇼핑 중독이 되지 않도록 유의해야 한다.

7) 산책 보상

산책은 뇌의 혈액 순환을 좋게 해 준다. 규칙적인 산책은 체지방과 콜레스테롤 수치를 감소시킨다. 운동을 힘들어하는 사람은 가벼운 산책으로 시작해도 좋다. 외출 자체만으로도 기분이 좋아지고 삶의 활력을 준다. 느긋한 기분으로 가볍게 걸어 다니면 마음이 편안해지고 긍정적인 생각을 하게 된다. 산책을 하면서 영감이 떠올라 목표를 정하고 노력하여 성공의 길을 걷게 된 위인들도 있다. 삶이 답답하고 인생에 정답이 보이지 않는 사람은 산책을 하면서 마음을 비우는 연습을 해도 좋다. 시간과 장소에 관계없이 편안하게 산책을 즐길 수 있도록 일정을 만들면 효과적이다.

8) 미디어 보상

요즘 인터넷으로 많은 정보를 쉽게 찾을 수 있다. 유튜브 시청으로 다양한 정보를 얻고 배울 수 있어 유익하다. 자신의 유튜브 채널을 만든 후 카테고리를 만들어 영상 종류별로 저장해서 시청하면 편리하다. 예를 들어 자기 계발을 선호하는 사람이라면 자기 계발 카테고리를 만들어 관련 영상을 저장한다. 나는 집필이 끝나면 미디어 보상을 하려고 유익한 영상들을 많이 저장해 놓았다. 보상을 정하고 집필을 하니 동기 부여가 되어 마음이 훨씬 가벼워졌다. 다만 미디어 보상이라고 해서 하루 종일 미디어를 보는 것이 아니라 일정한 시간을 정해 미디어를 볼 수 있게 해야 한다. 늦은 시간에 미디어를 시청하기보다는 낮 시간을 이용해 시청하면 좋다. 숙면을 위해 잠들기 전에는 미디어 시청을 피해야 한다.

9) 음악 보상

좋은 음악을 듣는다. 음악을 들으면 마음이 편안해지고, 스트레스를 해소할 수 있다. 일에 더 집중할 수 있으며 긍정적 마인드와 기억력이 향상된다. 신나는 음악을 들으면 신이 나서 춤도 추게 된다. 자신이 좋아하는 음악 장르를 선택해서 핸드폰이나 컴퓨터로 다운로드해 들어도 된다. 예를 들어 마음의 휴식을 위한 힐링 음악, 스트레스 해소 음악, 치유 음악, 명상 음악, 피아노 음악, 가요 등이 있다. 요즘 운동이나 산책을 하면서 노이즈 캔슬링 이어폰을 착용하고 맑은 울림의 음악을 들는 사람들이 많다. 노이즈 캔슬링 이어폰은 소음을 줄여 주고 잡음을 차단하는 효과가 있어 인기가 많다.

10) 선물 보상

자신의 목표에 도달할 때마다 새로운 선물로 보상을 하는 것도 효과적이다. 목표에 한 가지씩 도달할 때마다 새로운 선물을 준비한다. 나는 습관 미션을 달성할 때마다 책 선물 보상을 한다. 베스트셀러가 된 책을 읽는 재미도 있어 기분이 좋아진다. 자신이 좋아하는 물건이나 다른 것들을 선물로 보상해도 좋다. 선물은 주는 사람도 받는 사람도 기분이 좋아지는 선물 리스트를 작성해서 다양한 선물로 보상해도 된다. 선물 보상을 할 때 메모를 작성하거나 편지까지 쓴다면 더욱 뜻깊은 선물이 될 수 있다. 선물 의미와 마음을 담아 보상을 하면 동기 부여가 된다.

11) 휴식 보상

하루는 아무 일도 하지 않고 편히 쉬자. 편히 쉴 때 찜질방을 가거나 집에서 거품 목욕이나 긴 샤워를 하면서 몸을 풀어도 좋다. 목욕은 혈류의 흐름을 원활하게 하고 열 자극을 통해 기의 순환을 돕는다. 분주했던 일상에서 벗어나 자신만의 공간에서 편안한 쉼과 에너지를 충전하는 시간을 갖는다. 무드 등을 설치하여 방 안 분위기를 편안하게 만들어 준다. 편안한 음악을 듣거나, 맛있는 음식을 먹으면서 휴식을 취한다. 휴식 일에는 미디어 안식일로 정해서 핸드폰이나 컴퓨터, TV 시청을 하지 않는다. 누군가에게 간섭받지 않고 온전한 휴식을 취할 수 있도록 편안한 공간을 만들어 힐링하는 시간을 갖는다.

12) 맛집 방문 보상

요즘 사람들은 맛집을 검색해서 탐방 다니며 도장 깨기를 하는 사람들이 많다. 다이어리에 맛집 정보를 정리하여 직접 찾아가서 식사하고 평가 점수를 메모해도 좋다. 맛집을 찾아다니는 일은 재미도 있어 보상으로 선택해도 효과적이다. 중요한 미션을 끝낸 후에 보상으로 가족이나 지인들과 맛집을 방문해도 좋다. 관련 정보를 얻을 수 있는 방법으로는 맛집 정보 실시간 예약 앱 '인캐치 테이블', 맛집 검색 앱인 '망고 플레이트', TV 맛집 검색 앱인 '맛집 지도' 등이 있다. 핸드폰에 앱을 다운로드해 맛집 예약을 하고 방문하면 편리하게 이용할 수 있다.

작지만 즐거운 보상으로는 다음과 같은 종류들이 있다.
첫째, 음식 보상으로 달콤한 음식이나, 좋아하는 음식을 구입하기, 야외에서 식사 등이 있다.
둘째 무료 보상으로 가까운 분들께 전화하기, 도서관 가기, 사진 찍기 등이 있다.
셋째, 자기 관리 보상으로 헤어스타일 바꾸기, 낮잠 자기, 마사지 받기, 헬스클럽에 등록, 옷 구입하기 등이 있다.
넷째, 여행 보상으로 명소에 방문하여 주변을 둘러보며 힐링하는 시간을 갖는다.
다섯째, 저축 보상으로 목표에 도달할 때마다 돈으로 보상한다.
여섯째, 쇼핑 보상으로 인터넷이나, 대형마트에 가서 물품을 구입하거나, 홈쇼핑을 한다.
그밖에 산책 보상, 미디어 보상, 음악 보상, 선물 보상, 휴식 보상, 맛집 방문 보상 등이 있다.

3.
습관을 고치는 데는
고통이 들어가기에 보상을 해 줘야 한다

좋은 습관은 하루아침에 만들어지지 않는다. 습관 하나를 제대로 만들려고 해도 100일 정도가 필요하다. 습관에 보상이 없다면 꾸준히 지속할 수 없다. 먼저 목표와 보상 계획을 만들어 놓고 습관을 실천하는 사람들은 보상을 생각하며 습관을 지속하게 된다. 습관적으로 행동하는 나쁜 습관들도 중독이 되면 고치기가 힘들다. 예를 들어 오랜 시간 훈련과 연습으로 만든 습관을 고치려면 매우 고통스럽다. 반복으로 만들어진 뇌의 회로를 바꾸고 새로 새긴다는 것 자체가 힘든 과정이다. 이렇듯 중독이 된 습관을 고치려면 많은 노력이 필요하다. 적절한 보상 시스템을 만들어 중독이 된 습관에서 벗어날 수 있도록 노력해야 한다.

자신이 원하는 습관을 만들려면 100일 동안 습관을 실천해야 한다. 처음 습관을 만드는 사람에게는 100일이 힘들고 고통스럽게 느껴지기도 한다. 많은 유혹을 참아야 하기 때문에 지속하기가 쉽지 않다. 예를 들어 미라클 모닝 습관을 만들고 싶은 사람은 일찍 일어나야 한다. 밤늦게 방송되는 재미있는 프로그램들을 보지 못한 채 잠자리에 일찍 들어야 한다. 자유로웠던 일상에서 규칙적인 일상으로 바꾼다는 자체가 어떤 사람들에게는 스트레스가 되기도 한다. 요즘 인터넷과 스마트폰 때문에 유혹을 이겨 내지 못하는 사람들도 많다. 학생들이 부모에게 공부하라는 소리를 자주 듣지만 습관으로 만들지 못하는 이유는 힘든 고통이 따르기 때문이다.

 나는 운동하는 습관을 만들기가 가장 어려웠다. 그 당시 수면 시간이 부족한 상태였는데, 새벽 일찍 일어나서 운동하러 간다는 것이 너무 힘들었다. 날씨가 춥거나, 비가 올 때 항상 시험에 들기도 했다. 운동을 갈까? 말까? 망설이며 발만 동동 굴렸던 시간들도 있었다. 마라톤 연습을 할 때도 몸이 무거워서 뛰는 것이 불편해 포기하고 싶을 때가 많았다. 힘들었던 순간 나는 마음속으로 '마라톤을 포기하면 다른 것도 할 수 없다'는 생각을 했다. 조금만 더 가면 물과 간식을 먹을 수 있다는 생각, 즉 보상 때문에 포기하지 않았다. 여러 가지 문제들을 해결하고 습관을 만드는 과정이 쉽지 않음을 절실히 깨달았다. 무슨 일을 하든 그냥 이루어지는 것은 하나도 없다는 사실을 깨닫고 나 자신에게 작은 보상을 만들어 주었다.

 프레드릭 울버튼, 수잔 샤피로의 『어떻게 나쁜 습관을 멈출 수 있을까』에는 이런 말이 있다.
 "달콤한 디저트를 먹는 습관이나 신경 안정제, 밤마다 즐기는 칵테일, 혹은 지나치게 자주 떠나는 여행 등 구체적인 중독 물질이나 강박적인 행위 자체보다는, 그런 행동이나 물질을 통해 억누르고 싶어 하는 혼란스럽고 두려운 감정이 더 중요하다. 그렇기 때문에 아이스크림에 집착하는 내 행동을 대수롭지 않게 넘길 수 없다. 습관적으로 하는 행동에 관심을 갖고 잘 살펴봐야 한다. 습관적 행동을 알아차리지 못하거나 무시하면 문제가 커질 수 있다. 사소하고 별것 아니라고 생각했던 것이 더 커지면 다른 중독적인 행동으로 연결될 수도 있고, 중독으로 인해 삶의 더 많은 영역이 영향을 받을 수도 있다. 중독은 어느 순간 스스로 없어지지 않는다. 아무런 노력 없이 중독 행동에서 빠져나오는 일은 거의 없다."

위의 사례처럼 습관적으로 하는 행동이 중독이 된 상태라면 습관을 바꾸기가 너무 힘이 들 것이다. 자신의 노력 없이 바꿀 수 있는 방법은 없다. 중독이 된 습관에서 벗어나는 것은 고통스러운 일이다. 나쁜 습관적 행동을 수시로 반복하다 보면 습관이 돼서 고치기가 힘들다. 나쁜 습관을 가지고 있는 사람은 자신에게 유익한 보상을 만들어 습관을 고칠 수 있도록 노력해야 한다. 나쁜 습관을 하지 못하도록 눈에 보이지 않게 하는 방법도 유익하다. 예를 들어 자주 먹는 달콤한 디저트는 다 처분하고, 몸에 좋은 물을 가까이 두어 자주 마실 수 있게 만드는 것이다. 현재의 습관은 미래의 삶을 결정하기에 삶에서 가장 중요한 부분이다. 좋은 습관을 형성할 수 있도록 적절한 보상 시스템을 만들어 습관을 지속하게 해야 한다.

습관을 만들기 위해서는 빠른 보상을 해야 한다. 예를 들어 반려견을 훈련시킬 때 간식을 주면 반려견이 즉각적으로 행동하는 모습을 보았을 것이다. 반려견에게 간식 보상을 지속적으로 하며 행동을 유지하고 반복한다. 반려견뿐 아니라 아이들에게도 즉각적으로 보상을 하면 말을 잘 듣는다. 보상을 미루었다면 즉각적인 행동이 나오지 않았을 것이다. 우리의 뇌는 빠른 보상을 선호한다. 보상에 대해 만족하게 되면 습관이 정착된다. 예를 들어 공부하는 습관을 형성하고자 하는 사람은 공부를 한 보상으로 규칙적인 휴식 시간을 갖는 것이다. 모든 보상이 효과적인 것은 아니다. 만족하지 못한 보상은 피해야 한다.

초등학교 주변의 잘 되는 학원들을 보면 보상 제도가 확실하다. 정해진 목표에 도달하면 쿠폰을 준다. 받은 쿠폰으로 지정된 슈퍼에 가서 물건을 구입할 수 있다. 어떤 학원은 개별 저금통을 만들어 그날 숙제를 해 올 때마다 100원씩 넣어 준다. 아이들은 돈을 모으는 재미에 숙제를 빠지지 않고 잘 해 온다. 문화 상품권을 주는 학원도 있고, 정기적으로 달란트 시장을 하며 파티를 하기도 한다. 반면 보상 제도가 없는 학원들은 아이들이 흥미를 찾기가 힘들다. 습관을 만들려면 보상을 만족스럽게 제공해야 한다. 예를 들어 학생들이 좋아하는 보상 등을 생각해 보고 보상 리스트로 정하는 것이 습관을 만드는 효과적인 방법이다.

습관을 형성하려면 보상으로 의해 동기 부여가 되어야 한다. 만족스러운 빠른 보상을 하게 되면 행동을 반복하고 지속하게 된다. 행동을 지속적으로 하게 하는 보상을 찾았다면 보상 효력이 있을 때까지 사용하면 된다. 예를 들어 운동을 하고 나서 먹는 건강 주스는 빠른 만족스러운 보상이 된다. 운동을 하고 난 후에 보상이 없다면 운동 자체가 힘들다는 생각만 들어 습관을 유지하기 힘들 것이다. 사람들이 선호하는 매력적인 보상 리스트를 정해 빠른 보상을 할 수 있도록 노력해야 한다. 보상으로 만들어진 행동들을 반복하면 습관이 된다. 자신에게 동기 부여가 되는 보상들을 할 수 있도록 노력해야 한다.

사사키 후미오의 『나는 습관을 조금 바꾸기로 했다』 참고

아침 일찍 일어나서 준비하면 전철에서 편하게 앉아서 출근할 수 있는 보상이 있다. 하지만 밀려오는 졸음을 이기지 못하고 다시 잠드는 경우가 있다. 전날에 술을 마시면 다음 날 출근하기 힘든 걸 알면서도, 술을 계속 마시는 사람들이 있다. 시험공부를 안 하고 미루면 나중에 시험을 잘 볼 수 없다는 것을 알면서도 공부를 하지 않는다. 눈앞의 달콤한 보상 때문에 좋은 습관을 형성하지 못하는 경우가 많다. 의지가 강한 사람들은 눈앞의 보상에도 마음이 흔들리지 않고 단호하게 끊어낸다.

사람들은 나중에 하는 보상은 가치가 없다고 느낀다. 바로 눈앞에 있는 보상만 선호한다면 나중에 더 좋은 보상을 얻지 못한다. 예를 들어 먹고 싶은 음식을 참고 운동을 하면 나중에 예쁜 몸매를 가질 수 있다. 이 사실을 알면서도 사람들은 운동을 하고 나서 눈앞에 맛있는 음식이 있으면 참지 못하고 먹는 경우가 많다. 인터넷 사이트에서 물건을 사면 포인트를 적립해 주는 제도가 있다. 상품 구매 시 포인트로 즉시 할인을 선택하면 구매할 때 바로 할인받은 금액으로 살 수 있어 선택한다. 즉시 할인을 받지 않고 포인트 적립을 선택하면 포인트를 더 많이 주는데도 사람들은 즉시 할인을 선택한다. 눈앞에 달콤한 보상들이 있으면 참지 못하는 게 사람들의 심리이다.

많은 사람들이 알고 있는 마시멜로 테스트를 초등학생 제자들에게 한 적이 있다. 마시멜로를 먹지 않고 잘 참은 학생들은 나중에 시험 성적이 좋게 나오고 성장한 후 급여도 더 많이 받았다는 사례들이 있다. 이 사례들을 제자들에게 얘기해 주고 테스트에 들어갔다. 마시멜로를

접시에 담아 둥근 테이블 가운데 올려놓았다. 20분 동안 먹지 않은 학생들에게는 마시멜로 한 봉지를 주기로 했다. 의젓한 학생 몇 명은 잘 참고 견딜 거라고 생각했지만 예상외로 모두 하나씩 먹어 버려 웃음바다가 된 적이 있다. 제자들은 달콤한 유혹을 이기지 못한 채 마시멜로를 다 먹어 버렸고 그 후에도 마시멜로를 더 달라고 했다.

제자들은 마시멜로를 만져 보기도 하고, 냄새도 맡고 하면서 유혹을 물리치지 못했다. 차라리 마시멜로를 먼 곳에 두었다면 제자들이 마음이 달라졌을지도 모른다. 제자들은 나중에 받게 될 보상은 크게 생각하지 않았다. 보상이 멀리 있으면 사람들은 행동을 미룬다. 30분만 일찍 출근해도 여유로운 공간에 앉아 출근할 수 있는 좋은 보상을 알면서도 눈앞의 보상을 선택한다. 좋은 습관을 형성하려면 눈앞의 보상에 굴복해서는 안 된다. 눈앞의 보상을 참기 힘든 사람은 나중에 받게 될 보상에 대해 더 많이 생각하며 유혹을 참는 연습을 해도 좋다. 눈앞에 보상을 참으면서 의지력이 소모되기도 한다.

습관을 지속하게 만들려면 반드시 보상이 필요하다. 보상 없이는 습관을 지속하기 힘들다. 100일 동안 습관을 바꾸려고 노력해야 하는데, 아무런 보상이 없다면 습관을 지속할 수 없다. 자신에게 맞는 유익한 보상을 만들어 동기 부여 해야 한다. 만족스러운 빠른 보상을 하게 되면 행동을 지속하고 반복하게 된다. 보상으로 만들어진 습관들을 반복하면 습관이 된다. 좋은 습관을 들이지 못하는 까닭은 눈앞의 보상에 굴복하기 때문이다. 눈앞에 있는 보상만 선호하게 되면 나중에 더 좋은 보상을 얻지 못한다. 우리가 눈앞에 보상을 참을 수 있도록 노력한다면 나중에 더 좋은 보상을 얻을 수 있다는 것을 기억하자.

4.
....

다양한 보상으로
보상 효과와 결과를 실험해 보아야 한다

좋은 습관을 형성하려면 유익한 보상들이 필요하다. 보상 없이 좋은 습관을 만들 수 있는 사람은 없다. 유익한 보상들은 습관을 지속하게 만든다. 만족한 보상을 하게 되면 뇌는 도파민을 내보낸다. 도파민은 사람들의 마음을 즐겁게 만들고, 습관을 지속하게 한다. 보상 시스템에는 금전적 보상, 사회적 보상, 경력개발 보상, 내적 보상 등이 있다.

예를 들어 직장에서 다양한 보상 시스템으로 직원들을 관리하게 되면 일의 능률도 올라가고 성과도 좋아진다. 사람들에게 어떤 보상을 하느냐에 따라 습관이 결정되기도 한다. 우리는 다양한 보상으로 보상 효과와 결과를 실험해서 어떤 열망이 습관을 만드는지 알아내어 관리해야 한다.

찰스 두히그의 『습관의 힘』 참고

페브리즈 마케팅 팀은 사람들이 세탁 후에도 좋은 향을 원한다는 사실을 알아냈다. 아무도 몰랐던 열망까지 알아낸 셈이다. 어떠한 습관을 했을 때 어떤 열망이 생기는지 알아내려면 여러 가지 보상으로 실험해야 한다. 시간이 짧게 또는 길게 걸릴 수도 있다. 실험하는 기간에는 자료를 수집한다고 생각하고 부담 없이 마음을 편하게 가져라.

　실험하는 날, 커피숍에 가서 디저트를 사고 싶은 마음이 든다면 행동을 조정해서 다른 보상을 얻게 해 보라. 커피숍에 가는 대신 디저트를 사지 않고 그냥 돌아오는 시험을 해 보라. 그다음 날은 디저트를 사서 집으로 돌아와서 먹어 보라. 다음 날은 디저트를 사지 않고 커피 한 잔만 주문해 보라. 이런 과정을 통해 반복 행동을 하게 하는 열망을 찾아내야 한다. 다양한 상황을 통해 실험해 보는 것이 중요하다. 당신이 커피숍에 가는 것이 디저트를 먹기 위해서인지 아니면 편안한 공간을 선호해서인지 등을 알아내야 한다. 보상을 하고 나서 느낀 점을 종이에 메모해야 한다.

　종이에 메모함으로써 자신의 한 습관적인 행동에 기울이며 의식하게 된다. 보상 실험 후 느낀 점을 메모하지 않으면 나중에는 기억나지 않으니 바로 메모하도록 신경 써야 한다. 다양한 보상 실험을 할 때 단기간에 하기보다 시간적 여유를 가지고 서서히 진행하는 것이 좋다. 나는 커피숍에 가서 다양한 보상을 실험함으로써 커피숍에 가게 만드는 열망을 알게 되었다. 내가 원하는 것은 디저트도, 커피도 아니었다. 편안한 공간에서 지인들과 대화를 나눔으로써 얻는 힐링, 그 자체가 보상이었다. 나는 도서관에 가서도 다양한 보상을 실험했다. 어느 날은 도서관에서 책만 빌려 오기도 하고, 다른 날은 책만 읽다 오기도 했다. 매주 새로운 유익한 책을 발견하는 것이 도서관에 자주 가게 만드는 큰 열망이었다.

　습관을 바꾸려면 다양한 보상으로 실험을 해야 한다. 자신이 바꾸고자 하는 습관이 무엇인지 먼저 생각해 보자. 예를 들어 매일 운동을 하는 습관을 만들려고 할 때 다양한 보상(정신적인 보상, 건강한 음식 보상)을 해 보자. 다양한 보상 실험을 통해 자신이 몰랐던 열망까지 찾아낼 수 있다. 특정한 행동을 반복하게 하는 보상이 무엇인지 알아낼 때 습관을 바꿀 수 있다. 다른 사람들의 다양한 보상 사례들도 읽고 보상 효과와 결과를 분석하면 자신에게도 도움이 된다. 보상 실험 후 자신이 습관적으로 행동하는 보상이 무엇인지 알아내어 메모할 수 있도록 유의해야 한다.

  공부하는 습관을 가지게 되면 성적 향상, 집중력 향상, 체계적인 시간 활용 등 다른 부분까지 좋아진다. 회사에서 안전에 신경 쓰고 주의한다면 많은 긍정적인 변화가 일어난다. 긍정적인 변화가 일어나는 시스템을 만들면 다른 다양한 보상들을 얻을 수 있다. 어떠한 습관을 가지느냐에 따라 개인, 가정, 직장, 사회에 큰 영향을 미치게 된다. 자신의 나쁜 습관을 고치지 않는다면 다른 사람들에게도 부정적인 영향을 주게 된다. 좋은 습관을 만들 수 있도록 다양한 보상 시스템을 만들어야 한다.

  요즘 사회적 의식이 있는 사람들은 환경 보호를 위해 매일 아침 '플로깅' 습관을 실천하고 있다. 플로깅은 조깅이나 산책을 하면서 쓰레기를 줍는 활동이다. 쓰레기를 주우려면 앉았다 일어나는 동작을 하게 된다. 이 습관을 실천하면서 여러 가지 긍정적인 효과가 나타났다. 쓰레기봉투를 가지고 조깅을 하다 보니 칼로리 소비도 많아서 체중 감량 효과도 나타났다. 또한 주변도 깨끗해져서 쾌적한 환경에서 살게 되었다. 플로깅 문화가 확산되면서 지역별로 다양한 행사를 주최하기도 했다. 예를 들어 걷기 대회를 하면서 쓰레기를 줍는 활동을 하면 걷기 인증서와 봉사 점수를 주기도 한다.

위의 사례처럼 플로깅이라는 하나의 좋은 습관은 다방면으로 긍정적인 영향을 주었다. 우리는 긍정적인 영향을 주는 좋은 습관들은 만들 수 있도록 노력해야 한다. 유익한 한 가지 습관만 만들어도 자신의 삶을 개선할 수 있다. 아무런 습관 없이 하루하루를 보낸다면 변화는 절대 일어나지 않는다. 세상을 바꾼 사람들은 꾸준히 도전하며 좋은 습관을 지속적으로 실천한 사람들이다. 좋은 습관을 만들려면 유익한 보상들이 필요하다. 회사에서 월급, 보너스, 넉넉한 휴가까지 준다면 직장을 꾸준히 다니게 된다. 유익한 보상들을 만들어 습관을 지속적으로 실천할 수 있게 만들어야 한다.

IMHR에는 이런 말이 있다[6].
"보상 관리의 대상은 연봉과 인센티브와 같은 금전적 보상에만 국한되는 것이 아니라 회사가 제공하는 '모든 것'이 되어야 합니다. 이런 다양한 보상의 관점에서 네 가지 영역으로 구분해 볼 수 있겠습니다. 금전적 보상에는 급여, 연봉, 금전적 복리후생, 성과 인센티브, 상여 또는 보너스, 스톡옵션, 현물 선물 등이 있다. 사회적 보상에는 팀 구성원 친밀도, 일하기 좋은 조직 분위기, 긍정적 리더십, 인정과 피드백, 워라밸, 웰빙 등이 있다. 경력개발 보상에는 교육훈련 또는 자기 계발 기회, 커리어 개발, 멘토링 또는 코칭 등이 있다. 내적 보상에는 새로운 직무 도전 기회, 책임과 권한, 자율적 업무, 직무 다양성, 업무 몰입

---

6 http://www.imhr.work/brand/basic-questions-about-rewards-management

등이 있다."

회사에서도 위의 4가지 다양한 보상의 관점을 구분해 보상 시스템을 체계적으로 관리하고 있다. 금전적 보상, 사회적 보상, 경력 개발 보상, 내적 보상 등이다. '직장' 하면 금전적 보상만 생각하는 사람들이 많다. 금전적 보상보다 우리가 자주 인식하지 못하는 유익한 보상들이 많다. 회사에서 다양한 보상 시스템으로 직원들을 잘 관리하는 이유는 직원들의 일의 능률을 올리기 위해서다. 일의 능률이 올라가면 성과도 좋아져서 회사에 이익이 발생하고 회사가 점점 발전하게 된다. 회사에서는 달콤한 보상 조건으로 훌륭한 인재들을 관리한다. 직원들에게 어떤 보상을 하느냐에 따라 회사의 손익이 좌우된다.

한 어린이집 원장은 보상 종류에 따라 선생님들의 일의 능률이 오르는지 실험을 하였다. 처음에 보상을 받은 사람에게 다음 기회에 보상을 주지 않았을 때 일의 능률이 오르는지 실험하였다. 다음 기회에 보상을 주지 않자 일의 능률은 떨어졌다. 보상 유형별로 보면 물질적 보상을 받지 못한 사람들의 능률이 가장 떨어졌다. 감정적 보상인 칭찬을 받았을 때는 특별한 다른 보상이 없어도 일의 능률은 유지됐다. 물질적 보상은 일시적으로 일의 능률을 높이지만 다음 기회에 보상을 하지 않으면 일의 능률이 바로 떨어진다. 직장 상사의 감정적 보상은 직원들에게 동기 부여가 되어 효과가 오래간다.

유익한 보상을 만들려면 다음을 참고하라.
첫째, 매력적이어야 한다. 사람들의 마음을 움직일 수 있는 보상이어야 한다. 예를 들어 보상의 종류는 많지만 사람들의 마음이 움직이지 않는다면 무의미하다.

둘째, 일에 성과에 대해 보상해 주고 인정해 주어야 한다. 예를 들어 회사에 공헌한 인재들에게는 다양한 보상을 해 주고 인정해 주어야 한다. 회사에서 보상할 때는 공정해야 한다.

셋째, 지속적으로 동기 부여할 수 있는 보상이어야 한다. 사람들의 능력을 발휘할 수 있는 보상을 만들어야 한다.

넷째, 자신이 도전하고 성장할 수 있는 보상이어야 한다. 사람들에게 긍정적인 영향을 주는 유익한 보상들을 실험을 통해 알아보자.

습관을 바꾸려면 다양한 보상으로 실험을 해야 한다. 자신이 바꾸고자 하는 습관을 결정한 후에 다양한 보상 실험을 통해 자신의 열망을 찾아낼 수 있어야 한다. 특정한 행동을 반복하게 하는 보상이 무엇인지 알아낼 때 습관을 바꿀 수 있다. 보상 실험 후 자신이 습관적으로 행동하는 보상이 무엇인지 알아내어 바로 메모해서 관리해야 한다. 하나의 좋은 습관을 만들면 다방면에서 긍정적인 영향을 준다. 우리는 긍정적인 영향을 주는 좋은 습관들을 만들 수 있도록 노력해야 한다. 좋은 습관을 만들 때는 유익한 보상들이 필요하다. 유익한 보상을 만들려면 첫째, 매력적이어야 한다. 둘째, 일의 성과에 대해 보상해 주고 인정해 주어야 한다. 셋째, 지속적으로 동기 부여할 수 있는 보상이어야 한다. 넷째, 자신이 도전하고 성장할 수 있는 보상이어야 한다.

5.
....

작은 보상을 할 때
유의해야 할 3가지

사람들에게 보상을 하면 사람들은 그 보상을 얻기 위해 행동하게 된다. 자신을 단련시키거나 다른 사람들의 좋은 습관을 형성하고자 할 때 보상은 효과적이다. 보상을 통해 하기 싫은 일도 지속적으로 하게 만들 수 있다. 보상의 종류에 따라 사람의 마음이 달라지기도 한다. 보상이 너무 크면 사람들에게 부작용이 생긴다. 사람들이 보상의 크기에 집착하지 않도록 작은 보상을 해야 한다. 보상에는 내재적 보상과 외부 보상이 있다. 예를 들어 공부를 해서 알게 되는 것이 내재적 보상이고, 컴퓨터 게임을 하는 것은 외부 보상이다. 작은 보상을 하기 전에 신중하게 생각해야 할 3가지 사항을 기억하고 실천해 보자.

1) 목표와 어울리는 작은 보상을 해야 한다
로버트 마우어의 『끝까지 계속하게 만드는 아주 작은 반복의 힘』 참고
아무리 좋은 보상이라도 목표와 맞지 않다면 무의미하다. 카렌 프라이어 교수는 강의에 참석한 학생들에게 초콜릿을 보상으로 주었다. 하지만 조콜릿을 먹으면 선상에 좋시 않나고 의사에게 조언을 들었다면 보상으로 초콜릿을 사용할 수 없다. 또한 금연을 해야 하는 사람에게

청량음료를 보상으로 주는 것은 좋은 방법이 아니다. 청량음료는 흡연을 하게끔 만든다.

나는 제자에게 보상에 대한 얘기를 들은 적이 있다. 매일 집에서 숙제를 다 하면 부모님께서 오락을 몇 시간을 시켜 준다는 얘기였다. 그 얘기를 들었을 때 나는 마음속으로 걱정이 되었다. 숙제하는 시간은 별로 되지 않은데 매일 오락 시간이 너무 길어서 학습에 방해가 될 것 같다는 생각을 했다. 제자는 숙제보다는 오락을 해야 한다는 목적이 더 컸다. 매일 몇 시간씩 오락을 하게 하는 보상보다는 밖에서 놀게 하는 게 더 효과적이라고 생각한다. 밖에서 친구들과 한 시간씩 놀면 친구 관계도 좋아지고 몸과 마음도 건강해지기 때문이다. 학부모 상담할 때 학부모님께 오락보다는 다른 보상을 주면 좋을 것 같다는 얘기를 드렸다.

우리 아이들은 어린이집, 초등학교 다닐 시절에 사탕을 집에 자주 가지고 왔다. 그날 수업을 잘하면 사탕 몇 개씩을 받아서 집에 가지고 온다. 어린 자녀들을 둔 엄마들은 아이들이 사탕을 자주 먹는 것을 싫어한다. 이가 금방 썩어 치아 건강에 좋지 않기 때문이다. 아이들은 사탕은 자주 먹지만 이 닦는 것을 소홀히 하고 싫어한다. 집에 사탕이 계속 쌓이다 보니 걱정이 되었다. 아이들이 틈만 나면 사탕을 먹으려고 하기 때문이다. 사탕을 자주 먹는 아이들의 문제의 심각성을 느끼고 선생님께 상담 전화를 드려 사탕을 주지 않도록 부탁을 했다. 사탕보다는 칭찬 스티커를 붙여 주면 좋을 것 같다는 얘기를 드렸다.

작은 보상을 할 때 사람들에게 이익이 되는지 마이너스가 되는지 생각해서 결정해야 한다. 보상을 줄 때 상대방에게 안 좋은 영향을 주는 보상은 적절한 방법이 아니다. 예를 들어 요즘 학생들은 게임을 하는 시간이 상당히 많다. 이런 학생에게 보상으로 게임할 시간을 더 준다면 해로운 보상이다. 담배를 끊어야 하는 사람에게 청량음료를 보상으로 주기보다 따뜻하고 몸에 좋은 차를 주는 것이 더 바람직하다. 목표와 어울리는 작은 보상을 줄 수 있도록 신경 써야 한다. 보상을 받을 때도 기분이 좋고, 결과적으로 플러스가 되는 보상이라면 보상으로 결정해도 좋다.

2) 사람들에게 적절한 작은 보상을 해야 한다

로버트 마우어의 『끝까지 계속하게 만드는 아주 작은 반복의 힘』 참고

다른 사람들의 보상을 알아내는 것은 어려운 일이다. 좀 더 쉽게 알아내려면 직접 상대방에게 물어보는 것도 효과적이다. 물어볼 때 여러 가지 답을 얻어도 좋다. 상대방에게 갑자기 물어보면 답을 하기 어렵기 때문에 시간을 주어야 한다. 예를 들어 "자신이 습관을 실천하면서 가장 괜찮았던 보상은 무엇인가요?"라고 질문해도 된다. 이렇게 질문하고 며칠 시간을 주고 기다려서 답을 얻으면 된다.

사람들마다 성향이 다르기 때문에 보상을 할 때도 상대방의 성향을 잘 파악해서 해야 한다. 어떤 사장은 직원이 일을 잘 할 때마다 어깨를 툭툭 치며 칭찬을 해 준다. 직원은 사장님이 하시는 칭찬이 불편할 수도 있다. 어깨를 치는 것에 예민하게 반응하는 사람이기 때문이다. 나 역시 해야 할 일을 잘 하는 학생들에게 칭찬을 하지만 어떤 학생은 칭찬을 거부하는 학생도 있다. 칭찬보다는 다른 보상을 달라고 요구한

학생들도 있었다. 그런 학생들은 말보다 먹을 것이나 물질적인 보상을 더 선호한다. 그 이후 학생들이 좋아하는 보상을 할 수 있도록 아이디어를 구상하게 되었다.

　나는 학생들에게 뜻깊고 의미 있는 보상을 주기 위해 여러 가지 등을 생각하고 보상을 결정했다.
　첫째, 매년 학생들 생일 때 케이크를 보내 주었다. 학생들은 생일 때 케이크를 받는다는 사실에 기분이 좋아진다. 생일이 오기 몇 달 전부터 어떤 케이크를 보내 줄 거냐고 물어보는 학생들도 있다. 나는 학생들이 원하는 케이크에 축하 문구를 새겨 집으로 배송시킨다. 케이크를 받은 학생들은 공부를 더 열심히 하겠다는 말로 보답을 한다.

　둘째, 꾸준히 숙제를 하며 실력 향상에 힘쓰는 학생에게는 연말에 트로피를 만들어 주었다. 트로피를 받고 나서 학생도 학부모님께서도 많이 기뻐하셨다. 학생은 뿌듯해하고, 좋은 자극제가 되었다고 학부모님께서 말씀해 주셨다. 트로피를 받은 학생이 이 상에 걸맞은 사람이 되도록 더욱 노력하겠다는 말을 해 주어서 감동을 받은 적이 있다.
　보상을 받는 사람이 불편함을 느낀다면 적절한 작은 보상이 아니다. 보상을 받는 사람의 성향을 파악해서 적절한 보상을 할 수 있도록 노력해야 한다. 보상을 주는 사람도 보상을 받는 사람도 기분이 좋아지는 보상이라면 보상으로 선택해도 좋다. 상대방에게 유익한 보상이 무엇인지 생각해서 메모해 보자. 여러 가지 보상들을 생각해 메모해 두고, 때에 맞게 보상을 할 수 있도록 노력해 보자. 나의 입장이 아닌 타인의 입장에서 생각해 본다면 보상이 달라질 것이다. 적절한 보상을 통해 동기 부여가 되게 하고, 하는 일을 더욱 잘할 수 있게 만들어야 한다.

셋째, 작은 보상에 비용이 많이 들게 하면 안 된다. 처음부터 많은 비용을 들어 보상을 하게 되면 부담이 되어 보상을 지속하기도 힘들다. 비용이 들지 않고도 생활 가운데 할 수 있는 보상이 많다. 예를 들어 주말에 집안 청소를 마무리한 후 차 한 잔을 할 수 있는 시간을 갖는 것이다. 헬스장에서 운동을 하면서 텔레비전을 보는 것이 보상이 되기도 한다. 공부를 하는 학생이라면 휴식 시간에 마음에 편해지는 음악을 들어도 된다. 힘든 프로젝트를 마친 사람은 여행을 통해 그동안의 스트레스를 해소할 수 있다. 비용이 적게 들어도 할 수 있는 보상들이 많다.

나는 아이들에게 습관을 만들어 줄 때 금전적 보상을 해 주었다. 한 달 동안 정해진 습관을 유지하면 현금으로 3만 원을 주었다. 1년 이상 습관을 유지하면 금액을 올려 주기로 했다. 아이들이 돈을 모으고부터 저축하는 습관이 생겼다. 매달 모은 돈으로 저축하거나 주식을 사기도 한다. 돈을 모으고부터 경제관념이 생겼고 습관을 지속적으로 유지하려고 노력했다. 아이들에게 금전적 보상은 효과적이다. 단 중요한 습관 한 가지를 만들고자 할 때만 금전적 보상을 해야 한다. 사소한 일을 할 때마다 금전적 보상을 하면 돈에 집착할 수도 있기 때문이다.

로비트 마우이의 『끝끼지 계속하게 만드는 아주 작은 반복의 힘』에는 이런 말이 있다.

"미국과 일본의 가장 큰 차이는 주어지는 보상의 크기다. 미국에서는 보통 아이디어를 통해 기업이 얻게 되는 이익보다 큰 금액이 현금으로 주어진다. 이 방식은 의도가 좋고 일견 상식적인 접근이기도 하지만 대부분은 실패한다. 그 방법을 사용할 경우 사람들은 그 경제적 보상에 어울릴 만큼 크고 대단한 아이디어에만 집착하기 때문이다. 이런 아이디어를 낼 수 있는 사람은 극소수이지만 현장에 적응할 수 있는 것도 드물다. 이런 시스템 아래에서는 그보다 훨씬 실용적이고 유용한 작은 아이디어들은 방치되기 마련이다. 하지만 일본에서는 평균 보상액이 3.88달러로 미국의 평균 458달러에 견주면 아주 적은 금액이다. 도요타는 매년 공식 행사에서 그해 최고의 아이디어에 대해 회장상을 수여한다."

부상으로는 만년필을 받는다고 한다.

위의 일본 사례처럼 보상이 적어도 사람들에게 효과적인 경우가 많다. 예를 들어 비용이 적게 드는 문화 상품권도 보상에 큰 도움이 된다. 보상이 크다고 좋은 것은 아니다. 보상이 크면 큰 보상에 집착하게 돼서 원래 의도했던 일과 벗어나서 실패하는 경우가 많다. 보상이 목표가 되어서는 안 된다. 사람들이 기여한 공로에 대해 작은 보상을 하는 것이 동기를 격려하는 데 도움이 된다. 예를 들어 늦게까지 근무하는 동료에게 간식을 사다 주기만 해도 큰 힘이 된다. 때로는 지친 동료에게 따뜻한 말 한마디를 건네거나 차 한 잔을 갖다주는 것만으로도 보상이 될 수도 있다.

작은 보상을 할 때 유의해야 할 3가지가 있다.

첫째, 목표와 어울리는 작은 보상을 해야 한다. 아무리 좋은 보상이라도 목표와 맞지 않다면 무의미하다. 보상을 줄 때 기분이 좋아지는 보상이지만 상대방에게 안 좋은 영향을 주는 보상은 적절한 방법이 아니다.

둘째, 사람들에게 적절한 작은 보상을 해야 한다. 사람들마다 성향이 다르기 때문에 보상을 할 때도 상대방의 성향을 잘 파악해야 한다. 보상을 받는 사람이 불편함을 느끼지 않아야 한다. 적절한 보상을 통해 동기 부여가 되게 하고, 하는 일을 더욱 잘할 수 있게 만들어야 한다.

셋째, 작은 보상에 비용이 많이 들게 하면 안 된다. 보상이 크면 사람들은 큰 보상에만 집착하는 경우가 있다. 비용이 들지 않거나 비용을 적게 들여서 할 수 있는 보상들이 많다. 힘들어하는 동료에게 응원과 격려의 말을 해 주거나 식사를 사 주는 것도 효과적이다.

CHAPTER 7.
반복으로 습관을 만들어라

1.

반복으로 습관이 생기므로
반복하는 데 집중해야 한다

반복의 힘은 좋은 습관을 만들어 주고, 평범했던 사람을 재능 있는 사람으로 만들어 주기도 한다. 예를 들어 스포츠 선수들은 어린 시절부터 재능을 키우기 위해 쉬지 않고 꾸준히 연습을 한다. 이런 오랜 노력 끝에 올림픽에서 금메달을 획득해 스포츠 영웅이 되기도 한다. 우리는 반복의 놀라운 힘을 알면서도 습관을 지속하지 못하는 경우가 많다. 습관을 지속하려면 많은 장애물을 극복해야 하기 때문이다. 세상에서 쉽게 이룰 수 있는 것은 하나도 없다. 습관을 지속하지 못하게 하는 원인과 상황을 파악해서 개선할 수 있도록 노력해 보자. 우선 작은 목표를 세워 습관을 실천하는 데 집중해 보자.

습관은 저절로 만들어지지 않는다. 꾸준히 반복해야 좋은 습관이 만들어지는데, 꾸준히 하기가 말처럼 쉽지 않다. 여러 가지 이유들로 한두 번 빠지다 보면 결국 포기하게 된다. 예를 들어 가족 행사, 여행, 친구와의 약속 등이 생기면 습관을 하루 이틀 건너뛰게 되는 경우도 있다. 몇 번 빠지다 보면 하기 싫어지는 게 사람의 심리다. 습관을 만들기는 어려운데 원점으로 돌아가는 것은 한순간이다. 처음에 습관을 만들 때는 꾸준히 지속할 수 있도록 일정을 잘 세워야 한다. 처음에 습관을 잘 형성하면 다른 습관들도 쉽게 만들 수 있는 노하우가 생긴다.

나는 자녀들과 필사 습관을 지속적으로 하면서 위기가 온 적이 있었다. 필사 습관을 지속할 시기에 일본 오키나와로, 가족들과 자전거로 국토 종주 여행을 하러 떠난 적이 있었다. 자전거 여행 때는 짐을 적게 가지고 다녀야 하기에 필사할 책들을 가지고 이동하기가 쉽지 않은 상황이었다. 자전거 여행 때 필사를 못하게 되면 앞으로도 다른 상황이 생길 때 안 하게 될 거라는 생각이 들었다. 많은 고민 끝에 반복하는 습관을 지속해야 한다는 생각이 들어 필사할 책을 가지고 자전거 여행을 떠났다. 힘든 고비를 넘긴 후에도 습관을 지속하기 위해 친척 집을 갈 때나, 여행을 갈 때도 해야 할 습관 리스트에 필요한 짐을 챙겨 가지고 가는 습관이 생겼다.

습관을 형성하고자 할 때는 100일 동안은 빠지지 않고 지속할 수 있게 해야 한다. 일정을 단조롭게 세우는 게 중요하다. 처음에 많은 목표를 세우기보다 한 가지 작은 목표를 세워 100일 동안 반복할 수 있도록 노력해야 한다. 갑작스러운 모임과 일정 등이 생기는 경우 습관을 지키지 못하는 경우가 있으니 습관을 아침 시간대에 실천하는 것이 좋은 방법이다. 다른 일을 하고 나중에 습관을 실천하려고 하면 자신도 모르게 놓치는 경우도 있다. 습관을 실천할 시간을 정해 놓고 매일 꾸준히 할 수 있도록 노력한다면 좋은 습관을 만들 수 있다. 미루지 않는 것이 최선의 방법이다.

꾸준한 반복을 실천할 수 있는 사람이라면 뭐든지 해낼 수 있는 힘을 가지고 있다. 언어를 배울 때, 공부를 할 때, 몸을 건강하게 유지하기 위해 운동을 할 때 등의 경우에 필요한 건 '꾸준함'이다. 느린 거북이도 꾸준히 자기의 길을 가다 보면 목표점에 도달할 수 있다. 한 걸음 한 걸음 나아가는 거북이 파워를 가진 사람은 꿈을 이룰 수 있는 사람이다. 현재 자신의 일이 잘 풀리지 않는다고 불평하기보다 반복할 수 있는 습관을 만들어 현재의 삶을 변화시켜야 한다. 자신의 헌신적인 노력 없이는 아무것도 바꿀 수 없다는 사실을 기억하고 반복하는 데 집중해 보자.

18세 김제덕 선수는 2021년 세계양궁선수권대회 리커브 남자 단체전에서 금메달을 획득했다. 김제덕 선수는 어렸을 때부터 꾸준한 양궁 연습을 통해 재능을 키웠다. 하나를 완벽하게 캐치할 때까지 끝까지 연습하며 많은 시간을 보냈다. 수많은 노력을 통해 어린 나이에도 불구하고 좋은 성적을 냈다. 평소에 선수촌에도 조금씩 몸을 풀어 주는 훈련과 쏘는 감각이 무뎌지지 않도록 계속 적은 발 수로도 집중력을 높이며 훈련을 하고 있다. 김제덕 선수를 비롯한 많은 스포츠 선수들은 재능을 유지하기 위해 쉬지 않고 꾸준한 연습을 하고 있다. 꾸준히 반복하는 습관은 재능을 더욱 빛나게 만들고 자신의 꿈을 성취하는 데 큰 밑거름이 된다.

나폴레온 힐의 『나폴레온 힐의 365 부자일기』에는 이런 말이 있다.
"인내의 습관을 가꿔온 사람은 실패에 대한 보험을 든 것과 다름없다. 몇 번의 실패를 겪더라도 결국에는 정상에 도달할 것이기 때문이다. 때때로 그것은 온갖 종류의 좌절의 경험을 헤쳐 나가도록 만드는 임무를 띤 보이지 않는 길잡이가 있는 것처럼 보일 수도 있다. 실패를 딛고 일어나 성공에 도달하기 위해 끊임없이 노력하는 사람에게 이 세상은 이렇게 찬사를 보낼 것이다. "브라보! 당신이 성공하리라는 것을 알고 있었습니다!" 보이지 않는 길잡이는 인내력 시험을 통과하지 않은 사람에게는 절대 위대한 성공을 만끽할 수 있는 혜택을 허락하지 않는다."

습관을 지속하지 못하는 이유도 빠른 성과를 기대하기 때문이다. 성과는 서서히 진행된다. 공부를 한다고 성적이 바로 좋아지거나, 운동을 한다고 살이 쉽게 빠지는 것은 아니다. 매일의 노력이 쌓여 훌륭한 성과를 만들어지는데, 사람들은 오래 기다리지 못하고 중간에 포기하는 경우가 있다. 대부분 성과가 눈에 바로 보이지 않으니 낙심하고 그만둔다. 우리는 처음부터 빠른 성과를 기대하기보다 습관을 지속하는 과정을 통해 단단한 습관을 만들어 가야 한다. 결과보다 중요한 것은 과정이다. 우리는 과정을 통해 점점 성장해 가며 좋은 습관을 만들 수 있다.

라이프 엑스퍼트의 『놀라운 집중의 기술』에는 이런 말이 있다.
"정신적으로 보다 안정되고 이상적인 집중력을 보이는 상태를 '존(zone)'이라고 일컫는다. 흔히 이 상태에 접어들면, 외적인 잡념에 전혀 신경쓰지 않고 오로지 일이나 공부에만 집중하게 되어 냉정하게 자신의 모든 능력을 발휘할 수 있다고 한다. 화재가 발생하여 아들이 고립 상태에 빠졌을 때 아이 엄마가 평소에는 장정들이 힘을 써도 들지 못할 것 같은 무거운 목재더미를 들어올리고 자신의 아이를 무사히 구출했다는 이야기를 한번 쯤은 들어보았을 것이다. 이것은 과학적인 이론만으로는 설명하기 어렵다. 극한 상황이 만들어낸 일종의 '존' 상태라고밖에는 달리 설명할 길이 없다."

자신이 습관을 지속하지 못하는 이유는 무엇인지 생각해 본 적이 있는가? 예를 들어 어수선한 주변 환경, 불규칙한 생활, 수면 부족, 계획표 세우지 않기, 과도한 목표 설정 등이 있을 것이다. 자신이 언제 집중력을 발휘하는지 메모해서 자신만의 시간을 확보하는 것도 중요하다. 집중을 잘할 수 있는 혼자만의 공간과 시간을 마련해야 한다. 주변 환경을 깔끔하게 유지하고 규칙적인 생활로 컨디션 관리를 잘해야 집중력도 높일 수 있다. 불규칙한 생활을 하는 사람들은 습관을 지속하기 힘들다. 상황에 따라 스케줄이 바뀌는 사람들은 실천할 수 있는 목표와 계획표를 세워 실행할 수 있도록 노력해 보자.

나는 글쓰기 습관을 꾸준히 유지하기가 매우 힘들었다. 지난 시간들을 돌아보면 많은 장애물이 있었다. 글이 좀처럼 써지지 않아 잠깐 미루다가 글 쓰는 감이 약해진 적도 있었다. 지방에 며칠 갔다가 생활 리듬이 깨져 일주일 이상 글을 쓰지 못한 적도 있다. 가족들과 외출을 했다 돌아오거나, 마음이 상하는 일이 생겼을 때도 글쓰기에 집중하지 못했다. 어떠한 상황에도 미루지 않고 매일 글을 몇 줄씩이라도 썼다면 글쓰기가 힘들지는 않았을 것이다. 나는 습관을 방해하는 요소를 최대한 줄이기로 했다. 집중이 잘 되는 아침 시간에 매일 3시간씩 글을 쓰기로 계획을 세우고 실천하고부터 글을 쓰는 감을 조금씩 회복할 수 있었다.

습관을 반복하기 위해 습관을 방해하는 요소들을 제거해야 한다. 자신의 하루 일과를 메모해서 습관이 잘 실천되고 있는지, 부족한 부분은 무엇인지 파악해야 한다. 자신이 좋아하는 일을 하면 뇌의 기분도 좋은 상태가 돼서 집중력도 높아진다. 자신의 '집중 존'에 들어가는 조건은 무엇인지 메모해서 관리해야 한다. 집중할 때는 여러 가지 상황들을 만들지 말자. 자신이 집중할 수 있는 시간대를 기준으로 계획표를 알맞게 세워 습관을 지속할 수 있도록 노력해 보자. 집중이 되지 않을 때는 머리를 맑게 유지할 수 있도록 편안한 휴식을 취하는 것도 좋은 방법이다.

습관을 형성하려면 몇 주 동안은 반복해야 한다. 습관을 지속할 때 이틀 연속으로 지키지 못하는 경우는 '절대' 없도록 해야 한다. 몇 번 빠지다 보면 습관을 지키지 못하게 되고 포기하게 된다. 습관을 지속할 수 있게 일정을 단조롭게 세워야 한다. 주변에 성공한 사람들을 보면 좋은 습관을 지속적으로 실천하고 있다. 현재 미루는 습관에서 벗어나지 못하고 있다면 반복할 수 있는 습관을 만들어 현재의 삶을 변화시켜야 한다. 우리는 빠른 성과를 기대하기보다 습관을 지속하는 과정을 통해 단단한 습관을 만들어야 한다. 자신이 습관을 지속하는 못하는 이유를 파악해서 방해하는 요소들을 제거해야 한다. 집중을 잘할 수 있는 혼자만의 공간과 시간을 마련해서 습관을 지속할 수 있도록 누력해 보자

2.

힘들더라도
반복의 끈을 놓지 않는다

　현대 사회는 빠르게 변화되고 있다. 바쁘게 생활하다 보니 시간에 쫓겨 사는 사람들이 많다. 너무 많은 일을 하기보다 일에 업무를 줄이고 마음의 여유를 가져야 습관을 잘 실천할 수 있다. 습관을 지속적으로 실천하지 못하는 사람들은 늘 여러 가지 변명을 한다. 매일 실천할 수 있는 작은 목표를 세우면 습관을 이어 갈 수 있다. 습관을 실천하면서 몇 번 실패하게 되더라도 반복의 끈을 놓지 않아야 한다. 실패해도 다시 시작하면 된다는 생각으로 습관의 끈을 놓지 말자. 습관을 혼자서 실천하기 힘든 사람들은 습관을 실천하는 집단에 들어가 함께 하면 습관을 지속할 수 있다. 습관을 방해하는 잘못된 생각들은 하지 않도록 마음 상태를 점검하고 좋은 습관들을 꾸준히 실천해 보자.

　스티브 스콧의 『해빗 스태킹』 참고
　습관을 지속적으로 실천하다 보면 변명거리를 차단할 수 있다. 사람들은 습관을 미루고 싶을 때 핑곗거리를 생각한다. 예를 들어 힘들고, 지치고, 마음이 우울하다는 이유를 댄다. 습관을 실천하다 여러 번 핑계를 대다 보면 습관을 지키지 못하게 된다. 바쁘더라도 매일 실천할 수 있는 목표를 세워야 한다. 쉬는 날에도 빠지지 않고 실천할 수 있는 목표를 만들어 보자.

 습관을 유지하면서 종종 미루고 싶은 마음이 생긴다. 미루고 싶은 마음이 생길 때 생각을 바로 전환하는 것이 중요하다. 힘들더라도 끝까지 해야 한다는 마음으로 유혹을 참아야 한다. 습관을 지속하려면 마음의 흔들림이 없어야 한다. 사람들은 여러 가지 변명을 대며 '괜찮겠지.' 하고 자기합리화하기도 한다. 주변에 습관을 방해하는 요소들이 많다 보니 사람들은 습관을 지속하기 힘들다. 예를 들면 TV와 스마트폰을 보며 시간을 많이 보내는 사람들은 시간 가는 줄 모르고 하루를 보내기도 한다. 재미있는 것들을 즐기다 보면 습관을 실천하기 싫어진다. 습관을 실천할 시간을 정해 지속할 수 있는 환경을 만들어야 한다.
 나는 지인 자녀들의 영어 학습을 관리해 준 적이 있다. 매일 영어 온라인 학습을 하고, 영어 단어를 쓰면서 암기한 후 카카오톡으로 인증샷을 올리라고 했다. 처음 1년 동안은 꾸준히 잘 했다. 그 이후 그 아이들이 학원을 다니게 되면서 바쁘다는 이유로 한두 번씩 못하는 날들이 생기더니 점점 실천 횟수가 줄어들었다. 아이들은 '이제 그만하고 싶다'라는 얘기까지 했다. 1년 동안 꾸준히 하면서 습관을 만들었지만 다른 상황이 생기자 습관을 지속할 수 없었다. 그때 한두 번 쉬지 않고 습관을 지속했다면 포기하지 않았을 것이다. 바쁘더라도 습관을 지속할 시간을 확보해야 한다.
 바쁜 일정이 생기더라도 습관을 실천할 수 있는 작은 목표를 세워야 한다. 목표를 낮추면 실천 가능성을 높일 수 있다. 무리한 큰 목표는 다른 여러 가지 상황이 생기면 지속하기 힘들다. 주말에도 실천할 수 있는 목표를 세워 보자. 예를 들어 독서하는 습관과 정리하는 습관을 목표로 세워도 좋다. 습관을 지속하다 한두 번 못하게 되더라도 습관 자체를 포기해서는 안 된다. 몇 번 실패하더라도 다시 시작하면 된다. 습관의 끈을 놓지 않으면 자신의 삶의 일부분으로 만들 수 있다. 해야 할 습관들을 잊지 않도록 일정을 메모해서 철저하게 관리해 보자. 습관을 관리할 수 있는 사람은 습관을 꾸준히 실천할 수 있다.

   습관을 혼자서 지속하기는 말처럼 쉽지 않다. 혼자서 습관을 실천하는 사람들은 남들과는 다른 강한 의지를 가지고 있다. 대부분의 사람들은 습관을 지속하기 위해 모임이나 학원에 가기도 한다. 좋은 습관을 실천하고 있는 사람들 곁에 있으면 자신도 상대방을 닮고 싶은 마음이 생겨 동기 부여가 된다. 좋은 습관을 실천하고 있는 집단에 들어가 함께 실천하면 힘을 얻고 작은 목표들을 이룰 수 있다. 나는 예전에 운동을 시작했을 때도 헬스클럽에 매일 가기로 결심했었다. 헬스클럽에 가지 않고 집에서 운동했다면 여러 가지 방해 요인들로 운동하는 습관을 만들지 못했을 것이다.

   혼자서 공부하기 힘든 아이들은 학원을 다니며 공부하는 습관을 유지한다. 공부를 꾸준히 할 수 있는 학원에 가고, 공부하는 아이들을 만나다 보니 생각과 행동의 변화가 일어난다. 아이들도 '공부하라'는 부모님의 잔소리를 듣지 않아 좋고, 부모님도 마음의 여유가 생겨 삶의 질이 높아진다. 습관을 만들려면 장시간의 많은 노력들이 필요하다. 학원에 갔다가 단기간에 그만두기보다 장기간 다니면서 완전한 공부 습관을 만들어야 한다. 자주 학원을 옮겨 다니는 아이들은 공부하는 습관을 제대로 만들기 어렵다. 습관을 만들기로 결심한 사람들은 끝까지 포기하지 않겠다는 자세로 임해야 한다.

　반복의 끈을 이어 가려면 다른 사람과 함께 하면 효과적이다. 좋은 습관은 혼자만의 힘으로 이루기 힘들다. 자신을 도와줄 수 있는 사람들에게 도움을 요청해도 되고, 습관을 실천하는 집단에 들어가도 유익하다. 습관을 실천하는 사람들과 정보도 공유할 수 있고, 서로 조력자 역할을 하면서 조언해 줄 수 있는 장점도 있다. 긍정적인 마음을 가지고 성장하는 사람들과 함께 있으면 자신도 닮아 간다. 비전을 가진 사람들과 함께 하다 보면 좋은 습관을 형성할 수 있다. 어떤 사람과 시간을 보내느냐에 따라 자신의 생각과 행동, 습관, 삶, 운명까지 바뀐다. 습관의 방해가 되는 무리에는 들어가지 않도록 유의해야 한다.

　에디슨은 2,000번의 실패를 겪으면서도 포기하지 않았다. KFC 할아버지로 유명한 샌더스도 자신의 치킨 제조법 레시피를 사주고 투자해 줄 사람을 찾기 위해 노력했다. 샌더스는 60대 중반에 2년 동안 미국 전국을 돌아다니며 1,008번을 거절당했다. 오랜 노력 끝에 샌더스는 자신의 꿈을 이루었다. 포기하지 않고 꾸준히 할 수 있는 마음이 있어야 습관을 지속할 수 있다. 매사 부정적인 사람들은 습관을 지속하기 힘들다. 습관을 실천하기 전에 '불가능하다는 생각'을 시작으로 걱정과 염려만 하는 사람들도 있다. 작은 일에도 감사하며 주어진 일에 최선을 다하는 사람들은 쉽게 포기하지 않는다. 자신의 습관을 방해하는 부정적인 생각을 가진 사람들은 마음을 새롭게 하고 습관을 지속할 수 있도록 노력해야 하며, 잘못된 생각을 하지 않도록 늘 유의해야 한다.

　습관을 끝까지 실천하지 못하는 사람들을 보면 '힘들다'는 말을 자주 한다. 걷기도 전에 힘들어서 오래 못 걷는다고 하고, 운동도 해 보지 않고 살을 못 빼겠다는 말을 한다. 힘들어도 끝까지 해낼 수 있다는 마음으로 습관을 실천한다면 결과는 달라진다. 우리는 '할 수 있다'는 긍정적인 생각으로 작은 습관부터 실천해야 한다. 자기 긍정감을 높이고 작은 성공들을 쌓아야 자신감이 생긴다. 자신감이 생기면 주어진 일에 책임감을 갖고 잘하려고 노력한다. 긍정적인 생각은 자신의 삶을 행복하게 만들어 주고 습관을 지탱하는 힘을 길러 준다. 사람의 뇌는 생각하는 대로 바뀐다는 이론도 있다. 바른 생각의 습관을 형성할 수 있도록 작은 것부터 변화시켜 보자.

　습관의 실천하기 전에 마음의 상태를 점검해야 한다. 사람의 습관을 보면 그 사람의 성격을 알 수 있다. 좋은 습관을 실천하는 사람 주변에는 좋은 사람들이 많다. 반면 습관을 실천하지 못하고 부정적인 생각을 하는 사람들 주변에는 사람들이 모이지 않는다. 좋은 사람들과 함께 하고 싶다면 긍정적인 생각을 가지고 자신의 생활 상태를 개선해야 한다. 좋은 습관 몇 가지만 가지고 있으면 자신의 삶을 보다 멋지게 만들어 갈 수 있다. 해야 할 일을 부담으로 생각하지 말고 매일 조금씩 실천해 가자는 마음으로 생활해 보자. 작은 습관들을 꾸준히 실천하면 복리 효과를 일어난다.

　바쁜 일정이 생기더라도 습관을 실천할 수 있는 작은 목표를 세워 꾸준히 실천해야 한다. 목표를 낮추면 실천하기 쉬워진다. 한두 번 빠지다 보면 핑계를 대며 습관을 지키지 않게 된다. 습관을 실천할 시간을 정해 지속할 수 있는 환경을 만들어야 한다. 해야 할 습관들을 잊지 않도록 일정 관리를 철저히 해야 한다. 좋은 습관을 만들고 싶다면 좋은 습관을 실천하고 있는 집단에 들어가면 효과적이다. 함께 하면 반복의 끈을 이어 갈 수 있고 서로에게 긍정적인 영향을 줄 수 있어 유익하다. 성공의 지름길은 좋은 습관을 가지고 생활하는 것이다. 습관적으로 하는 부정적인 생각은 하지 않도록 유의해야 한다. 일도 하기 전에 잘못된 생각들을 하다 보면 끝까지 실천하지 못하게 된다. 포기하지 않고 꾸준히 하겠다는 긍정적인 생각으로 좋은 습관들을 만들도록 노력해 보자.

3.

반복은 인간의 욕망도
바꿀 수 있다

　우리는 살아가면서 좋아하는 일을 찾으면 지속하는 성향이 있다. 우리가 자주 갔던 길, 자주 본 사람, 자주 앉던 자리는 언제나 우리에게 안정감을 준다. 반면에 가 보지 않은 길, 자주 보지 못한 사람, 앉지 않았던 자리 등은 낯설고 마음이 불편하다. 주변에 어떤 사람들이 있느냐에 따라 자신의 습관이 변화되기도 한다. 예를 들어 나쁜 습관을 실천하는 사람들이 곁에 있으면 자신도 모르게 닮아 간다. 나쁜 습관을 고치려면 습관을 방해하는 요소의 노출을 줄여야 한다. 반복하는 우리의 습관은 인간의 욕망도 바꿀 수 있다. 습관을 꾸준히 실천하는 사람들은 절대 무리하지 않는다. 자신의 욕망이나 비전을 구체적으로 계획하고 행동을 계속한다. 현재의 삶에 집중할 수 있도록 마음과 정신 건강도 꾸준히 신경 쓰며 관리해야 한다는 것을 잊지 말자.

　웬디 우드의 『해빗』 참고
　사람들은 좋아하는 일은 반복해서 하는 성향이 있다. 또는 반복해서 하다 보면 일이 좋아진다. 에드워드 티치너는 우리가 알고 있는 물체를 자주 접할수록 나타나는 현상을 발견했다. 자주 접할수록 따스함,

친근함 등을 느끼게 한다. 단순 노출 현상이란? 사람들이 자주 사용하는 물건일수록 좋아하게 되고 때로는 집착하게 된다는 뜻이다.

단순 노출 효과는 많이 보게 되면 호감도가 올라가는 것을 의미한다. 예를 들어 자신이 운전해서 가 본 길은 마음도 편하고 안정감이 든다. 여러 번 운전해서 갔던 길이기 때문에 익숙해져서 안전하다고 생각한다. 반면에 가 보지 않았던 고속도로 길은 불안한 마음이 먼저 들면서 가기 싫어진다. 가 보지 않았기 때문에 길을 잃을 것 같고 사고가 날 수 있다는 생각을 한다. 운전면허를 처음 취득한 사람들 중 겁이 나서 운전을 한 번도 하지 않아 장롱면허를 가진 사람들도 많다. 운전면허 학원 강사님은 운전을 잘하려면 무조건 운전해서 많은 지역에 가 보라고 말씀하신다. 자주 많은 지역을 운전해서 다닐수록 운전 실력도 늘고 두려움이 사라져 베스트 드라이버가 된다.

요즘은 중학생이 되면 여학생들이 화장을 하고 다닌다. 나의 중학생 제자들이 '화장한 얼굴이 예쁜가요? 아니면 화장 안 한 얼굴이 예쁜가요?'라는 질문을 한 적이 있다. 초등학교 때부터 오래 봤던 제자들이라 옛 얼굴이 더 익숙하다. 화장해서 화사해 보이지만 옛 얼굴이 더 예쁘다는 생각이 든다. 주변의 다른 사람들도 화장 안 한 얼굴이 더 예쁘다는 말을 한다. 요즘에는 코로나 19로 마스크 착용을 하면서 대부분의 여성들이 화장을 많이 하지 않는다. 화장 안 한 얼굴을 지속적으로 보다 보니 친숙해져서 더 건강해 보이는 것 같다. 사람은 누구나 더 자주 접한 얼굴을 선호하고 친근감을 가진다.

교회에 가면 남편과 항상 같은 자리에 앉는다. 남편과 나는 앉은키가 크기 때문에 맨 뒷좌석에 앉는다. 우리 부부로 인해 뒤에 앉은 분은 화면이 잘 보이지 않을 거라는 생각이 들어 뒷좌석에만 앉게 됐다. 어느 날은 교회 안내하시는 분께서 앞좌석이 많이 비어 있으니 앞에 가서 앉으라고 권유하신 적도 있다. 우리 부부는 앞으로 이동하기가 말처럼 쉽지 않았다. 앞에 가서 앉은 적이 없기 때문이다. 뒷좌석에 앉아서 예배드리면 뒤에 아무도 없기 때문에 예배에 집중도 더 잘 되고 편안한 마음이 들어 효율성을 높일 수 있었다.

위의 사례처럼 '단순 노출'로 인해 우리의 욕망도 바뀔 수 있다. 처음에는 효과가 눈에 띄지 않는다. 좋은 습관을 만들려면 좋아하는 일을 계속 반복해야 한다. 반복할수록 하고 있는 일이 좋아지며 몰입할 수 있다. 예를 들어 가족 중 편식하는 사람이 있다면 음식을 골고루 먹을 수 있게 식단표를 만들어 밥상을 차려야 한다. 자주 접하는 음식일수록 더 잘 먹게 돼서 편식하는 습관을 고칠 수 있다. 오이나 방울토마토 등 특정한 음식을 편식하는 아이들한테 이유를 물어보면 식감이 좋지 않아 전혀 먹지 않는다고 한다. 나쁜 습관을 고치려면 습관을 방해하는 요소의 노출을 줄여야 한다.

가족들 중 한 명이라도 야식을 좋아하는 사람이 있다면 가족들 전체가 야식을 좋아하게 되고 비만이 되기도 한다. 같이 지내다 보니 같이 먹게 되는 경우가 많기 때문이다. 늦게까지 치킨과 피자, 냉동 만두 등을 즐겨 먹다 보면 비만이 되고 건강을 해치는 나쁜 습관이 형성되기도 한다. 나쁜 습관을 가진 사람 곁에 있으면 주위 사람들도 닮아간다. 나쁜 습관을 고치려면 주변 환경을 바꿔야 한다. 가족들에게 좋은 습관을 만들어 주고 싶은 사람은 자신부터 변화시켜야 한다. 가족들에게 좋은 습관을 유지하는 모습을 보여 주면 가족들도 점차 변화되기 시작한다. 자신이 고치고 싶은 습관 리스트를 만들어 매일 꾸준히 실천해 보자. 습관을 바꾸려면 많은 노력이 필요하다는 사실을 잊지 말자.

요즘 남학생들은 랩 음악을 좋아하며 즐겨 부른다. 아들이 아침, 저녁으로 랩 음악을 자주 들으며 연습하는 소리를 듣다 보니 나의 음악 취향도 변화되었다. 나는 잔잔한 피아노 음악을 좋아하는데 속사포 랩을 하는 가수들을 좋아하게 될 줄은 생각지도 못했다. 자주 들을수록 친숙해지고, 가사의 뜻도 알게 돼서 어느 순간 나도 따라 부르게 되었다. 빠르게 랩을 하는 가수들이 매력적으로 보이기 시작했다. 또 요즘은 트로트 TV 프로그램이 인기를 끌다 보니 대중들은 트로트 음악을 선호하며 즐겨 부르기도 한다. 발라드 가수보다 트로트 가수가 되겠다는 가수 지망생들도 늘고 있다. TV에서 많이 노출되는 트로트 가수들로 인해 가수 지망생들의 욕망까지 바뀌고 있다.

모든 것에는 일어나는 이유가 있다. 잘되는 주변 사람을 부러워하거나 시기 질투하지 말고 자신이 변화할 수 있는 좋은 습관을 만들어야 한다. 잘되는 사람들은 좋은 습관을 가지고 있다. 장기간에 노력 없이 좋은 습관을 만들 수는 없다. 공부를 잘하여 명문고에 다니는 학생들도 매일 많은 시간을 공부하는 데 사용한다. 매일 꾸준히 공부하면서 실력을 쌓아 가며 미래의 꿈을 만들어 간다. 시간을 어떻게 사용하느냐에 따라 우리의 인생도 달라진다. 자신의 목표에 맞게 시간을 알차게 사용하며 습관을 꾸준히 실천해 보자. 매사 조급한 마음을 갖지 말고 마음을 편안하게 유지하는 생활 습관을 가질 수 있도록 노력해 보자.

우리의 기분이 일상이 미치는 영향은 크다. 요즘 현대인들은 '쉬어도 쉰 것 같지 않다'라는 말을 자주 한다. 별로 하는 일이 없어도 피곤하다고 한다. 육체의 휴식도 중요하지만 뇌의 휴식도 중요하다. 뇌 과학자들은 뇌의 피로를 해소하는 것이 중요하다고 말한다. 현대인들은 빨리 돌아가는 세상 속에서 치열하게 경쟁하며 성과를 내기 위해 고군분투하며 압박감에 시달린다. 이런 환경 때문에 뇌는 점점 지쳐 간다. 피곤해지는 이유는 뇌가 지쳤다는 신호이기도 하다. 이런 상태가 되면 편안하게 휴식을 취하기 어렵다. 피로가 쌓이면 집중력이 낮아지고 의욕도 사라져 무기력해진다.

여러 가지 생각, 즉 잡념은 뇌를 피로하게 만든다. 쉬고 있는데 부정적인 생각이 떠오르면 마음 편히 쉴 수 없다. 지난 일에 대해 집착하고 마음을 비우지 않으면 스트레스가 쌓인다. 앞으로 일어날 일에 대해 불안해하지 말고 긍정적인 생각으로 대처해야 한다. 지나간 과거는 생각하지 않는다. 일어나지 않은 일들에 대해 미리 걱정하지 않는다. 지치지 않는 뇌의 상태를 만들어야 '지금', 그리고 '여기'에 삶에 집중할 수 있다. 집중하게 되면 뇌는 에너지가 손실되는 것을 막을 수 있다. 피로도 회복된다. 마음과 정신 건강은 바로 회복되는 것이 아니기 때문에 지속적으로 반복하면서 꾸준히 관리해야 한다. 예를 들어 자신에게 잘 맞는 명상을 반복적으로 복습하고 훈련하는 것도 큰 도움이 된다. 지속적인 운동으로 신체의 근육도 만들어지듯이 마음 근육도 꾸준한 노력과 관리가 필요하다.

요즘 현대인들은 뇌에 휴식을 주기 위해 명상하는 습관을 가지고 있다. 많은 시간을 들이지 않더라도 5분 안에 할 수 있는 명상들도 많다. 예를 들어 자연의 소리를 들으며 명상하거나 구름 바라보기 명상을 통해 마음을 편안하게 만든다. 일상에서 일어나는 부정적인 감정들을 긍정적인 감정으로 바꿔도 효과적이다. 예를 들어 '화가 나서 흥분해 있다'고 한다면 '내가 정신을 차려야겠구나.' 하면서 생각을 바꿔 보자. 의욕이 생기지 않을 때는 물을 충분히 마시면 효과적이다. 마음을 흔들리지 않고 안정적인 생활로 만들면 습관을 꾸준히 지속할 수 있다. 자신의 생활과 사고 습관의 개선점을 찾아 현재 상황을 점검하고 좋은 습관을 꾸준히 실천해 보자.

모든 사람은 자라면서 자주 사용한 물건을 좋아하게 되고 애착과 집착 상태에 빠지는데, 이를 '단순 노출'이라고 한다. '단순 노출' 효과는, 많이 보게 되면 호감도가 올라가는 것을 의미한다. 예를 들어 자신이 운전해서 가 본 길은 마음도 편안하고 안정감이 든다. 이외에도 자주 접하게 되면 친근감과 편안함 등을 느낀다. '단순 노출'로 인해 우리의 욕망도 바뀔 수 있다. 반복할수록 하고 있는 일이 좋아지며 몰입할 수 있다. 장기간에 노력 없이 좋은 습관을 만들 수 없다. 자신의 목표에 맞게 시간을 알차게 사용하며 습관을 꾸준히 실천해 보자. 습관은 더 나은 삶을 이끈다. 부정적인 생각과 잡념은 중요한 일을 하거나 습관을 실천하는 데 방해가 된다. 우리는 지나간 과거에 대한 생각을 비우고 긍정적인 마음으로 생활하며 현재의 삶에 집중할 수 있도록 노력해야 한다.

4.
....

작심삼일도 여러 번 반복되면
습관이 된다

현대인들은 3일을 넘기지 못하고 습관을 포기하는 사람들이 많다. 실패하더라도 작심삼일을 여러 번 반복하면 습관으로 만들 수 있다. 힘들어도 작심삼일을 넘길 수 있게 작은 목표를 세워 실천해야 한다. 주변에서 습관을 끝까지 실천하지 못하는 사람들은 한두 번 실천하다 완전히 그만둔다. 한두 번 실패했다고 그만두면 할 수 있는 일이 없다. 성공한 대가들은 수없이 실패하고 도전하며 성공을 이룬다. 실패하더라도 포기하지 않고 작심삼일을 여러 번 반복해 보자. 여러 번 반복하다 보면 더욱 잘할 수 있는 자신감이 생기고 습관을 만들 수 있는 힘을 만들 수 있다.

오히라 노부타카의 『끝까시 해내는 사람들의 1일 1분 루틴』에는 이런 말이 있다.

"매일 10초 액션을 착실하게 실행해서 끝까지 해내게 만드는 칸이 작심삼일 시트다. 무슨 일이든 계속하려고 할 때 가장 먼저 작심삼일 시트다. 무슨 일이든 계속하려고 할 때 가장 먼저 작심삼일이라는 벽에 봉착한다. 즉, 모처럼 계획했던 일을 시작해도 계속하지 못하고 바로 그만둔다. 특히 맹렬하게 시작한 사람일수록 식는 것도 빠르다. 하지만 이는 의지가 약해서도, 능력이 부족해서도 싫증을 잘 내는 성격이라서도 아니다. 뇌의 방위 본능 때문이다. 뇌는 변화를 싫어하는 방위 본능을 가지고 있어서 새로운 일이나 어려운 일보다 지금까지 살아온 현상 유지를 선호한다. 뇌는 내가 처한 상황이 갑자기 바뀌지 않도록 막으려고 한다."

공부를 계속 안 하던 학생이 갑자기 공부를 하려고 하면 뇌는 예전으로 돌아가려고 하며 방해한다. 갑자기 바뀌려면 쉽지 않다. 작은 목표를 세워서 실천해야 조금씩 바뀔 수 있다. 우리의 뇌는 작은 변화를 받아들이는 성향이 있다. 무리하게 큰 목표는 늘 습관 형성을 방해해서 작심삼일로 끝나게 만든다. 공부하는 습관을 형성하려고 한다면 예습 10분, 복습 1분, 영어 단어 암기 5개 등 작은 목표를 세워 실천해도 효과적이다. 처음부터 부담을 주는 계획표는 만들지 않도록 유의해야 한다. 위에서 언급한 작심삼일 시트를 만들면 효과적이다. 작심삼일 시트에는 날짜와 실천할 습관 목록, 자신의 평가 내용을 기입하면 된다. 작심삼일 시트는 3일에 1페이지를 작성해야 한다. 작심삼일을 반복하다 보면 좋은 습관을 만들 수 있다.

나는 아이들 초등학교 때 한자 교육을 위해 한자 쓰기 책을 사주고 매일 쓰라고 한 적이 있었다. 매일 꾸준히 써야 하는데, 아이들은 며칠 쓰다 밀리는 경우가 잦았다. 한자 쓰기를 습관으로 만들기에 한자 쓰기 책은 아이들에게 부담이 되었다. 매일 20분씩 써야 하는데, 아이늘은 10분도 되지 않아 지치고 쓰기 힘들다는 말을 자주 했다. 매번 작심삼일로 끝나는 아이들의 습관을 고치기 위해 쓰기 쉬운 한자 책으로 바꿔 주었다. 10분 안에 편하게 쓸 수 있는 책으로 바꾸고부터는 아이들은 부담 없이 한자를 매일 쓰기 시작했다. 습관을 만들려면 아주 작게 시작해서 반복해야 한다는 것을 잊지 말자.

현재 내가 학생들에게 가르치는 영어 프랜차이즈 프로그램에는 온라인 영어 학습 프로그램이 있어, 학생들에게 매일 숙제로 내주고 있다. 다 하는 데는 15분 정도 걸린다. 짧은 시간인데도 숙제를 미루는 학생들이 있다. 밀리다 보니 나중에는 숙제량이 많아져서 힘들어하고 하기 싫다는 말까지 한다. 나는 온라인 영어 숙제를 안 하려고 하는 학생들에게 '포기하지 말고 숙제할 시간을 미리 정해 놓고 매일 하라'고 말한다. 매일 하다, 중간에 못하게 되더라도 포기하지 않는다는 마음으로 다시 시작하면 된다. 반면에 매일 꾸준히 온라인 영어 학습 숙제를 하는 학생들은 학습 실력도 점점 늘어 학습 효과도 높게 나타난다.

사사키 후미오의 『나는 습관을 조금 바꾸기로 했다』 참고
사람들은 게임을 열심히 하다가도 그만두고 싶어할 때가 있다. 열심히 게임을 했는데도 보상을 얻지 못하니 만족하지 못한다. 보상이 좋지 않으니 주변에서도 게임을 그만하라는 얘기까지 듣는다. 처음에는 습관 형성이 힘들기 때문에 기대 수준을 낮추어야 작심삼일을 넘길 수 있다. 작심삼일에서 끝나는 사람들은 난이도가 제대로 설정되어 있지 않다.

왜 우리의 결심은 늘 작심삼일에 그칠까? 자신의 결심만으로는 습관을 바꿀 수 없다. 자신의 습관을 방해하는 요소들을 관찰해서 장애물을 줄여야 한다. 예를 들어 다이어트를 하고 있는데, 음식 조절을 못하

고 폭식을 하는 순간은 언제인지 기록해 보자. 여러 번 실패하더라도 관찰한 경험을 토대로 앞으로의 여러 상황을 예측하고 자기 절제력을 높일 수 있다. 자신의 습관을 관찰할 수 있으면 관리도 충분히 할 수 있다.

 습관을 만들려면 무리한 계획을 세우면 안 된다. 예를 들어 매일 운동, 공부, 독서 1시간씩으로 세우면 안 된다. 이는 처음 습관을 만들고자 하는 사람들에게는 무리한 목표다. 매일 꾸준히 반복할 수 있어야 습관으로 만들 수 있다. 사람들은 갑자기 큰 목표를 습관을 만들려고 하기 때문에 실패한다. 새해 계획을 세울 때는 의지력이 충만하지만 점점 시간이 지날수록 체력과 의지력은 줄여든다. 습관을 꾸준히 실천할 수 있게 자신이 할 수 있는 범위 안에서 난이도를 설정해야 한다. 난이도가 쉬운 작은 습관은 어려움 없이 꾸준히 지속할 수 있다. 예를 들어 팔굽혀펴기 매일 1개를 한다는 것은 목표로 세워도 된다. 매일 하면서 나중에 난이도를 높이면 된다. 좋은 습관도 작심삼일로 끝나면 아무 소용이 없으니 지속할 수 있는 작은 목표를 세워 보자.

 나는 오랫동안 습관을 실천하면서 습관을 지속할 수 있는 끈기가 생겼다. 처음부터 무리한 계획을 세웠다면 나는 습관을 형성하지 못했을 것이나. 처음에 작은 목표를 세워 습관을 실천했고, 그 이후에도 작은 습관을 만들어 기존의 일상에 추가했다. 습관을 형성하려면 어려움 없이 반복할 수 있어야 한다. 습관의 원칙을 세우고부터는 작심삼일에서 벗어날 수 있었다. 무리한 목표는 세우지 않고 작은 목표를 세우는 것이 습관을 지속하는 비결 중 하나이다. 오랫동안 반복하다 보면 형성된 습관을 자동으로 수행하게 된다. 습관을 실천하는 것보다 중요한 것은 지속이라는 점을 잊지 말자.

오히라 노부타카의 『끝까지 해내는 사람들의 1일 1분 루틴』 참고

　습관을 정하고 며칠 동안 행동하다가도 중간에 실패하는 경우가 있다. 실패하는 경우가 생기더라도 다시 시작하면 된다. 작심삼일을 이겨내려면 3일씩 계속 반복하면 된다. 처음부터 완벽하게 실천하려고 하는 사람들도 있다. 이런 사람들은 자신이 완벽하게 하지 못한다는 사실을 느끼면 자신감을 잃게 된다. 실패했다고 절망하거나 우울해하는 것은 안타까운 일이다.

　누구나 습관을 매일 실천하기는 힘들다. 많은 유혹과 환경을 극복해야 하기 때문이다. 여러 가지 상황 가운데 몇 번씩 습관이 무너지기도 한다. TV와 유튜브 시청, 스마트폰 등으로 습관 일정이 자주 바뀌기도 한다. 이러한 문제들을 해결할 수 있는 방법은 작심삼일을 여러 번 반복하는 것이다. 작심삼일로 끝났다고 하더라도 다음 날 다시 시작하면 된다. 작심삼일을 반복하면 일주일에 절반은 실천할 수 있다. 작심삼일을 포기하지 않고 꾸준히 도전하다 보면 습관을 만들 수 있는 힘이 생긴다. 처음부터 제대로 100% 실천하겠다는 목표를 세우면 오래 지속하기 힘드니 유의해야 한다.

　현재 실천하고 있는 습관에 새로운 습관을 추가해도 효과적이다. 예를 들어 학원을 매일 다니는 사람이라면 학원을 걸어 다니며 왕복하는 시간을 운동 시간으로 정해도 된다. 출근길 지하철에서 독서하기, 식사하면서 음악 듣기 등 자신의 상황에 맞게 새로운 습관을 추가하면 된다. 처음에는 어색한 느낌이 들지만 시간이 지나면서 자연스러워진다. 습관을 실천할 수 있게 시간을 효율성 있게 사용해야 한다. 공부해야 하는데 먼 독서실에 다니고, 살을 빼야 하는데 다른 지역의 헬스클럽

에 다닌다면 습관으로 만들기 힘들다. 동선을 짧게 해서 습관을 쉽게 실천할 수 있도록 만들어야 한다.

습관을 지속하는 못하는 사람들은 자신이 해야 할 일을 잊어버리는 성향이 있다. 습관 실천을 지속할 수 있게, 해야 할 일 리스트를 만들어 책상 앞에 붙여 두자. 정신없이 바쁘다 보면 가끔씩 해야 할 일을 잊을 때가 있다. 이런 경우를 대비하여 달력과 핸드폰에 메모해 두거나 해야 할 일들을 눈에 보이는 곳에 두면 효과적이다. 예를 들어 가계부 적는 것을 미루는 주부라면 항상 책상 위에 올려놓으면 된다. 물 마시기를 잊어버리는 사람이라면 물통에 물을 담아 눈에 보이는 곳에 두면 된다. 자신이 해야 할 일들을 시야에 들어오게 해서 잊어버리지 않도록 해야 작심삼일을 예방할 수 있다.

새로운 습관을 형성하려고 할 때 작심삼일을 넘기기가 말처럼 쉽지 않다. 우리의 뇌는 변화를 싫어한다. 새로운 일을 하거나 어려운 일을 하려 할 때 현상 유지를 선호한다. 작심삼일 시트를 만들어 3일에 1페이지를 작성할 수 있도록 실천해 보자. 작심삼일의 주된 원인은 난이도가 적절하게 설정되어 있지 않기 때문이다. 처음부터 난이도를 높이면 습관을 지속할 수 없다. 스스로 기대 수준을 낮추어야 한다. 자신의 습관을 방해하는 요소들을 관찰해서 장애물을 줄일 수 있도록 노력해 보자. 자신의 습관을 관찰하면서 관리하는 습관을 가져 보자. 작심삼일로 머물지 않게 하려면 작심삼일을 계속 반복하면 된다. 작심삼일로 끝났다고 하더라도 다음 날 다시 시작하면 되니 포기하지 않고 도전하며 좋은 습관을 만들어 보자.

5.
결과는
반복되는 행동에서 나온다

모든 훌륭한 결과는 반복되는 행동에서 비롯되었다. 아인슈타인은 "어제와 똑같이 살면서 다른 미래를 기대하는 것은 정신병 초기 증세이다"라고 말했다. 같은 행동을 반복하면 다른 결과를 기대할 수 없다. 자신이 반복하는 행동에 의해 자신의 미래가 결정된다. 예를 들어 자신의 운동하는 습관이 미래의 건강 상태를 결정한다. 성공하는 사람들은 반복하는 과정에 노력을 기울이며 작은 일에도 최선을 다한다. 긍정적인 생각으로 좋은 습관을 지속적으로 실천하다 보면 자신감도 생겨 다른 일도 잘 할 수 있게 된다. 자신의 나쁜 습관을 개선하고 멋진 인생을 만들어 갈 수 있도록 작은 습관을 꾸준히 실천해 보자.

이시다 준의 『지속력』 참고

좋은 행동을 반복하면 좋은 결과를 가져온다. 반면 나쁜 행동을 반복하면 나쁜 결과가 발생하는 원칙이 있다. 예를 들어 방이 청소되어 있지 않다면 책을 보고 정리하지 않는다는 나쁜 행동을 한 것이다. 나쁜 행동을 좋은 행동으로 바꾸면 좋은 결과를 가져온다. 나쁜 행동을 좋은 행동으로 바꿔 꾸준히 실천하는 습관을 만들어야 한다. 좋은 습관이 형성되면 의지에 큰 영향을 주지 않는다.

　나는 정신없이 바쁠 때는 문서를 정리 안 하고 책상에 쌓아 놓을 때가 있다. 문서가 쌓여 있다 보니 가끔은 필요한 문서를 찾을 때 시간이 많이 걸린다. 문서 정리하는 습관을 만들기 위해 서류함을 구입해서 문서를 종류별로 놓기 시작했다. 처음에 문서를 둘 때 서류함에다 바로 두다 보니 필요할 때 쉽게 찾고 책상도 깔끔해졌다. 또한 기분도 좋아져 마음도 안정되었다. 잘못된 행동을 바꾸고부터는 좋은 습관을 지속할 수 있었다. 습관을 지속하려면 습관을 유지할 수 있는 방법들을 생각하고 실천해야 한다.

　나는 학생들에게 자주 습관의 중요성을 언급한다. 좋은 습관 한 가지는 가질 수 있도록 노력하라고 학생들에게 조언하기도 한다. 가방을 정리 안 하고 계속 들고 다니는 학생, 숙제를 늘 안 하는 학생, 오락을 즐기는 학생 등이 있다. 나쁜 습관이 지속되는 이유는 자신의 행동과 환경을 바꾸지 않았기 때문이다. 나쁜 습관은 단절하고 습관을 실천할 수 있는 쉬운 환경을 만들어야 한다. 매일 학교 갔다 오면 가방 정리하기, 숙제하기, 오락 자제하기 등의 목표를 세워 꾸준히 실천하는 것이 중요하다. 생각해 보면 어렵지 않고 쉬운 일인데도 시작하지 않아 좋은 습관으로 만들지 못하는 경우가 많다.

　자신이 나쁜 습관을 지속하고 있다면 개선할 수 있도록 조금씩 노력해야 한다. 나쁜 습관을 지속하다 보면 나중에 고치기 더 힘들어진다. 예를 들어 자녀들이 나쁜 습관을 지속하고 있다면 부모가 먼저 모범을 보여야 한다. 아이들이 나쁜 습관을 고칠 수 있게 좋은 습관을 실천하는 방법을 알려 주어야 한다. 아이들에게 공부하는 습관을 만들어 주고 싶다면 부모도 도서관에 같이 가서 곁에 있어 주면 효과적이다. 혼자서 습관을 만들기 힘든 사람은 타인의 도움을 요청해도 효과적이다. 습관을 만들기는 어렵지만, 좋은 행동을 실천하다 보면 나중에는 저절로 하게 된다.

최근에 Mnet에서 방영된 〈쇼미 더 머니 시즌 10〉의 최종 우승자 래퍼 조광일은 요즘 랩을 좋아하는 젊은이들의 롤 모델이다. 조광일은 빠른 속도로 랩을 하는데도 불구하고 절대 가사를 틀린 적이 없다. 프로듀서도 조광일은 '단 한 번도 틀리거나 달랐던 적이 없고 다 똑같아'라고 말했다. 조광일은 랩 연습할 때 안 되는 발음은 될 때까지, 개인 작업실에서 같은 가사를 계속 반복하며 연습한다. 엄청난 양의 연습이 조광일의 일상이다. 안 되는 걸 해냈을 때는 뿌듯하게 자고, 성공 못 했을 때는 안 자는 스타일이다. 안 되면 될 때까지 무조건 반복한다. 조광일은 꾸준한 노력으로 자신의 꿈을 이루었고, 현재에도 연습을 멈추지 않고 꾸준히 성장하고 있다.

MBC 〈전지적 참견 시점〉의 '안현모 편'에는 이런 내용이 있다.
'동시통역사 안현모는 시상식 내용을 통역하기 위해 하루 10시간씩 공부한다. 안현모는 '공부 안 하면 절대 못 알아듣는다'라고 말한다. 유창한 통역의 비결은 꾸준히 공부하는 것이다. 안현모는 2021 P4G 서울 정상 회의의 완벽한 진행을 위해 대본을 숙지했다. 안현모의 사촌 고모로 유명한 임종령 동시통역사도 외우고 또 외워야 실력을 유지할 수 있다고 말한다. 임종령 동시통역사는 매일 아침 영자 신문을 보고 나서 영어 뉴스를 시청한다. 같은 기사를 신문이나 뉴스로 반복 학습한다. 임종령 동시통역사는 제자들에게도 통·번역가를 위한 사전(전문

가용)을 반복해서 암기하는 숙제를 내준다. 암기를 반복하다 보면 실력도 유창해진다.'

나는 대학 때 영국 소설 과목을 배웠다. 기말고사 시험 내용은 제임스 조이스의 『더블린 사람들』 책 내용 A4 3쪽을 암기해서 앞에 나와서 발표하는 것이었다. 처음에는 많은 내용을 암기해야 해서 큰 부담이었다. 매일 연습하지 않으면 암기하지 못하는 분량이었다. 갑자기 많은 내용을 암기할 수 없기에 나는 매일 조금씩 연습하며 암기량을 늘려 갔다. 집, 거리, 지하철, 학교에서도 수없이 반복했다. 오래 지속하다 보니 자고 일어날 때와 잘 때도 온통 암기 내용이 떠올랐다. 그때의 노력으로 암기해야 하는 부담이 줄어들었다. '친구들이 그걸 어떻게 암기해?' 하고 나에게 물어본 적이 있다. 방법은 간단하다. 매일 반복하며 연습하는 것이다. 매일 반복하다 보면 결과도 훌륭해진다.

자신이 어떤 행동을 얼마나 반복하느냐에 따라 결과도 달라진다. 꾸준히 노력하는 사람은 좋은 성과를 낼 수 있고, 행동을 반복하지 않는 사람은 좋은 성과를 낼 수 없다. 주변에 늘 변하지 않는 사람들을 보면 늘 생활이 똑같다. 자신의 생활에 변화를 주지 않기 때문에 결과도 달라지지 않는다. 자신의 습관을 개선하고 싶은 사람은 우선 한 가지 행동이라도 꾸준히 실천해 보자. 예를 들어 운동하는 습관을 만들고 싶은 사람은 매일 아침에 걷기를 실천해도 좋다. 걷기를 매일 실천하게 되면 체중도 감소하고 건강을 유지할 수 있다. 처음부터 여러 가지를 바꾸려 하기보다 작은 것 하나라도 꾸준히 해 보자. 꾸준히 행동하면 결과는 점점 달라진다는 사실을 기억하자.

습관을 꾸준히 실천하는 못하는 사람들의 첫 번째 유형은 행동을 하기도 전에 두려워하고 시작하지 않는다는 것이다. 우선 시작하고 나면 두려움도 사라진다. 사람은 누구나 새로운 일을 하기 전에 두려움을 느낀다. 두려움을 이겨 내려면 먼저 행동해야 한다. 행동하고 나면 두려움도 사라진다. 나는 가족들과 일본 오키나와 자전거 국토 종주를 가기 전에 두려운 마음이 있었다. 한 번도 가 보지 않은 낯선 땅이자 길을 모르는 상태였기 때문에 더 큰 두려움이 있었다. 나는 두려움을 이겨 내기 위해 자전거 여행 준비를 시작했다. 일본어 공부, 오키나와 문화에 대해 정보 수집, 지도를 보며 일정도 짜기 시작했다. 일본 오키나와 자전거 국토 종주를 가겠다는 마음을 바꾸지 않기 위해 미리 비싼 비행기 표를 예매했다. 지속적인 철저한 준비를 통해 여행사의 도움 없이 가족들과 일본 자전거 여행을 다녀왔다.

습관을 꾸준히 실천하지 못하는 사람들의 두 번째 유형은 부정적인 생각과 부정적인 말을 한다는 것이다. 어떤 생각과 말을 하느냐에 따라 인생이 달라진다. 긍정적인 생각과 긍정적인 말을 하는 사람들은 하루하루가 즐겁다. 긍정의 에너지를 가지고 살아가기에, 무슨 일이 일어나도 긍정적으로 생각하고 행동한다. 행동도 하기 전에 '난 할 수 없어'라고 생각하는 사람들은 실제로 행동하지 않게 된다. 좋은 습관을 만들려면 자신의 생각과 말부터 먼저 바꿔야 한다. 자신만의 멋진 긍정 확언문을 만들어 매일 아침 여러 번 외치고 하루를 시작하는 것도 큰 도움이 된다. 긍정 확언을 하면서 자신의 목표에 집중하여 행동해 보자.

습관을 꾸준히 실천하지 못하는 사람들의 세 번째 유형은 계획을 세우지 않는다는 것이다. 계획을 세우지 않는 사람들은 시간을 낭비하는 성향이 있다. 흘러가는 시간대로 살다 보니 중요한 것을 놓칠 때가 많다. 습관을 실천할 수 있는 계획표를 만드는 것이 중요하다. 계획표가 있어야 습관을 지속할 수 있다. 다른 사람들의 계획표에 근거해서 계획을 세우면 안 된다. 자신의 일정에 맞게 여유로운 계획표를 만들어야 한다. 작은 시작이 자신의 꿈의 씨앗이 되어 꿈이 실현될 수 있게 만들어 준다. 더 늦기 전에 자신이 좋아하는 일을 찾고, 그 일을 꾸준히 실천할 수 있도록 노력해 보자.

좋은 결과는 반복되는 좋은 행동에서 나오고, 나쁜 결과는 반복되는 나쁜 행동에 의해서 생겨난다. 우리는 나쁜 행동을 좋은 행동으로 바꾸고 지속하는 습관을 만들어야 한다. 나쁜 습관이 지속되는 이유는 자신의 행동과 환경을 바꾸지 않았기 때문이다. 좋은 행동을 꾸준히 하다 보면 나중에는 저절로 하게 된다. 자신의 분야에서 성공한 사람들은 좋아하는 일을 계속 반복하며 연습한다. 성공한 사람들은 꾸준한 연습이 성공 비결 중 하나이다. 그들은 꾸준함으로 탁월함을 만들었다. 습관을 꾸준히 실천하려면 두려워도 시작해야 하고, 긍정적인 생각과 긍정적인 말을 해야 한다. 자신의 꿈을 실현시켜 줄 자신만의 계획표를 세워 매일 좋은 습관을 실천해 보자.

CHAPTER 8.
새로운 습관을 만드는 5단계 공식

1.
....

실패,
반드시 실패가 필요하다

인생을 살면서 실패하지 않는 사람은 아무도 없다. 실패는 성공할 수 있는 기회이다. 우리는 실패를 통해 한 걸음씩 나아가며 삶의 지혜를 얻고 성장할 수 있다. 실패를 두려워하기보다 실패해도 괜찮다는 생각으로 작은 일부터 시도해 보는 자세가 중요하다. 성공하는 사람들은 수많은 실패를 걸쳐 인생을 성공적으로 변화시켰다. 어떤 일이 다가오더라도 담대히 받아들이고, 삶을 바꿀 수 있는 좋은 습관들을 실천해 보자. 자신의 삶의 운전대를 쥐고 있는 사람은 바로 자기 자신이다. 다른 사람들과 비교해 자신의 삶을 힘들게 하기보다 자신만의 속도로 삶을 뜻깊게 보낼 수 있도록 노력해 보자.

습관 책을 많이 읽는 것보다 여러 번의 실천이 더욱 중요하다. 미리로 알고 실천하지 않으면 아무 소용없다. 습관을 제대로 만들려면 많은 실패들을 극복해야 한다. 실패하는 가운데 자신만의 습관 노하우를 갖게 되고 꾸준히 실천하게 된다. 사람들은 실패하는 과정을 통해 깨달음을 얻고 성장한다. 우리가 매일 식사를 하고 생활하듯, 습관도 우리 생활에 스며들어 자연스럽게 이루어져야 한다. 습관은 우리 삶 그 자체다. 습관은 사람들의 삶을 결정한다. 멋진 인생을 살고 싶은 사람은 실패를 극복할 수 있다는 마음으로 습관을 만들어갈 수 있도록 노력해야 한다.

남성들은 여성들에게 '다이어트가 필수'라는 말을 많이 한다. 날씬하고 겉모습을 멋지게 꾸미고 다니는 여성들은 언제나 인기가 많다. 멋지게 꾸미고 다니는 여성들은 항상 살이 찌지 않도록 꾸준히 관리한다. 다이어트를 하기 위해서는 많은 시행착오를 겪어야 한다. 맛있는 음식을 적게 먹어야 하고, 남들보다 일찍 일어나 운동도 꾸준히 해야 한다. 이 두 가지를 실천하는 것은 늘 힘든 과제이기도 하다. 주위에 있는 사람들이 맛있는 음식을 먹으면 자신도 먹게 된다. 이러다 보면 늘 다이어트는 실패로 끝난다. 실패로 끝나지 않게 다른 대안들을 연구하고 실천해야 한다. 음식 때문에 다이어트를 힘들어하는 사람은 자신이 먹을 음식들을 미리 챙겨 놓거나 휴대해도 효과적이다.

나는 좋은 습관을 만들기 전에 많은 시행착오를 겪었다. 습관을 실패하지 않으려면 항상 준비된 마음으로 생활해야 한다. 준비되지 않은 마음으로 생활하면 습관은 언제나 실패로 끝난다. 바쁘고 분주하다고 시간에 끌려서 살게 되면 언제나 바쁜 상황이 전개되어 좋은 습관을 실천하기 힘들다. 바쁘더라도 습관을 실천할 시간을 확보하고 미리 할 수 있도록 해야 한다. 나는 현재도 상황에 관계없이 꾸준히 습관을 실천하고 있다. 이제는 큰 어려움 없이 습관 실천이 가능하다. 그 이유는 습관을 실천할 시간을 계획하고, 반드시 실천할 수 있는 상황을 만들기 때문이다.

고대원, 성은모의 『습관 공부 5분만』 참고

실패를 받아들이려면 작은 과제를 절반만 하겠다고 생각하면 된다. 이 부분이 첫 번째 원칙이다. 두 번째 원칙은 어떠한 상황이라도 자신이 할 수 있는 과제를 정하는 것이다. 처음부터 습관을 완벽하게 받아들이는 사람은 없다. 중간에 빠지게 되더라도 다음 날부터 다시 시작하면 된다. 습관을 실천하면서 완벽을 추구하기보다 자신을 이해하고 바로 시작하는 것이 중요하다. 예를 들어 장기적인 목표를 성취하기 위해 계속 습관을 실천해야 한다는 느낌을 가져야 한다.

처음에 습관을 만들 때는 완벽하게 실천하지 않아도 된다. 목표를 정해 놓고 조금씩 실천하는 것만으로도 성과는 달라진다. 예를 들어 자전거를 타고 춘천까지 가 보는 것이 목표라면 처음에는 춘천까지 가지 않아도 된다. 매일 꾸준히 자전거 타기 연습하면서 시간을 늘려 가다 보면 나중에는 목표를 이루게 된다. 습관을 만들려면 실패하더라도 오뚝이처럼 바로 일어날 수 있는 마음이 필요하다. 오늘 습관을 실패했어도 내일 다시 시작하면 된다. 실패했다고 완전히 포기하면 안 되고, 계속 이어 나갈 수 있는 마음이 필요하다. 실패했다고 창피해할 필요는 없다. 습관은 성공으로 가기 위한 과정이다. 인생에서 성공하는 사람은 포기하지 않고 습관을 관리하는 사람이고, 실패하는 사람은 시간에 끌려 살아간다.

블로그 이웃들 중 습관 미션에서 종종 포기하는 사람들을 보게 된다. 한두 번 실패하면 그다음부터는 습관 포스팅을 올리지 않는다. 반면에 한두 번 실패해도 습관을 지속적으로 이어 나가는 사람들도 있다. 처음에 포기한 사람들은 다음 미션에 참여하지 않지만, 포기하지 않고 지속한 사람들은 다음 미션에도 참여한다. 포기하지 않는 사람들은 여러 번의 실패를 바탕으로 더욱 단단한 습관을 갖게 된다. 실패했어도 습관을 이어 나갈 수 있는 사람은 좋은 습관을 만들 수 있다. 자신이 만들고자 하는 습관을 실패하더라도 지속적으로 이어 나갈 수 있도록 노력해야 한다. 습관을 실천하면서 여러 가지를 깨닫고 실천할 수 있는 지혜와 긍정적인 마음가짐이 필요하다.

나는 단기간에 책 쓰기를 목표를 정하고 집필을 시작했지만 말처럼 쉽지 않았다. 워킹 맘으로 살아가다 보니 여러 상황들이 생겨 매일 써야 할 집필의 양이 채워지지 않은 적이 많다. 집필을 하면서 여러 번 시험에 들었지만 매 순간 '늦더라도 포기하지 말자'는 자세로 집필의 끈을 이어 나갔다. 같이 집필을 시작했던 분들이 먼저 출판 계약을 하면서 마음이 조급해진 적도 있다. 하지만 사람들마다 삶을 살아가는 속도가 다르다. 조급해진 마음이 들수록 침착한 마음으로 생활할 수 있도록 노력해야 한다. 자신의 삶의 주인공은 바로 자신이기 때문에 늘 자신의 생활을 점검하고 개선하면 된다.

쓰카모토 료의 『행동하는 습관』에는 이런 말이 있다.
"실패에 대한 두려움은 당신을 마비시킨다. 누구나 실패를 두려워한다. 특히 실패에 대한 두려움은 행동을 자꾸 미루는 주요 원인으로 작용한다. 단기적으로 보면 실패는 결코 바람직한 것이 아니다. 하지만 이처럼 다수의 성공자들이 입을 모아 과거의 실패에 대해 이야기하는 데에는 반드시 그럴 만한 이유가 있을 것이다. 물론 실패 없는 승부가 안정감을 주고 맘 또한 편하므로 굳이 버릴 필요까지는 없지만, 실패 없는 승부만으로는 아무래도 행동이 굼뜨게 되고 그러다 보면 결국 뒤처지고 만다. 장기적으로 볼 때 이것만큼 손해인 것도 없지 않을까. 불안을 느낀다는 것은 적어도 미래가 있다는 증거다. 작은 실패를 가급적 자주 즐기도록 하자. 행동하는 습관을 가진 사람은 작은 실패를 큰 성공으로 이끌어낸다."

　나는 결혼하고 남편의 주식 실패와 매년 생각지도 못했던 고난들을 겪으면서 성장할 수 있었다. 지난날의 실패들이 현재의 삶을 단단하게 만들어 주었다. 사람들은 실패했을 때 두 가지 상황을 떠올릴 것이다. 실패한 대로 포기하고 살 것인가? 아니면 현재의 상황을 노력하며 바꿀 것인가? 나는 후자를 선택했다. 실패했다고 두려운 마음을 갖고 아무것도 못하기보다 나는 할 수 있는 일들을 찾아 실천해 나갔다. 실패했던 상황들을 떠올리며 시간을 보내기에는 인생이 짧다. 하루하루를 잡념으로 헛되이 보내는 것은 커다란 손실이다. 지나간 시간은 돌아오지 않는다. 나는 부정적인 생각 대신에 긍정적인 생각으로 상황을 바꾸려고 노력했다. 마음가짐을 바꾸고 습관을 실천하면서 실패 가운데 다시 일어서는 것을 배웠다.

　나는 실패 가운데 배움의 습관을 실천하면서 점점 강인한 사람으로 성장할 수 있었다. 무슨 일을 하기 전에 두려움을 갖기보다 '실패하더라도 시도해 보자'는 생각으로 생활했다. 그 이후 삶이 점점 변화되기 시작했다. 고난을 이겨 낼 수 있는 지혜가 생겼고 매년 꾸준히 성장했다. 실패를 극복하려면 많은 노력의 과정이 필요하다. 많은 실패와 노력의 과정을 통해 사람들은 성장한다. 성공한 사람들은 수많은 실패를 걸쳐 현재의 삶을 승리로 이끌어 냈다. 우리는 실패했다고 두려워하며 현재의 삶을 정지시키기보다 마음가짐을 새롭게 하고 다시 일어설 준비를 해야 한다. 하루하루를 유익하게 보낼 수 있는 사람은 인생의 보물을 찾고 삶을 성공으로 변화시킬 수 있다.

  우리는 실패하더라도 위험을 두려워하지 말아야 한다. 실패 가운데 깨달음을 얻고 자신의 생활을 변화시키려고 노력하는 자세가 중요하다. 안일한 삶을 사는 사람들보다 도전하며 모험하는 사람들이 인생을 멋지게 만들어 간다. 지나간 시간은 되돌아오지 않지만, 우리에게는 그 시간들을 극복할 수 있는 미래의 시간이 있다. 실패는 성공으로 가기 위한 지름길이다. 실패하지 않고 성공하는 사람들은 단 한 명도 없다. 시간은 누구에게나 똑같이 주어진다. 시간을 잘 활용하는 사람은 승리하는 삶을 살아갈 수 있다. 우리는 시간의 중요성을 깨닫고 현재의 삶에 충실하며 좋은 습관을 실천해야 한다. 한 번뿐인 삶을 아름답게 만들어 갈 수 있도록 노력해 보자.

  우리는 실패의 과정을 통해 성장한다. 좋은 습관을 만들려면 시행착오가 필요하다. 습관을 실패할수록 제대로 된 방법들을 발견할 수 있다. 우리는 실패하는 과정을 통해 교훈으로 삼고 제대로 가는 방법을 배워야 한다. 습관을 지속적으로 실천하려면 항상 준비된 마음으로 생활해야 한다. 실패를 받아들이는 방법은 절반만 해도 괜찮다고 생각해야 한다. 습관을 하루 이틀 실패하더라도 다시 시작하는 것이 중요하다. 습관을 실천하면서 다른 사람들의 삶의 속도에 조급해지지 말자. 항상 침착한 마음으로 생활하며 자신의 삶을 개선해야 한다. 실패했다고 포기하지 말자. 포기하면 나중에 아무것도 할 수 없게 된다. 여러 번 습관을 실패하더라도 부정적인 생각을 하지 말자. 실패에 대한 두려움을 갖기보다 긍정적인 마음으로 시도하며 멋진 꿈을 만들어 갈 수 있도록 노력해 보자.

2.

담배와 술,
조금 끊지 말고 완전히 끊는다

　새해가 되면 사람들은 담배와 술을 끊겠다고 다짐하며 운동을 시작했다가, 얼마 지나지 않아 쉽게 포기하는 사람들이 많다. 담배와 술을 완전히 끊지 않고 예외 상황들을 만들어 놓은 사람들은 절대로 끊을 수 없다. 달콤한 유혹에 넘어가지 않으려면 완전히 끊어야 하는데, 혼자서 끊기 힘든 사람들은 보건소나 병원 금연 프로그램에 참여해도 효과적이다. 요즘 지역 보건소나 병원에서는 금연 성공 시 기념품과 보상금을 주는 곳도 많다. 좋은 습관을 만들려면 나쁜 습관을 완전히 제거해야 한다. 썩은 사과 옆에 있는 좋은 사과는 반드시 썩는다. 좋은 습관과 나쁜 습관은 함께 공존할 수 없는 관계. 우리의 일상을 방해하는 나쁜 습관들을 완전히 끊고 좋은 습관들을 실천해 보자.

　술을 완전히 끊지 못하고 예외 상황들을 만들면 다른 예외 상황들이 지속적으로 늘어난다. 예를 들어 '생일이어서 괜찮아', '승진한 날이어서 괜찮아' 등 예외 상황들을 만들면 지속적으로 술을 먹게 된다. 그러니 처음에 끊기 힘들어도 완전히 끊어야 한다. 조금씩 끊겠다고 말하는 사람들은 완전히 끊기 힘들다. 땅에 자란 잡초를 뽑지 않고 그대로 두면 무성하게 자란다. 잡초를 뿌리째 뽑아야 더 이상 자라지 않는다. 나쁜 습관에 원인이 되는 상황들을 완전히 제거해야 새로운 습관들을 만들 수 있다. 나쁜 습관을 끊겠다는 단호한 자세를 가지고 자신의 습관을 방해하는 요소들을 찾아서 개선해야 한다.

내 주변에 있는 지인은 술 마시는 것을 즐긴다. 술을 끊겠다고 말로는 수백 번 말했지만 여전히 끊지 못하고 있다. 끊지 못하는 이유는 예외 상황들을 많이 만들어 놓았기 때문이다. 그러다 보니 술 먹는 횟수도 자연스럽게 많아졌다. 그 지인은 다른 지인들을 만나 소통하며 술 먹는 재미로 삶을 살아간다고 늘 얘기한다. 하지만 그 때문에 건강에도 적신호가 왔다. 나는 지인에게 술을 완전히 끊으라고 여러 번 당부했었다. 지인은 술 먹는 재미보다 건강이 더욱 소중하다는 것을 알면서도 쉽게 나쁜 습관을 끊지 못하고 있다. 이처럼 잘못된 습관이 형성되면 끊기가 너무 어렵다.

나는 오래전에 막걸리 마시는 것을 좋아했었다. 막걸리의 풍부한 유산균이 면역력을 증진시켜 준다는 얘기를 듣고 친척 모임 때 마셨었다. 그러다 나중에는 친척 모임 때가 되면 자꾸 마시고 싶은 마음이 들었다. 횟수가 늘면서 이대로는 안 되겠다는 마음이 들었다. 나는 결심하고 친척들에게 이제는 막걸리는 마시지 않겠다고 강력하게 말했다. 그리고 그날 이후 지금까지 한 모금도 마시지 않았다. 막걸리를 완전히 끊고 나니 마시고 싶은 마음이 사라졌다. 그 일이 있은 후 친척 모임 때 나는 물을 따라 마신다. 막걸리 대신 건강해지는 물을 마시기로 선택하고부터 마음이 편안해졌다. 성공하려면 나쁜 습관을 끊을 수 있는 사세력이 필요하다.

또한 나이 드신 분들은 담배를 끊기 정말 힘들다고 말한다. 그러나 미국에서는 오랜 시간 동안 많은 사람들이 담배 끊기에 성공했다. 우리나라에서도 많은 사람들이 매년 담배를 끊는다. 그들에게 남들보다 특별한 방법이 있는 것은 아니다. 자신의 의지력이 있으면 담배를 끊을 수 있다. 담배를 끊겠다고 바로 결심했을 때 끊어야 성공 확률이 높다.

위의 사례처럼 담배를 끊으려면 완전히 끊어야 한다. 담배를 조금씩 줄여서 끊는 사람들, 담배 대신 다른 것에 의존하는 사람들은 담배 끊기에 성공할 수 없다. 담배를 끊겠다는 자신의 결심이 가장 중요하다. 담배를 끊고 나서는 담배와 관련된 습관들을 끊어야 한다. 담배를 다시 피우고 싶은 마음이 들지 않도록 다른 행동으로 대체해야 한다. 예를 들어 담배를 피우고 싶은 마음이 들 때는 차가운 물을 마시거나 밖에 나가 운동하는 방법들을 실천해도 좋다. 담배를 끊은 후에 3~5일 동안은 니코틴 금단 증상이 나타난다. 이때 고비를 넘길 수 있도록 5일 정도는 반드시 참아야 한다. 다른 사람들의 유혹에 넘어가지 않도록 담배를 피우는 사람들 주변에 가지 않도록 유의해야 한다. 예를 들어 금연 기간에는 술자리에 나가지 말아야 한다.

담배를 끊지 못하는 이유 중 하나는 흡연에 대한 잘못된 상식을 가지고 있기 때문이다. 담배를 피우는 사람들은 담배의 니코틴의 함량을 줄인 담배는 피워도 괜찮다고 생각한다. 하지만 사실상 순한 담배도 별로 효과는 없다. 담배를 피우는 사람들은 담배가 스트레스를 해소해 준다는 말을 많이 한다. 연구 조사에 의하면 담배를 피우면서 일시적으로 기분이 좋아질 수 있으나 스트레스는 해소해 주지 못한다. 요즘은 살을 빼기 위해 담배를 피우는 여성들도 많다. 잘못된 생각으로 나쁜 습관을 지속해서는 안 된다. 운동을 통해 좋은 습관을 실천하면서 살을 빼는 것이 건강해질 수 있는 방법이다.

담배를 끊기 힘든 사람들은, 담배를 끊으면 나타나는 이익에 대해 생각해 보면 효과적이다. 담배를 끊고 한 달 후에 혈압은 정상으로 돌아온다. 옷과 집 안의 냄새도 사라진다. 금연 3개월차가 되면 폐의 기능도 향상된다. 담배를 끊으면 나빠졌던 건강을 회복할 수 있다. 담배를 끊겠다고 결심한 사람들은 더 나이가 들기 전에 일찍 끊어야 한다. 담배를 빨리 끊을수록 건강의 피해를 줄일 수 있다. 건강하게 오래 사는 것이 행복의 지름길이다. 나쁜 습관을 지속하다 보면 건강에 악영향을 미친다. 건강하고 행복한 삶을 위해 담배를 끊겠다는 결심을 하고 바로 실천해 보자.

나쁜 습관들은 지속적으로 자신을 괴롭힌다. 나쁜 습관은 자신이 하고 있는 일에 집중하지 못하게 만든다. 나쁜 습관을 가진 사람 주변에는 사람들이 모이지 않는다. 배울 점이 없기 때문에 다른 사람들이 만남을 지속하지 않는다. 그러니 나쁜 습관을 지속하면서 자신의 삶을 불행하게 만드는 것은 어리석은 행동이다. 나쁜 습관을 중단시키고 좋은 습관을 만들어 갈 수 있도록 자신의 환경을 바꿔야 한다. 혼자만의 힘으로 나쁜 습관을 고치기 힘든 사람은 습관 개선 프로그램에 참여하거나 전문가의 도움을 받으면 된다. 다른 사람들이 습관 실천을 통해 변해 가는 모습을 보면 자신에게도 동기 부여가 되어 습관을 실천할 마음이 생긴다.

주변 지인은 자녀들이 반말하는 나쁜 습관 때문에 힘들다고 한 적이 있다. 집에 있을 때는 괜찮은데 친척들 모임에 갔을 때도 반말을 해서 스트레스를 받는다고 말했다. 초등학교 때부터 부모님께 반말하는 습관이 생겨 중학생이 된 현재까지도 고치지 못하고 있다고 한다. 반말하는 나쁜 습관을 고치려면 집이나 다른 곳에 있더라도 계속 존댓말 쓰는 연습을 해야 한다. 오랜 시간이 지나서 바꾸려고 하면 서로 어색해져서 존댓말을 사용 못 하게 된다. 지인은 반말이 나오려고 할 때 잠시 말을 멈추라고 자녀들에게 얘기했다. 생각 없이 빨리 말하다 보면 하지 말아야 할 말까지 하게 된다. 마음가짐을 바꾸고 차분하게 존댓말을 사용하는 연습부터 하는 것이 최선의 방법이다.

요즘 현대인들에게 끊을 수 없는 나쁜 습관을 물어본다면 스마트폰 사용하는 습관이라고 말할 것이다. 유아에서 성인까지 스마트폰을 사용하는 시간이 나날이 증가하고 있다. 요즘 청소년들은 책은 안 읽는 경우는 많아도 스마트폰은 안 하는 사람은 거의 없을 정도다. 해야 할 공부가 많은데도 무의식적으로 스마트폰을 켜서 카톡 확인이나, 다른 사람 상태 메시지 확인까지 한다. 무의식적으로 스마트폰에 손이 간다는 것은 스마트폰 중독 상태임을 말한다. 애플의 창업자인 스티브 잡스도 생전에 자녀들에게 스마트폰 같은 디지털 기기를 오래 사용하지 못하게 했다. 스마트폰 사용을 줄일 수 있게 사용 시간을 미리 정해 엄격하게 관리해야 스마트폰 중독 습관에서 벗어날 수 있다.

요즘 바쁜 삶을 살아가는 현대인들을 식사를 빨리하는 습관을 가지고 있다. 바쁜 생활에 쫓기다 보니 식탁이 아닌 다른 곳에서 인스턴트 식품을 즐겨 먹는다. 이처럼 일을 하면서 식사를 대충 하는 사람들이 많다. 하지만 식사를 빨리하는 습관은 건강에도 해롭다. 최근 미국 캘리포니아 주 애너하임에서 열린 미국심장학회에서 발표된 연구 결과 중, 밥을 천천히 먹는 사람보다 밥을 빨리 먹는 사람들은 심장 질환과

당뇨, 뇌졸중 등의 발병 위험이 높다고 했다. 식사를 빨리하는 나쁜 습관을 고치지 않으면 건강 상태가 지속적으로 악화된다. 이 같은 나쁜 습관을 개선하기 위해서는 의식적으로 노력해야 한다. 오래 씹는 습관, 또는 천천히 식사를 하는 사람들의 속도에 맞추면서 식사할 수 있도록 노력해 보자.

　술이나 담배를 완전히 끊지 않고 예외 상황들을 만들면 절대 끊을 수 없다. 처음에 끊기 힘들어도 완전히 끊어야 한다. 나쁜 습관에 원인이 되는 상황들을 완전히 제거해야 새로운 습관을 만들 수 있다. 처음에는 끊기 힘들어도 단호하게 끊고 나면 몸과 마음이 건강해진다. 술이나 담배는 끊기가 매우 어렵다. 술과 담배를 끊는 사람들은 결심을 하고 자신의 의지력으로 끊은 사람들이다. 술과 담배를 조금씩 줄여서 끊거나 다른 것에 의존하는 사람들은 담배 끊기에 실패한다. 나쁜 습관은 자신이 하고 있는 일에 집중하지 못하게 한다. 부모님께 반말하는 습관, 스마트폰 중독 습관, 식사를 빨리하는 습관 등은 좋은 습관을 방해하는 나쁜 습관이다. 나쁜 습관을 중단시키고 좋은 습관을 만들어 갈 수 있도록 자신의 환경과 행동부터 바꿔 보자.

3.

지금 당장,
습관은 지금 당장 시작해야 한다

누구나 살면서 해야 할 일을 바로 하지 않아 손해 보는 일이 많았을 것이다. 예를 들어 공과금을 제때 내지 않아 연체료를 내는 사람들도 많다. 자신의 생활을 예전보다 풍요롭게 만들려면 해야 할 일들을 미루어서는 안 된다. 일을 지속적으로 미루다 보면 생활이 어수선해지고, 무기력해진다. 습관을 만들려고 한다면 내일부터가 아닌 지금 당장 시작해야 한다. 매일 규칙적인 생활로 컨디션 관리를 하고, 해야 할 일들을 메모하고 확인해서 바로 실천할 수 있도록 노력해야 한다. 습관을 실천하기 전에 여러 가지 변명하는 습관을 고치고, 바로 시작하겠다는 마음으로 실천해 보자.

우리는 습관을 만들려고 할 때 날짜를 정해 놓고 하려고 한다. 예를 들어 '매년 1월 1일', '이번 주 월요일'처럼 날짜를 정해 놓는다. 이렇게 시작하는 사람들은 말처럼 습관을 만들기 힘들다. 예외 상황이 생기면 계속 미루기 때문이다. 다이어트를 하려고 하는 사람들 중에도 내일부터는 식사량을 줄이겠다고 하면서 매번 실패하는 사람들이 많다. 현재가 아닌 내일부터 하겠다는 얘기는, 그때까지 아무것도 안 하고 게으름을 피우겠다는 뜻이다.

 할 일이 많아서 미루고, 가족 일정이 있다고 미루면서 계속 변명만 하는 사람들은 습관 실천이 어렵다.

 많은 사람들이 습관을 실천하기 전에 변명부터 하려고 한다. 여름에는 더워서 밖에 나가서 달리지 못한다, 장마철에는 비가 많이 내려 운동하러 못 간다. 겨울에는 추워서 운동 못 한다 등 이런 식으로 매번 여러 가지 변명을 한다. '다음부터 해야지'라고 말하는 순간 마음에 부담이 줄어들기도 한다. 이 점이 습관을 방해하는 원인이다. 그러니 순간 부담을 느끼더라도 바로 시작하는 것이 습관을 실천할 수 있는 큰 비결이다. 바로 시작하려면 목표가 작아야 한다. 설정한 목표가 너무 크지 않도록 유의하면서 오늘부터 시작할 수 있도록 노력해 보자. 예를 들어 간단히 할 수 있는 목표에는 5분 스트레칭, 일어나자마자 스케줄 확인, 자기 전에 책상 정리하기 등이 있다.

 나는 여러 가지 스케줄이 있다 보니 항상 일정을 정해 놓고 생활한다. 일정을 정해 놓아도 예외 상황들이 생기면 일정표를 알맞게 조정해야 한다. 나는 예외 상황에도 해야 할 일과 지인들과의 약속 등을 지키기 위해 바로 실천하자고 결심했다. 예를 들어 내일부터 하기로 했던 일은 바로 지금부터 한다. 지인과의 약속이 생기면 바로 연락해서 일정을 확인하고, 약속에 차질이 없게 바로 기차표를 예매한다. 미리 준비하자는 마음으로 생활하니 마음이 예전보다 훨씬 가벼워졌다. 나는 습관을 실천할 때도 당장 실천한다. 지금 당장하고 끝내면 마음에 여유가 생긴다.

 아침마다 매일 블로그 포스팅을 하시는 블로그 이웃님이 있다. 그분은 매일 아침 포스팅하고, 저녁에 운동하자고 결심했지만 예전에 들인 습관 때문에 운동 실천이 쉽지 않았다고 했다. 오랫동안 자리 잡은 습관을 바꾼다는 것은 참 어려운 일이다. 그래서 그분은 운동하는 습관을 실천하기 위해 아침에 일어나자마자 바로 헬스클럽에 가기로 결심했다. 블로그 포스팅보다 건강이 더 중요하기에 건강을 우선적으로 챙기기로 한 것이다. 그 후 아침에 운동하고 포스팅하는 습관으로 확장시켰다. 처음 한 달 동안은 습관으로 만드는 데 많은 어려움이 있었지만, 많은 시행착오 끝에 현재에도 꾸준히 운동하는 습관을 실천하고 있다고 했다.

쓰카모토 료의 『행동하는 습관』 참고
 행동을 바로 하는 사람은 시간을 구체적이고 명확하게 계획한다. 이런 사람들은 자신이 해야 할 일에 어느 정도 시간이 걸릴지 검토해 보기도 한다. 처음부터 할 수 있다는 확신을 가져야 바로 행동할 수 있다. 행동하는 사람은 행동할 수 있는 구조를 만들어 놓는다. 반면 바로 행동하지 못하는 사람은 시간을 효율적으로 사용하지 못하고 시간에 쫓겨 살아간다.

 행동하는 습관을 가지려면 자신이 가진 자원을 스스로 움직이게 하는 에너지로 변화시켜야 한다. 자신만의 명확한 기준을 가지고 있어야 곧바로 행동할 수 있다. 성과가 좋은 사람들은 행동이 빠르고, 자신이 말한 대로 바로 시작하는 경향이 있다. 그러다 보니 목표점에 먼저 도달한다. 자신의 삶에 변화를 주고 싶은 사람들은 행동을 빠르게 해야 한다. 예를 들어 학원을 다니기로 결심했을 때 짧은 기간 안에 정보를 수집하여 알아본 후 바로 등록해야 한다. 정보 수집하는 데 많은 시간이 걸리면 나중에는 지쳐서 학원에 가기 싫어진다.

 주변에 일 잘하는 사람들은 자신만의 명확한 목표와 계획이 뚜렷하다. 다이어리에 자신이 해야 할 일들을 메모해서 일정대로 신속하게 움직인다. 반면에 목표와 계획이 없는 사람은 메모하는 경우가 드물다. 메모하지 않고 머릿속에 기억하려면 해야 할 일들을 잊어버리는 경우가 있다. 자신이 자주 잊어버리는 사람이라면 메모하는 습관을 가져 보자. 메모하다 보면 머릿속을 가볍게 비울 수 있고, 뇌에도 여유가 생겨 일할 때 더욱 집중할 수 있다.

 행동하는 습관을 가진 사람은 운동을 꾸준히 하면서 휴식 시간도 충분히 갖는다. 쉬다 보면 피로도 해소하고, 에너지도 충전할 수 있으며, 활기찬 하루를 보낼 수 있다. 반면 휴식을 취하지 않고 일만 하는 사람들은 피로가 쌓여 몸이 무겁고 성과가 저하된다. 몸이 피곤하면 해야 할 일들을 바로 할 수 없게 된다. 이 부분이, 바로 행동하지 못하는 이유이다. 휴일인데도 정신없이 움직이며 분주한 하루를 보내고 있다면 자신의 생활을 변화시켜야 한다. 규칙적인 생활을 하면서 휴식을 취해야 건강한 생활을 할 수 있다. 건강한 생활을 하는 사람들은 일의 성과도 우수하다.

 일을 지속적으로 미루는 사람들은 한꺼번에 많은 일을 하면 안 된다. 우선순위를 생각해서 중요한 일을 먼저 해야 한다. 예를 들어 독서하는 습관을 실천하려고 하는 사람들은 우선 책을 매일 10분씩 읽는 습관을 들이는 것이 효과적이다. 독서하는 습관을 실천하면서 독서 기록장 쓰기, 독서에 관한 유튜브 영상 보기, 독서모임 가기 등 여러 가지를 동시에 하려고 하면 습관은 언제나 실패로 끝난다. 습관 한 가지라도 제대로 만들고 싶은 사람들은 부담 없이 할 수 있는 작은 목표를 정해 바로 시작해야 한다. 예를 들어 하루에 감사 일기 3줄 쓰기는 부담도 없어 바로 시작할 수 있는 작은 목표이다. 자신이 만들고자 하는 습관을 최소한의 시간을 이용해 바로 시작한다면 미루는 습관에서 벗어날 수 있다.

  주변에서 일을 미루는 사람들을 보면 불편한 상황들이 많이 생긴다. 자격증 공부를 해야 하는데 문제집을 바로 사지 않고 계속 미루다 자격증 시험을 보지 못하는 사람들도 있다. 필요한 전화번호를 바로 메모하지 않아 전화해야 할 때 못하게 되는 경우도 있다. 메모장을 이용해야 하는데 메모장 구입을 미루다 해야 할 일들을 잊어버리는 경우도 있다. '내일 해야지', '다음 날 해야지' 하면서 일을 계속 미룬다. 이런 일들을 반복하는 사람이라면 미루지 않고 당일에 할 수 있도록 습관을 개선해야 한다. 습관 실천에 필요한 준비물을 먼저 챙겨야 한다. 습관 실천에 방해되는 요소들을 없애야 습관을 바로 실천할 수 있다.

  일을 당장 하지 못하고 미루는 습관을 가진 사람들은 자신의 생활을 기록해 보자. 어떠한 상황에 자신이 일을 미루는지 등을 파악하여 개선점을 찾아야 한다. 예를 들어 일을 미루면서 자신을 비난하는 사람은, 비난하는 일을 멈추고 생각을 전환해야 한다. 누구나 습관을 형성하려면 오랜 시간이 걸린다. 여러 번 습관을 실패해도 다시 시작할 수 있는 마음을 갖고 습관을 실천해야 한다. 자신이 일을 미루지 않았을 경우 어떤 일이 생길지 먼저 생각해 보면 기분 전환이 된다. 또한 기록하다 보면 자신의 습관 실천 과정을 한눈에 볼 수 있어 개선점을 찾고 문제를 대처하는 능력이 생긴다.

많은 사람들이 습관을 실천하기 전에 변명부터 한다. 날씨가 덥거나 추울 때, 바람이 불 때도 운동하러 가지 못한다고 한다. 상황이 좋아질 때 습관을 실천하겠다고 미루는 사람은 습관을 만들기가 어렵다. 처음에 마음에 부담이 느껴지더라도 바로 시작하는 것이 습관을 실천할 수 있는 비결이다. 곧바로 행동하는 사람은 해야 할 일을 언제 할지 바로 명확하게 정하고, 귀중한 자원을 효율적으로 활용한다. 자신의 삶에 변화를 주고 싶은 사람들은 행동을 빠르게 해야 한다. 결심했을 때 바로 행동할 수 있도록 노력해야 한다. 한꺼번에 많은 일을 하려고 하지 말고, 우선순위를 생각해서 중요한 일을 먼저 할 수 있도록 노력해 보자.

4.

공표, 남들에게 대대적으로 공표하면 어떻게든 하게 된다

왜 요즘 사람들은 주변 사람들이나 SNS 공간에 자신의 도전을 공표하는 걸까? 이유는 간단하다. 습관을 성공하고 싶은 마음이 있기 때문이다. 혼자서 습관을 실천하는 사람들은 중간에 포기하는 경우가 많다. 습관을 공표하고 실천하는 사람들은 자신이 말한 부분을 지키기 위해 책임감을 가지고 지속하려고 한다. 공표하고 나면 남들의 시선을 늘 신경 써야 해서 불편한 마음이 든다. 습관이 형성되고 나면 마음의 부담도 사라져 습관 실천이 쉬워진다. 요즘 많은 사람들은 '습관을 실천하려면 많은 사람과 함께 하라'고 말한다. 많은 사람들과 함께 하면 도움을 받으면서 함께 성장할 수 있는 장점이 있다.

류희석의 『습관, 최고의 내가 되는 기술』에는 이런 말이 있다.
"이제 당신이 선택한 행동을 습관으로 만들기 위해 해야 하는 매우 중요한 일이 있다. 바로 습관을 이루겠다고 말로, 글로, 그림으로 알리는 것이다. 우선 주변에 나의 도전을 아는 사람을 될 수 있는 대로 많이 만들어라. 이를 공개 선언 효과 또는 떠벌림 효과라고 한다. 공개 선언 효과는 미국의 심리학자 스티븐 헤이스(Steven C. Hayes)가 실험을 통해 증명했다. 그는 대학생들을 대상으로 목표 시험 점수를 공개한 집단과 그렇지 않은 집단을 비교한 결과 공개한 집단이 시험 점수가 현저히 높다는 것을 발견했다."

 습관 실천이 어려운 사람들은 많은 사람들에게 알리고 시작하면 효과적이다. 남들에게 말하고 나면 책임감이 느껴져서 끝까지 할 수 있는 힘이 생긴다. 책임감을 느껴야 습관 실천의 중요성을 깨닫고 열심히 하게 된다. 공표하지 않고 조용히 혼자 습관을 실천하는 사람들은 의지력이 약해져서 쉽게 무너지는 경우가 많다. 습관을 실천하다 보면 '한두 번 안 해도 되지?'라는 마음이 생기기도 한다. 한두 번이 여러 번 반복되면 습관 실천이 어려워진다. 지속적으로 미루는 습관을 가지고 있다면 지인, 모임 단체, SNS 공간에서 습관 실천을 하겠다고 공표해 보자. 말한 순간부터 확실한 효과가 있다는 것을 깨달을 것이다.

 블로그 이웃님께서 나에게 마라톤 도전을 함께 해 보자고 제안한 적이 있다. 처음에는 부담이 느껴졌다. 고민 끝에 이 제안을 기회 삼아 도전해 보자고 생각하고, 블로그에 마라톤 대회에 참가하겠다고 공표했었다. 공표를 하고 나니 꼭 해야 된다는 생각이 들었고, 연습 일정을 정해 헬스클럽에서 러닝 연습을 했다. 처음에는 오래 뛰는 것이 숨차고 힘들어서 포기하고 싶은 생각이 들었다. 공표하지 않았다면 마라톤 대회에 대한 부담은 없었을 것이다. 하지만 블로그 이웃님과의 약속을 지키기 위해 노력하다 마라톤 대회에 참가하여 완주할 수 있었다.

 나는 습관을 실천하면서 네이버 블로그, 인스타그램, 카카오톡 채팅방, 카카오 스토리에 인증 샷을 올린다. 오랫동안 습관을 지속할 수 있었던 이유도 공표라는 안전장치를 만들어 놓았기 때문이다. 나는 약속은 꼭 지키는 스타일이라 공표하면 무조건 해야 한다고 생각하고 반드시 끝까지 하는 스타일이다. 매일 여러 개의 습관 인증 샷을 찍고 올리는 번거로움이 있지만, 이런 행동으로 습관을 지속할 수 있어 유익하다. 공표하지 않고 혼자 실천했다면 장기간 하기 어려웠을 것이다. SNS 공간에서 공표하고 습관 실천을 꾸준히 하면서 습관을 실천할 수 있는 힘이 생겼다.

요즘 습관을 실천하면서 인스타그램 피드를 지속적으로 올리는 사람들이 많다. 서로 함께 하면서 응원의 댓글도 달아 주기도 한다. 사람들은 응원에 힘입어 습관 실천을 지속하게 된다. 이렇게 하면 서로 공감해 주고 함께 성장할 수 있어 유익하다. 다른 사람들의 습관 현황을 지속적으로 보면 자극이 되어 더 열심히 하는 사람들도 있다. 자신을 존중해 주고 기대하는 사람들이 많아질수록 그 기대를 이루기 위해 노력하는 피그말리온 효과가 나타난다. 예를 들어 교사가 학생을 믿어 주고 격려해 주면 학생은 선생님의 기대 이상으로 학교생활도 잘하게 된다.

요즘 SNS 공간에서 습관 미션 챌린지가 유행이다. 비용이 들지 않고 누구나 참여할 수 있어 손쉽게 시작할 수 있다. 온라인 커뮤니티로 활동하다 보니 직접 만나야 한다는 부담도 없다. 습관 미션 챌린지가 끝나면 완주 명단 공개와 인증 선물도 주기도 한다. 함께 참여했던 사람들의 습관 인증 후기를 읽으면 큰 깨달음을 얻을 수 있어 유익하다. 열심히 하는 사람들과 함께 하면 자신도 열심히 하게 된다. SNS 공간이 아니더라도 같은 취미를 가진 지인들과 습관 모임에 만들어서 함께 실천해도 효과적이다. 지인들과 습관 실천을 하는 경우에는 카톡을 통해 매일 인증 샷을 공유하기도 한다.

SNS 공간에서 습관 미션 챌린지 하면서 주의해야 할 점이 있다. 습관 챌린지를 하면서 지나치게 상대방에게 경쟁 심리를 느끼고 진실되게 행동하지 않는 사람들이 있다. 자신보다 잘하는 사람한테 시기, 질투의 마음이 든다면, 습관 미션 챌린지를 하면서 다른 사람의 습관 현황을 보지 않는 게 좋다. 사람들에게 온전한 마음으로 협력하는 자세로 행동한다면 온라인 공간에서도 진실한 사람들을 만날 수 있다. 오랜 시간 동안 습관 미션 챌린지를 하려면 사람과의 관계에서 시험에 들면 안 된다. 너그러운 마음으로 상대방을 진심으로 응원할 수 있도록 노력해 보자.

웬디 우드의 『해빗』 참고
새로운 삶을 살겠다고 결심한 여성이 있다. 그녀는 결심한 내용을 다른 사람들에게 공표했다. 그녀는 변화하고 싶은 마음이 절실했을 것이다. 혼자 해결하기 쉽지 않았기에 자신을 드러내면서 공표한 것이다. 습관 실패 시 다른 사람들의 안 좋은 시선을 생각하게 되기 때문에 성공할 확률이 높아진다. 자신을 변화시킨다는 것은 정말 어려운 일이다.

공표까지 하고 습관 미션 챌린지를 하면서도 좀처럼 습관 실천을 지속하지 못하는 사람들도 있다. 여러 번 하다, 한 번 못하게 되면 창피해서 그때부터 포기하는 사람들도 있다. 이왕 사람들에게 공표하기로 결심했다면 한두 번 빠지더라도 당당하게 지속할 수 있는 마음을 가져야 한다. 습관을 처음 실천하면서 중요한 것은 과정이다. 자신의 부족한 점을 깨닫고 발전해 나갈 수 있으면 그것만으로도 충분하다. 너무 완벽해지려는 태도는 갖지 않도록 유의해야 한다. 자신에게도 관대한 마음을 가지고 실수를 용납하면서 습관을 지속해 나가는 태도가 중요하다.

　대부분의 사람들은 습관 실천을 할 때 가까운 사람들에게 도움을 받는다. 의지력이 약한 사람들은 혼자 힘으로 습관을 형성하기 힘들다. 학생들도 습관을 형성할 때는 부모님이나 선생님의 도움이 필요하다. 적절한 과제와 동기 부여를 해 줌으로써 학생들도 습관을 형성해 나간다. 주변에 어떤 환경과 어떤 사람이 있느냐에 따라 습관이 결정되기도 한다. 습관을 실천하지 못하는 학생들의 환경을 보면 주변에 도움을 줄 수 있는 사람이 없는 경우가 있다. 이런 경우에는 자신 주변에 있는 분들께 도움을 요청해야 한다. 성장하려면 다른 사람의 도움이 필요하다. 혼자서 습관을 잘 실천하는 사람이었다면 공표까지 하면서 자신에게 심리적 부담을 주지도 않았을 것이다. 습관을 실천하면서 결과가 더디게 나오더라도 포기하지 않는 마음으로 꾸준히 생활할 수 있도록 노력해 보자.

　습관 실천을 다른 사람들에게 공표하는 이유는 꼭 성공하고 싶다는 간절한 마음이 포함되어 있기 때문이다. 공표하고 나면 다른 사람들의 시선을 의식하게 되고, 자신이 말한 대로 행동하지 않으면 지속적으로 불편한 마음이 든다. 사람들은 이를 피하기 위해 습관 실천을 실행하려고 한다. 공표하고 작은 습관을 지속하다 보면 자연스럽게 불편했던 마음도 점점 사라진다. 습관이 형성되면 행동이 훨씬 수월해지고, 자신이 의식하지 않아도 때가 되면 자동으로 습관을 실천하게 된다. 습관이 형성되기 까지는 어렵지만, 완전하게 형성된 후에는 습관이 자신을 지배하기도 한다.

습관을 이루겠다고 공개 선언하면, 공개 선언하지 않은 집단보다 결과 성취도가 높게 나타난다. 습관을 만들려면 말로, 글로, 그림으로 알려야 한다. 남들에게 공표하고 나면 책임감이 느껴져서 습관 성공 확률이 높아진다. 습관 시스템을 훌륭하게 만들더라도 혼자서 습관을 실천하기는 어렵다. 습관 시스템에 익숙해지려면 다른 사람들과 함께 하면 효과적이다. 경쟁을 통해 자극을 받기도 하고 공감을 통한 위로를 받기도 한다. 자신을 존중해 주고 기대하는 사람들이 많아질수록 피그말리온 효과가 나타난다. 단단한 습관을 형성하려면 SNS 습관 미션 챌린지에 참여해 보자. 자신의 삶에 좋은 습관으로 놀라운 변화를 주고 싶은 사람은, 자신의 계획을 SNS에 공개적으로 공표해 보자. 주변에 자신의 도전을 용기 내서 공표할 수 있는 마음을 갖도록 노력해 보자.

5.
....

기록, 반드시 매일 기록을 남겨 습관의 진척도와 효과를 점검해 본다

　습관을 꾸준히 지속하려면 매일 기록을 남겨 습관의 진척도와 효과를 점검해야 한다. A4 용지, A3 용지, 다이어리, 스마트폰 기록용 앱, 플래너 등에 습관 실천 여부를 간단하게 기입하면 된다. 네이버 블로그 챌린지 프로그램을 이용하여 습관 실천 상황을 포스팅하고 실천 여부를 기록할 수도 있다. 시간을 효율적으로 관리해야 생산성 있는 하루를 보낼 수 있다. 시간 활용이 안 되고 있는 사람이라면 자신이 시간을 어떻게 사용하는지 상세하게 기록하고, 자신의 습관 관리를 개선할 수 있도록 노력해 보자. 자신이 만들고자 하는 습관의 목표를 정하고 습관 진척 상황 기록과 시간 관리를 꾸준히 할 수 있도록 노력해 보자.

　나가타 히데토모의 『100일을 디자인하라』 참고
　진척 상황을 잘 관리하려면 일정표대로 잘 진행되고 있는지 점검해야 한다. A4용지로 계획서를 작성하는 이유는 관리의 수고를 줄이고자 하는 것이다. 예를 들어 다른 사람에게 지난 일을 물어봤을 때 바로 대답하는 사람은 별로 없을 것이다. 특별한 일을 기억해도 사소한 일은 잘 생각나지 않는다. 사람의 기억력은 시간이 지날수록 약화된다.

A4 용지 한 장으로 작성해 계획의 진척 상황을 확인하는 간단한 방법도 있다. A4 용지 가로줄에는 습관 목록들, 세로줄에는 날짜를 기입해서 만들어 보자. 책상 앞에 붙여 놓고 자신의 습관 실천 여부를 매일 기록하면 효과적이다. 책상 앞에 붙여 놓으면 수시로 보게 되어, 습관을 실천해야 한다는 책임감도 든다. 좀 더 꼼꼼하게 관리하고 싶은 사람은 자신의 다이어리에 습관 실천 여부를 기록해도 된다. A4 용지 진척 상황 표와 다이어리를 동시에 기록하는 사람들도 있다. 다이어리에 기록하면 휴대해서 가지고 다닐 수 있어 언제든지 진척 상황을 볼 수 있는 장점이 있다. 다이어리에 매일 습관 현황을 평가하고 잘한 점, 개선점을 작성하면, 더욱 효과적으로 습관을 관리할 수 있다. 처음 진척 상황 표를 기록하려고 하는 사람은 한 가지 방법을 선택하여, 우선 부담 없이 매일 기록해 보자.

나는 습관을 실천하면서 A4 용지를 사용해 습관 실천 여부를 기록하고 있다. 자녀들에게도 매달 진척 상황 표 한 장을 주어 습관 실천 여부를 기록하라고 말한다. 자녀들의 습관도 잘 진행되는지 또는 진행되지 않는지 한눈에 볼 수 있어 편리하다. 자녀가 이번 달에 실천하지 못한 습관 항목이 있다면 다음 달에는 더 집중해서 관리하라고 당부하고 있다. 구체적인 내용을 기입하고 싶은 사람은 A3 용지를 이용해 칸을 넓게 만들어 사용하면 된다.

요즘은 스마트폰을 이용하여 편리하게 습관 실천 여부를 기록하는 사람들도 많다. 습관 관리 앱들이 많이 나와 있기 때문에, Play 스토어에서 자신에게 맞는 앱을 다운로드해 사용하면 된다. 가계부 작성을 습관으로 만들고 싶은 사람들은 똑똑 가계부 앱을 사용하기도 한다.

당일이 아닌 나중에 기입하려다 보면 가격이 생각나지 않아 가계부를 대충 쓰게 된다. 자신에게 맞는 방법을 이용해 진척 상황 표를 빠지지 않고 매일 기록하는 것이 중요하다. 매일 기록하는 사람을 습관을 효과적으로 관리할 수 있다.

건강을 몸을 유지하려면 다이어트는 필수이다. 다이어트를 효과적으로 하려면 매일 운동을 해야 하고, 음식을 적게 먹어야 하고, 체중을 매일 기록하면서 진척 상황을 관리해야 한다. 몸무게가 올라가면 운동량을 늘리고, 음식량을 조절해서 체중 증가를 막는다. 반면 체중 기록을 하지 않는 사람은 다이어트에 실패한다. 체중 증가, 감소 여부를 확인하지 않고, 음식량 조절도 제대로 하지 않으니 언제나 실패로 끝난다. 다이어트를 하는 사람들에게 진척 상황 표 관리는 필수이다.

진척 상황을 관리하는 습관을 만들려면 매일 기록해야 한다. 기록의 내용은 간단하게 해도 괜찮지만 하루라도 건너뛰지 않게 해야 한다. 다이어트를 할 때도 음식의 칼로리까지 적어 가며 기록을 상세하게 하는 사람들도 있다. 기록한 내용보다 습관의 실천 여부 기록이 더욱 중요하다. 너무 상세한 기록을 하다 보면 진척 상황을 꾸준히 관리하기 힘들어진다. 진척 상황 표를 간단하게 기록해야 지속적인 관리도 쉬워진다. 어떠한 일이 생기더라도 한 달 동안은 진척 상황 표를 꾸준히 기록해 보자. 매주, 혹은 매달 날에 진척 상황 표를 평가하는 시간을 갖고 개선점을 찾아 습관을 꾸준히 실천해 보자.

블로그 이웃 중에 진척 상황 표를 꼼꼼하게 관리하는 사람이 있다. 습관 다이어리를 만들어 상세하게 기록하고, 블로그와 카페에 인증 샷까지 매일 올린다. 습관을 5년 넘게 꾸준히 실천하고 계신 분이다. 다양한 습관을 잘 실천하고 기록하다 보니 습관의 달인이 되어 습관에 관한 책을 집필하기도 했다. 좋은 습관을 꾸준히 실천하고 기록하면 하고자 하는 일들도 잘 되고 주변 사람들에게도 선한 영향력을 줄 수 있다. 습관 형성이 힘든 사람들은 한 가지 습관을 정해 우선 진척 상황표를 간단하게 기록하는 연습부터 해 보자.

컴퓨터를 자주 이용하는 사람이라면 네이버 블로그 챌린지 프로그램을 이용하여 습관 실천 여부를 기록할 수도 있다. 미션 위젯은 자신의 도전 목표를 기록할 수 있어 편리하다. 매일 습관을 실천하고 블로그에 포스팅해야 습관 여부가 자신의 블로그 위젯에 표시된다. 자신의 블로그에 설치된 위젯으로 습관 연재 현황을 확인하면서 목표를 달성할 수 있다.

사용방법은 다음과 같다.

첫째, 미션 위젯 연재하기 버튼을 통해 목표 분야의 위젯을 설치한다.

둘째, 연재할 카테고리를 선택하고 구체적인 도전 목표를 등록한다. 처음 목표 도전에 성공하면 나중에는 다른 목표를 설정해서 도전하면 된다.

자신이 시간을 어떻게 사용하는지 상세하게 기록하는 것이 중요하나. 사신의 하루를 기록하다 보면 개선점을 찾을 수 있다. 시간을 유익하게 사용하는지, 또는 낭비하는 시간이 없는지 확인할 수 있다. 예를 들어 자기 계발에 몇 시간을 이용하는지, 또는 SNS를 사용하는 시간은 몇 시간인지 확인할 수 있다. 시간을 관리할 수 있어야 습관을 실천할 수 있다. 자신의 습관을 방해하는 시간이 있다면 줄일 수 있도록 노력해 보자. 시간 관리를 하다 보면 하루를 유익하게 보낼 수 있다. 습관 진척 상황 기록과 시간 관리를 하지 않는다면 새로운 습관을 만들 수 없다. 새로운 습관을 만들기 위해서는 두 가지를 꼭 실천해 보자.

공부를 잘하는 학생들은 플래너를 사용하여 하루, 일주일, 한 달 단위로 해야 할 일에 대한 계획을 세운다. 플래너를 이용해 습관 진척 상황 표를 기록하고, 자신이 할 수 있는 분량에 맞추어 계획을 세우기도 한다. 자기 관리를 철저하게 하다 보니 생활도 안정적이고 성적도 우수하다. 반면 공부를 못하는 학생들은 계획을 세우지 않는다. 그러다 보니 해야 할 일의 중요성도 느끼지 못한다. 하루하루를 충실하게 보내지 않으면 늘 똑같은 삶이 지속된다. 시간 관리를 통해 진척 상황 표를 기록하다 보면 목표 달성으로 성취감을 느낄 수 있다. 시간 관리를 잘 하려면 많은 노력이 필요하다.

시간 관리를 하면서 습관 실천 여부를 기록하다 보면 습관을 지속하고자 하는 마음과 책임감이 생긴다. 습관을 실천하려면 실행력이 필요하다. 습관은 기록하고 관리하는 것이 정말 중요하다. 시간을 제대로 활용하려면 'To Do List'를 사용하면 효과적이다. 이 To Do List는 당일 아침에 급하게 작성하기보다 전날 밤에 미리 작성해야 효과적이다. 미리 작성하면 계획대로 실천할 수 있다. 좋은 습관을 지속적으로 실천하고 싶다면 기록하는 습관부터 연습해 보자. 자신의 일정을 점검하여 해야 할 모든 일들을 간단하게 기록해 보자. 기록하는 순간 삶의 변화가 일어나고, 자신의 목표를 이루어 갈 수 있다.

습관을 지속적으로 실천하려면 계획의 진척 상황 표를 기록하고 관리해야 한다. A4용지 한 장을 이용하면 간단하게 습관 실천 여부를 기록하고 확인할 수 있어 편리하다. 진척 상황 표를 책상 앞에 붙여 놓고 습관 여부를 매일 기록하면 효과적이다. 좀 더 꼼꼼하게 관리하고 싶은 사람은 자신의 다이어리에 습관 실천 여부를 기록해도 된다. 스마트폰에 습관 관리 앱들을 다운로드해 편리하게 습관 실천 여부를 기록해도 된다. 습관 실천 여부는 매일 기록하는 것이 중요하다. 기록의 내용은 간단하게 해도 되지만 하루라도 건너뛰지 않게 해야 한다. 시간을 어떻게 사용하는지 꾸준히 기록하고 관리할 수 있어야 습관도 관리할 수 있다. 효율적으로 시간을 관리하지 못하고 있다면 개선점을 찾아 기록하고 관리해 보자.

CHAPTER 9.
일상을 변화시키는 습관들

1.
....

건강을 위한
습관

　건강은 가장 중요한 자산이다. 아무리 능력과 돈이 있더라도 건강을 잃으면 소용이 없다. 몸이 건강해야 에너지를 가지고 성취하는 바를 이룰 수 있다. 평소에 건강을 챙기지 않으면 병에 걸린다. 미국의 정치가이자 과학자인 벤저민 프랭클린은 '건강의 유지는 자기에 대한 의무인 동시에 사회에 대한 의무이다'라고 했다. 몸이 허약하면 가족에게 폐를 끼치게 되고, 주위 사람에게 부담스러운 존재가 된다. 건강해야만 개인적, 사회적 직분을 다할 수 있다. 고로 건강은 인간의 첫 번째 의무다. 우리는 평소에 건강에 신경 써야 한다. 병들고 나서 신경을 쓰는 것은 소 잃고 외양간 고치는 것이다. 건강한 습관을 만들기 위해서는 꾸준한 운동과 충분한 수면, 건강한 식습관이 필요하다.

1) 걷기
　운동 중 가장 편하게 접근할 수 있는 것이 '걷기'다. 걷기는 누구나 어디서든 할 수 있는 운동으로, 인간이 하는 운동 중 가장 완벽에 가깝다. 걷는 것은 몸 전체를 한 지점에서 다른 지점으로 이동시키는 것으로 단순해 보이는 동작이지만, 걷기를 잘 하려면 관절, 뼈, 근육, 신경 등이 조화롭게 움직여야 한다. 이 중 한 부분이라도 이상이 생기면 정상적인 걷기가 불가능해진다. 많은 현대인들은 운동 부족으로 인해 예전보다 체력이 떨어졌고, 질병에 노출되어 있다. 다들 운동의 긍정적인 효과에 대해 알고는 있다. 하지만 막상 이를 실천하려고 해도 시간, 장소, 비용 등으로 인해 꾸준히 하기 어렵다. 걷기는 시간, 장소, 비용 문제에 구애받지 않으면서 가장 쉽게 할 수 있는 운동이다.

나는 꾸준한 걷기를 통해 체중 감량과 건강을 되찾았다. 항상 기관지가 좋지 않아 힘든 시간을 보냈지만, 운동의 중요성을 깨닫고 걷기부터 시작했다. 꾸준히 걷기를 하고부터 건강을 되찾았다. 오랜 시간 가지고 있던 질병도 사라졌고, 폐활량이 좋아져서 산에도 편하게 올라가게 되었다. 그토록 싫어했던 마라톤까지 하고, 자전거 국토 종주 그랜드 슬램 달성까지 하게 되었다. 작은 습관만 바꿨을 뿐인데 놀라운 일들이 일어났다. 걷기를 하면서 혈관을 망치는 3가지 주범인 혈압, 혈당, 콜레스테롤 수치도 동시에 떨어졌다. 혈관을 맑고 깨끗하게 하고, 중풍과 심장병을 막아주는 주요 요소도 운동이다. 매일 걷는 8,000보는 하루 3끼 식사를 하고 난 여분 칼로리인 혈관 내 찌꺼기를 태울 수 있는 최소한의 운동량이다. 비싼 약을 먹는 것보다 훨씬 효과적이다. 때와 장소를 가리지 않고 걷는 습관을 실천하기 권한다.

2) 수면

현대인은 잠을 잘 못 자고 있다. 바쁜 삶, 스마트폰 사용, 유튜브, 넷플릭스 등 때문이다. 미국 국립 수면 재단의 조사 결과에 의하면 성인의 최적 수면시간은 7~8시간이나. 잠을 많이 자는 것보다 수면을 취하는 게 중요하다. 특히 체온이 낮은 새벽 2~4시경이 숙면하기에 가장 좋은 시간이다. 펜실베이니아 대학의 연구에 의하면 하루에 8시간 이상 자는 사람들이 그렇지 않은 사람들보다 인지 수행 능력이 높다고 한다. 맑은 정신을 위해서는 8시간 이상 자야 하며, 건강하게 오래 살기 위해서는 최소 6~7시간은 자야 한다. 잠을 푹 자는 것은 건강을 지킬 수 있는 방법 중 하나이다. 충분한 수면을 하게 되면 심혈관 건강이 유지된다. 또, 기억력이 개선되며 면역력도 증진된다. 수면이 부족하면 소화 불량, 두통, 비만과 질병이 생긴다. 불안 장애가 일어나고 불면증으로 인해 스트레스도 생기게 된다. 즉, 정상적인 생활이 쉽지 않아진다.

요즘은 충분한 수면을 취하지 못하며 과로하는 직장인들이 번아웃(burnout) 증후군을 겪기도 한다. 번아웃 증후군이란, 의욕적으로 업무에 몰두했던 사람이 신체적, 정신적으로 피로감을 느끼고 탈진하여 무기력해지는 현상을 말한다. 이런 증상이 심해지면 화가 나거나 우울증이 생기고, 업무와 생활에 어려움이 생길 수 있다. 충분한 수면 시간을 확보하기 위해서는 12시 전에 자고 일찍 일어나야 한다. 자기 전에 반신욕을 통해 근육을 이완시키고 잠이 잘 올 수 있도록 도와주는 것도 중요하다. 반신욕은 피로 회복에도 큰 도움이 된다. 잠들기 2~3시간 전 스마트폰은 사용하지 않는 것이 좋다. 스마트폰의 밝은 불빛은 숙면을 방해하고, 눈의 피로도를 높인다. 또한 침실은 어둡게 해 주는 것이 숙면을 위해서 좋다.

3) 식습관

건강한 식단을 유지하는 것도 중요하다. 영양가 높은 음식을 먹고 정크 푸드와 술을 절제하는 식습관을 들이면 장점이 많다.

첫째, 몸에 적절한 단백질을 제공한다.

둘째, 좋은 콜레스테롤과 나쁜 콜레스테롤의 균형을 유지한다.

셋째, 혈당 수준을 낮춘다.

넷째, 비만을 막을 수 있다.

우리의 면역체계를 개선하는 보충제도 섭취해야 한다. 많은 연구에 따르면 강황은 암을 억제한다. 비타민 E와 C는 활성 산소를 빨아들이는 스펀지로, 독이 있는 활성 산소를 제거한다. 활성 산소는 세포벽에 손상을 주고 체내 모든 세포핵 안에 있는 DNA와 충돌해 유전적 변이를 일으키는데, 유전적 변이는 암에 이를 수 있다. 제대로 먹었을 때 우리가 소모하는 칼로리를 하루 2,000칼로리라고 하면 지방 축적을 줄여야 건강해진다. 지방은 체내에서 독소를 저장하므로 지방이 적다는 것은 독소가 적다는 의미이다.

건강한 식습관을 유지하기 위해서 매일 먹는 것과 식사량을 기록하는 습관도 필요하다. 무엇을 먹었는지 적어 보면 몸에 좋지 않은 음식을 먹지 않도록 조절할 수 있다. 바쁘다고 식습관에 소홀하다 보면 영양 손실과 건강을 악화시킬 수 있다. 잦은 외식과 가공식품 섭취를 피하는 것도 좋다. 영양가 있는 메뉴를 선택하고 기름을 적게 사용하여 조리해야 한다. 올바른 식사 습관을 갖기 위해서는 하루 3끼를 규칙적으로 식사해야 한다. 편식 없이 골고루 먹고, 적당한 양을 먹고, 짜지 않고 싱겁게 먹도록 해야 한다. 먹는 음식만 바꿨을 뿐인데 몸이 가벼워지고 건강해졌다는 이야기를 다른 이들도 많이 한다. 과식을 피하고 질 좋은 음식을 섭취함으로 건강을 유지할 수 있도록 해 보자.

위에서 건강을 위한 습관을 유시하기 위한 내용들을 알아보았다. 건강해야 하고 싶은 일도 할 수 있고, 한 번뿐인 인생을 잘 살아갈 수 있다. 건강을 위해 실천할 수 있는 목표들을 작게 세워 매일 꾸준히 노력해 보자. 목표를 무리하게 세우면 실패하기 마련이니 최소한 작게 설정해 두는 것이 좋다. 혼자 할 수 없으면 가족, 지인, 친구, 직장 동료들과 함께 하는 것도 좋다. 요즘 유익한 앱도 많이 나와서 도움을 받을 수 있다. 하루 만보 걷기를 측정할 수 있는 '캐쉬워크', 좋아하는 음악을 들으며 잠들 수 있는 '수면 타이머', 식단 자동 생성 앱 '식단을 부탁해' 등이 있다. 건강해야 인생을 즐겁게 살아갈 수 있기에 건강을 잘 챙기는 습관이 중요하다.

2.
인간관계를 위한 습관

살아가면서 우리는 많은 사람들을 만나며 인간관계를 배운다. 사람은 저마다 서로 다른 사고방식을 가지고 있기에 지속적인 만남을 위해서는 상대방을 배려해야 한다. 진짜 친구 3명만 만나도 성공한 인생이라는 말이 있다. 그러나 그런 사람은 많지 않다. 진정한 인간관계는 서로에게 행복을 주는 관계이다. 평소에 내 마음을 들여다보고 꾸준히 내면을 단련하는 훈련이 필요하다. 나를 위해서뿐 아니라 좋은 관계를 만들기 위해서는 몸과 마음의 건강이 필요하다. 행복한 만남은 자신이 어떻게 행동하느냐에 달려 있다. 만남을 소중히 여기며 인간관계를 위한 습관을 길러 보자.

1) 약속을 지킨다

주변을 돌아보면 약속을 지키지 않는 사람들이 많다. 10번 약속했을 때, 8번은 약속을 지키지 않거나 연락을 하지 않는 사람들도 있다. 대부분의 사람들은 약속을 어기는 사람을 멀리하거나 만나지 않는다. 연락도 없이 약속을 취소하거나 어기는 것은 예의에 어긋난 행동이다. 약속을 지키지 않으면 제대로 된 인간관계를 형성할 수 없다. 일정표를 점검해서 약속이 겹치지 않도록 유의해야 한다. 부득이하게 약속을 지킬 수 없다면 미리 연락을 해서 시간과 장소를 변경하거나 양해를 구해야 한다. 약속을 꼭 지킬 수 있는 습관이 필요하다.

실행 방법으로는 다음을 들 수 있다.

첫째, 약속 일정을 달력이나 다이어리, 핸드폰에 기록한다. 핸드폰 알람을 설정해 두면 효과적이다.

둘째, 일정표 확인 후 약속을 정해야 한다. 일정표를 확인하지 않고 대충 약속을 정한 경우 약속을 지키지 못한다. 한두 번 놓치게 되면 자주 실수하는 일이 생긴다.

셋째, 가족과 함께하는 시간도 확보해 두어야 한다. 여유 없이 약속을 정하는 경우 시간에 쫓기게 된다. 직장에서 근무 시간이 길어질 경우 별다른 방법이 없다. 이런 일이 생기면 연락해서 사정을 얘기하고 약속을 변경해 보자. 사정을 말할 때 상대방의 기분이 나쁘지 않도록 주의해서 말해야 한다.

2) 상대방의 험담을 하지 않는다

만날 때마다 기분이 안 좋아지는 사람이 있다. 이런 유형은 상대방을 부정적인 눈으로 바라보며 단점을 얘기한다.

직장에서 만나는 사람 중에 이런 유형이 꼭 있다. 부정적인 에너지를 주는 사람은 피해야 인생을 행복하게 살아갈 수 있다.

톰 콜리의 『습관의 답이다』 참고

상대방을 비판하거나 불평하지 말아야 한다. 다른 사람들은 부정적인 사람들이 나쁜 영향을 준다는 것을 알기에 피하려고 한다. 다른 사람에게 남의 험담을 하는 사람들은 인간관계가 쉽게 무너진다.

실행 방법으로는 상대방을 만났을 때 긍정적으로 바라보며 대화하는 습관을 가져야 한다. 귀가 2개이고 입이 하나인 이유도 말은 적게 하고, 두 배로 잘 들으라는 뜻이다. 상대방의 말을 더 존중하고 겸허하게 받아들이자. 상대방의 단점은 얘기하지 말라. 가까운 사람들에게도 상대방의 비밀이나 험담을 하지 않도록 하자. 구설수로 인해 인간관계가 깨지고, 오랜 만남이 지속되지 않게 된다. '세상이 좁아서 비밀은 없다'라는 말도 있다. 한번 험담을 하기 시작하면 계속 잘못된 얘기가 나와서 불행해진다는 사실을 기억하자.

3) 부재중 전화나 메시지는 24시간 안에 답한다

인간관계에 있어 소통과 배려가 필요하다. 상대방이 연락을 했을 때, 바쁜 일이 생겨서 바로 못 받았어도 안내 문자로 사정을 얘기해야 한다. 상대방이 여러 번 전화하는 번거로움이 없게 해야 한다. 상대를 위한 작은 배려인 셈이다.

연락을 했는데도 하루 이틀이 지나도 답변이 없는 사람은 신뢰가 깨져 원만한 관계를 유지할 수 없다. 좋은 관계를 위해서는 사소한 연락도 놓치지 않고 꼭 할 수 있도록 노력해 보자. 작은 노력들이 쌓여 서로 긴에 신뢰를 만들어 준다.

실행 방법으로는 다음과 같은 내용이 있다.

연락이 왔을 때 못 받은 경우, 먼저 받지 못한 연락을 확인한다. 그 후에 전화가 왔던 순서대로 메모를 해서, 전화를 걸거나 메시지를 남긴다. 전화를 받지 못해 죄송하다고 말한 후 상대방의 용건을 묻는다. 문자나 카카오톡 답변도 이처럼 차례대로 답한다. 이메일도 매일 확인하면서 짧게라도 답변을 남긴다. 바쁘다고 연락을 미루지 말고 24시간 이내에는 답해야 한다. 연락을 제때 하지 않는 사람은 좋은 사람들을 놓친다. 답변이 늦어지면 오해가 생기고 불쾌한 감정을 느낄 수 있으니 이 점을 꼭 유의하도록 하자.

어떤 사람을 만나느냐에 따라 인생이 좌우되기도 한다. 인간관계를 잘 유지하려면 약속을 잘 지키고, 상대방의 힘담을 하지 않는다. 부재 시 24시간 안에 답하는 습관을 길러야 한다. 가까운 사람들끼리도 예의를 지켜야 한다. 서로 신뢰가 깨질 경우 좋은 인간관계를 유지할 수 없다. 살아가는 게 분주해지면 많은 사람들이 인간관계를 소홀히 한다. 하지만 인간관계는 자신의 노력으로 만들어 가는 것이다. 상대방에게 연락이 오기를 기다리기보다 자신이 먼저 연락할 수 있도록 노력해 보자. 매일 서로 간의 에티켓을 잘 지켜 평생 좋은 관계를 유지할 수 있도록 해 보자.

3.

정리 정돈을 위한
습관

고마츠 야스시의 『정리정돈의 습관』에는 이런 말이 있다.
"정리 정돈은 당신의 인생을 바꾸기에 가장 가깝고 간단한 방법이다. 인생을 바꿀 기회는 누구에게나 찾아온다. 당연한 말일지 모르지만 기회는 그저 묵묵히 지켜보기만 하는 사람에게는 찾아오지 않는다. 최소한 기회가 찾아왔을 때만이라도 스스로의 의지로 움직이지 않는다면 결코 기회를 잡을 수 없다. "그야 그렇지만 무엇부터 시작하면 좋을지 모르겠다"라는 사람에게는 특히 정리 정돈을 추천한다. 인생을 바꿀 계기를 정리 정돈을 통해 끌어내는 것이다. 좋은 기회를 잡으려면 준비도 필요하다. 정리 정돈은 가장 기본적인 준비이기도 하다."

1) 사용한 물건은 제자리에 둔다

사용한 물건을 제자리에 두지 않아 찾지 못하는 경우가 있다. 물건을 사용하고 정해진 위치에 놓아야 찾기 쉽다. 물건을 아무 데나 두는 습관을 고쳐야 정리가 잘 된다. 바쁘면 많이 사용하는 공간인 책상과 침대 주변이 정리가 되지 않은 경우가 있다. 나는 '아이들에게 아침에 일어나면 침구부터 정리하고 하루를 시작하라'고 말한다. 방이 잘 정리되어 있어야 공부도 잘되고 마음도 가벼워진다. 방을 보면 그 사람의 마음 상태를 알 수 있다. 정리를 바로 하면 시간 낭비를 줄일 수 있다.

실행 방법으로는 다음을 참고하라.

첫째, 물건을 놓을 위치를 정한다. 모든 물건에는 정해진 위치가 있다. 물건을 놓을 위치가 적당하지 않으면 수납 도구를 만들어 정리해라. 물건만 제자리에 놓아도 정리하기 쉬워진다.

둘째, 사용한 물건은 수납 도구 안에 넣어라. 정리가 안 되어 있는 집 안은 물건들이 밖으로 나와 있어 어수선하다.

셋째, 수납할 때 7:3 원칙을 유지하라. 수납할 공간의 70% 이하로 수납하라는 얘기다. 물건을 구입하기 전에 구입할 물건을 보관할 공간부터 확보하라. 정리 정돈을 유지하기 위해 매일 30분간 정리하는 습관을 가져라.

2) 사용하지 않은 물건을 비운다

정리가 되지 않은 집은 짐이 가득하다. 물건이 아깝다고 버리지 못하는 사람들이 많다. 물건들을 쌓아 놓다 보면 집이 지저분해진다.

최근 종영된 tvN의 〈신박한 정리〉 프로그램이 대중에게 큰 인기를 얻었다. 프로그램 진행 중 사용하지 않은 물건들을 비웠는데 공간이 생기고, 가정의 행복 지수도 높아졌다. 이 프로그램이 인기를 얻다 보니 사람들도 정리 정돈에 관심을 가지기 시작했다. 사용하지 않은 물건을 비우는 것은 정리의 기본이다.

실행 방법으로는 다음이 있다.

첫째, 유통기한 또는 소비기한이 지난 물건을 비운다. 주변을 보면 유통기한이 지난 물건들을 볼 수 있다. 예를 들어 화장품, 샴푸, 린스,

약품, 음식 등이다. 주기적으로 정리하면서 물건을 비운다.

둘째, 2년 이상 미사용한 물건을 비운다. 2년 이상 사용하지 않은 물건은 앞으로도 사용할 가능성이 적다. 현재 입지 않은 옷, 플라스틱 제품, 읽지 않은 책 등을 비운다.

셋째, 현재 상태와 어울리지 않은 물건을 비운다. 스마트폰이 발달하면서 기존에 사용했던 전자 제품을 사용하지 않는 경우가 있다. 사용하지 않은 물건은 과감히 비워서 주변을 깔끔하게 만들어라.

3) 스마트폰을 정리한다

현대인이 많이 사용하는 스마트폰도 정리가 필요하다. 스마트폰 안에는 연락처, 사진, 사용하는 앱 등이 있다. 오랫동안 정리하지 않을 경우 용량이 가득 차서 정보를 찾기 어렵다. 또한 스마트폰 속도도 느려져서 불편한 점이 있다. 스마트폰을 원활하게 사용하기 위해서 매일 10분씩 정리하는 습관을 가져라.

실행 방법으로는 다음이 있다.

첫째, 오랫동안 사용하지 않은 앱은 지운다. 휴대폰 배경 화면에 많은 앱을 설치해 두는 사람이 있다. 하지만 앱을 많이 설치하면 정보를 찾기 힘들다. 지우고 남은 앱은 폴더에 이름을 달아 한 화면에 모아 둔다.

둘째, 사진, 동영상, 파일 등을 지운다. 이들은 휴대폰 저장 공간을 많이 차지한다. 파일을 지우기 전 외장 하드나 클라우드 저장 공간 등에 보관한다.

셋째, 음악 파일을 지운다. 출·퇴근할 때 음악을 듣는 직장인들이 많은데, 이들은 파일 용량이 크다. 자주 듣지 않은 음악 파일을 지워야 한다. 음악을 휴대폰에 저장하기보다는 멜론, 지니 뮤직, 플로 뮤직 같은 스트리밍 서비스를 이용해라. 스트리밍 서비스는 음악을 다운받을 필요 없이 들려주는 형식이다.

　요즘 현대인들은 삶에 필요한 최소한의 물건만 갖추고 사는 생활인 '미니멀 라이프'를 선호한다. 정리 정돈은 쉬운 것 같지만 잘되지 않는 부분이다. 인생을 바꾸고 싶다면 먼저 정리 정돈하는 습관을 가져라. 사용하는 공간이 깔끔해야 정신도 맑아지고, 일도 잘된다. 정리 정돈이 되면 목표가 보이기 시작하며, 복잡했던 생각이 사라진다. 온전히 목표에 집중할 환경을 만드는 과정이 바로 정리 정돈이다. 나는 네이버 블로그에서 이웃들과 100일 동안 '물건 다이어트'를 했는데, 미션 기간에 매일 물건 3가지씩을 비우며 정리했다. 일에 집중력과 효율성을 높이기 위해 위의 3가지 사항들을 실천해 보자.

4.

여가 생활을 위한 습관

 오늘날 국민 소득은 3만 달러에 이른 반면 일하는 시간은 줄었다. 주 5일 근무제가 많아 여가 시간이 많아졌다. 여가 시간을 어떻게 보내느냐에 따라 삶의 질이 좌우된다. 여가 시간의 장점은 다음과 같다.
 첫째, 정신적인 스트레스를 해소할 수 있다.
 둘째, 자유 시간을 알차게 보낼 수 있다.
 셋째, 생활의 활력소를 얻어 일의 능률을 올릴 수 있다.
 여가 시간을 잘 활용하면 배움을 통해 경제적 자유까지 얻을 수 있다. 여가 시간을 통해 자기 계발을 하며 멋진 미래를 만들어 보자. 시간을 다스리는 사람이 시간을 많이 얻을 수 있다는 점을 기억하고 여가 생활을 위한 습관을 실천해 보자.

1) 좋아하는 것을 배운다

 여가 시간에 자신이 좋아하는 것을 배우다 보면 시간을 유익하게 보낼 수 있다. 요즘 외부로 나가지 않고도 인터넷 강좌로 여러 가지를 배울 수 있다. 자신이 좋아하는 것을 몇 개 선한 후 실천해 보자. 다른 사람의 의견에 따라 정하기보다 자신이 좋아하는 것, 잘할 수 있는 것을 결정해서 정한다. 이때, 시간을 많이 할애하지 않는 범위에서 정해야 한다. 지나치게 시간을 많이 활용하면 몸과 마음이 지쳐서 쉽게 그만두게 된다. 꾸준히 할 수 있는 것을 정한다. 좋아하는 것을 배울 수 있는 방법으로는 '인터넷 강좌를 수강한다', 'SNS 활동을 한다', '자신의 취미와 관심사에 따른 친목 모임에 참석한다' 등이 있다.

실행 방법으로는 다음을 들 수 있다.

첫째, 인터넷 강좌를 수강한다. 바쁜 일정 가운데 외부 강의를 들으러 가기 쉽지 않다. 인터넷 강좌는 수업료도 저렴하고 시간과 장소에 관계없이 들을 수 있다. 무료 인터넷 수강 강좌도 있어 부담 없이 들을 수 있다.

둘째, SNS 활동을 한다. SNS 활동을 하면 다양한 사람들과 의사소통을 하거나 정보를 공유할 수 있다. 예를 들어 페이스북, 인스타그램, 네이버 블로그 등에서 활동하는 방법이 있다.

셋째, 자신의 취미와 관심사에 따른 친목 모임에 참석한다. 예를 들어 독서 모임, 글쓰기 모임, 나눔 모임, 스포츠 모임 등이 있다. 다양한 사람들과 소통하며 많은 것을 배울 수 있다.

2) 가족들과 새로운 일에 도전한다

요즘 스마트폰이 발달하면서 가정에서 대화가 줄어들고 있다. 각자의 방에서 나오지 않고 하루 종일 시간을 보내는 청소년들이 많다. 부모가 자녀들에게 어떤 환경과 기회를 제공해 주느냐에 따라 아이들의 삶의 변화된다. 아이들과 도전 목표를 세워 정기적으로 실천해 보자. 필자도 자녀들과 자전거 타기, 걷기 대회, 마라톤, 등산, 봉사 활동 등 여러 가지를 도전했었다. 도전하면서 가족들 모두 몸과 마음이 건강해졌고 삶의 관점이 바뀌었다. 가족과 소중한 시간을 알차게 보낼 수 있도록 작은 도전부터 실천해 보자. 도전은 사람들이 성장할 수 있는 좋은 기회를 만들어 준다.

실행 방법으로는 다음과 같은 내용이 있다.

첫째, 가족들과 함께 할 수 있는 버킷 리스트를 정한다. 매년 초에 가족회의를 통해 정해 보자. 도전해서 성공했을 경우 보상을 주어 동기 부여를 해 준다.

둘째, 운동한다. 가족들이 함께 할 수 있는 운동을 정해, 주기적으로 해 보자. 운동을 꾸준히 하다 보면 실력이 늘어 각종 대회에도 참여할 수 있다. 운동은 가족 간에 유대 관계를 형성하고, 건강한 생활의 밑거름이 되어 준다.

셋째, 여행한다. 여행 계획을 세워 새로운 곳에 가 본다. 여행을 통해 삶의 활력소를 얻을 수 있다. 반복되는 일상으로 스트레스를 받지만, 여행을 하면 스트레스가 해소되고 마음의 평안이 생긴다.

3) 가족들과 봉사 활동 한다

봉사 활동은 이웃과 지역사회 공동체에 도움을 줄 수 있다. 세상에서 가장 값진 행복은 '나누고 소통하는 삶'이다. 돈이 많아서 행복한 사람은 별로 없다. 반면 가진 것은 많지 않지만 타인과 나누는 삶을 살 때 행복은 두 배가 된다. 주변을 돌아보면 도움이 필요한 곳이 많다. 각자의 일정 때문에 가족과 함께 시간을 내기는 쉽지 않다. 가족과 함께 할 수 있는 시간을 정해 봉사 활동을 해 보자. 자원봉사의 특성으로는 자빌성, 무보수성, 공이성, 지속성이 있다. 타인을 배려하고 도와주는 작은 나눔을 통해 사랑을 실천해 보자.

실행 방법으로는 다음이 있다.

첫째, 봉사자의 마음가짐을 가진다. 긍정적인 생각을 가지고 타인에게 모범을 보인다. 말과 행동을 조심스럽게 한다. 활동을 충실히 하며 약속 시간을 지킨다.

둘째, 봉사 활동을 선택한다. 1365 자원봉사 포털 또는 청소년 자원봉사 사이트를 통해 봉사 활동을 선택할 수 있다. 지역, 분야 등 자신의 조건에 맞는 자원봉사를 조회하여 신청한다.

셋째, 봉사 일지를 기록한다. 봉사 활동을 하고 느낀 점을 작성해 봄으로써 가족들과 피드백을 나누어 본다. 봉사 활동 시 자신의 개선점을 적어 본다. 봉사자의 능력과 자질을 갖추도록 노력한다.

누구나 계획을 세우면 여가 시간을 알차게 보낼 수 있다. 내가 무엇을 좋아하는지, 가족들이 어떤 활동으로 여가 활동을 보내고 싶은지 정한다. 활동하기 좋은 시간과 장소도 정한다. 위에서 여가 생활을 위한 습관 3가지를 알아보았다. 좋아하는 것을 정해 꾸준히 배우고, 가족들과 새로운 일에 도전하고, 봉사 활동을 한다. 이 외에도 독서하기, 필사하기, 음악 감상, 그림 그리기, 동기 부여 영상 보기, 요리 배우기 등이 있다. 여가 생활을 위한 사이트와 유튜브 영상이 있어 손쉽게 정보를 구할 수 있다. 한꺼번에 여러 개를 하기보다, 하면서 조금씩 늘려가는 게 좋다.

5.

독서하는 습관

우리는 책을 통해 배우며 성장한다. 책을 지속적으로 읽는 사람은 언어 능력이 향상되고 이해력도 좋아진다. 살아가면서 꼭 필요한 것이 바로 독서이다. 독서는 위인들의 훌륭한 삶을 배울 수 있다는 장점이 있다. 훌륭한 책은 사람의 운명까지 바꾼다. 책을 좋아하는 사람은 마음도 부자가 되어 세상을 더욱 행복하게 살아간다. 다양한 책을 읽음으로써 사고의 틀을 넓혀 나간다면 자신이 원하는 꿈도 이룰 수 있다.

1) 독서 계획을 세운다

책을 읽기 전에 독서 계획을 세우는 것이 중요하다. 독서의 목적을 설정하고 단기 계획과 장기 계획을 세운다. 도서 자료 선정 시 독서 목적에 맞게 선정하고, 독자의 상황이나 수준에 맞는 책을 선정한다. 흥미와 요구에 맞게 선정하는 게 중요하다. 각종 추천 도서 목록, 필독 도서 목록 등 도서 정보를 활용한다. 하루에 독서할 적절한 분량도 정해 놓는다. 처음부터 독서 시간을 많이 정하기보다 매일 꾸준히 할 수 있는 정도의 시간을 정한다. 바쁜 일정이 생길 때를 고려해 아침 시간을 활용하면 효과적이다. 인터넷에 독서 계획 양식도 있어 다운로드해 사용할 수도 있다.

실행 방법으로는 다음이 있다.

첫째, 독서 계획을 노트나 문서로 작성해 본다. 한 달에 몇 권을 읽을지, 어떤 책을 선정할지 등 구체적으로 작성해 보자.

둘째, 도서 자료를 선정한다. 독자가 읽고 싶어하는 분야의 책을 선정하기 위해 도서관에 가 본다. 요즘에는 인터넷 도서관을 활용하여 전자책을 읽을 수도 있다. 직접 도서관에 가서 책을 실물로 보면 책을 쉽게 선정할 수 있다.

셋째, 독서 시간과 장소를 정한다. 독자의 스케줄을 확인하고 여유로운 시간대와 장소를 정해 보자. 온전히 자신에게 집중할 수 있는 시간을 정해라.

2) 매일 독서한다

책을 한 번에 많이 읽기보다 적절한 양을 정해서 읽는다. 매일 자신의 독서 습관을 기르는 게 중요하다. 직장 스케줄과 가사 일로 책을 읽기가 쉽지 않지만, 매일 10분씩이라도 책을 읽기 시작하면 독서하는 습관을 형성할 수 있다. 습관이 형성된 후에 독서량을 늘리면 된다. 자신의 관심사에 맞추어 흥미 있는 책부터 읽기 시작한다. 헤이 온 와이 책 마을의 창시자 리치드 부스는 "만약에 책을 많이 가지고 있으면 가난해도 책으로 배울 수 있다고 믿습니다"라고 말했다. 책을 통해 교양을 쌓고 지식을 넓히기 위해 매일 독서하는 습관을 갖자.

실행 방법은 다음을 참고해 보자.

첫째, 책을 눈에 보이도록 가까이에 둔다. 그다음 시간 될 때 조금씩 읽도록 하자.

둘째, 독서하면서 책에 밑줄을 긋고 메모한다. 책을 정리하면서 읽으면 기억에 오래 남는다. 필자도 책의 내용을 기억하기 위해 책에 메모한다. 그러다 보니 독서에 흥미도 생겼고, 매일 독서하는 습관을 형성했다.

셋째, 독서 기록장을 작성한다. 책을 읽고 느낀 점과 독서 목록을 작성하고 책의 내용을 짧게 요약해 본다. 독서 기록장에는 책의 제목, 저자, 출판사, 발행 연도, 읽은 날짜를 기록한다. 독서하고 느낀 점을 자신에게 적용해 봄으로써 삶의 문제를 개선할 수 있다.

3) 독서 모임에 참석한다

최근 들어 독서 모임을 통해 서로의 관심사, 여러 의견, 지식도 나누는 문화가 확산되고 있다. 이는 자율적으로 책을 읽는 문화를 만들어 가는 데 도움이 된다. 독서 모임은 다양한 책을 통해 서로 소통하며 삶의 방향성을 찾아간다. 상대방의 이야기를 듣고 자신의 생각을 정리하면 삶의 방향성은 명확해진다. 각 분야의 전문가들이 독서 모임을 모집하기도 한다. 전문가들은 배경 지식, 경험, 통찰력이 뛰어나서 배울 점이 많다. 요즘에는 온라인 독서 모임 플랫폼이 발달되어 많이 이용된다. 예를 들어 '트레바리', '빡독', '대한민국 독서 대전', 'AnoyBooks 블로그 직장인' 등이 있다.

실행 방법으로는 다음을 참고하라.

첫째, 독서 모임을 결정한다. 집에서 혼자 책을 읽기보다 모임을 통해 함께 독서하고 책에 집중하는 습관을 만들어 보자. 독자의 취향, 시간, 취미 등 생각해서 신중하게 정한다.

둘째, 독서 모임에서 선정된 도서는 반드시 읽는다. 책을 읽지 않고 모임에 가면 원활한 소통이 불가능하다.

  셋째, 토론을 통해서 공감 능력을 키운다. 토론은 상대방의 주장을 반박하고 자신의 생각이 옳음을 입증하면서 문제 해결 방안을 모색하는 과정이다. 독서 모임을 통해 자신의 장단점을 발견하고 타인과 함께 하는 삶을 만들어 가도록 한다.

  독서하는 습관을 가지면 독해력과 이해력이 향상된다. 학원을 많이 다니는 것보다 매일 독서하는 것이 더 중요하다. 책을 많이 읽어 독해력이 향상되면 학습 능력이 발달해 공부도 잘하게 된다. 필자도 이해력이 부족한 학생들에게 영어 수업을 가르쳤었다. 원활한 수업 진행이 되지 않아 학부모님께 영어 공부보다 책을 지속적으로 읽기를 권했다. 모든 공부의 시작은 독서에서 비롯된다. 독서하는 습관을 만들기 위해서는 같은 시간과 장소에서 실천해야 한다.

  독서를 통해 정보와 지식을 얻고, 내면의 사고를 깊이 있게 하며 정서를 풍부하게 만들어 보자.

6.
....

일기 쓰기
습관

　하루에 일어난 일들을 생각하며 기록하는 일기 쓰는 습관을 형성하면 많은 장점이 있다. 글쓰기 실력도 좋아지고, 자신의 삶을 성찰함으로써 성장하는 삶을 살 수 있다. 또한 일기를 꾸준히 쓰게 되면 내면의 힘을 기를 수 있다. 일기를 써서 하루를 반성하며 내일을 계획하는 사람은 성공할 확률이 높은 사람이다. 우선 단 한 가지의 습관을 만들고자 한다면 일기 쓰는 습관을 가져 보자. 처음 일기 쓰기가 부담이 된다면 형식에 관계없이 자유롭게 써 보자.

1) 다양한 방식으로 일기를 써라

　주변을 둘러볼 때 일기를 지속적으로 쓰는 사람들은 많지 않다. 아이들도 학교에서 숙제를 내주지 않은 이상 자발적으로 쓰는 경우는 드물다. '왜 일기 쓰기를 지속하지 못할까?' 일기 쓰기를 반복되는 숙제라고 생각하는 사람들도 있다. 반복되는 일상 속, 같은 일이 반복되니 일기에 쓸 글감을 찾지 못하는 것이다. 일기 쓰는 재미가 생길 수 있도록 다양한 방식으로 일기를 써라. 예를 들어 반성 일기, 상상 일기, 관찰 일기, 감사 일기, 체험 일기, 그림일기, 독서 일기, 감사 일기 등이 있다. 다양한 일기 쓰기에 도전하다 보면 일기 쓰기에 흥미를 가지게 될 것이다.

실행 방법으로는 다음을 참고하라.

첫째, 다양한 체험을 해 본다. 매일 똑같은 하루를 보내기보다 해 보지 않은 일들을 시도해 보고, 활동하면서 보고 느낀 점을 일기로 써 본다.

둘째, 매일 일정한 방식이 아닌 다양한 방식으로 일기를 쓴다.

일기를 지속적으로 쓰려면 우선 재미있어야 한다. 자신에 맞는 방식을 선택하여 지속적으로 써 보자.

셋째, 일기 쓰는 분량에 관계없이 써라. 일기 내용을 길게 쓰려고 하면 지속적으로 쓰기 힘들다. 단 몇 줄을 적더라도 즐거운 마음으로 쓰도록 한다. 일기를 매일 쓰면서 좋은 습관을 만들어 가는 것이 중요하다.

2) 솔직한 마음으로 자세히 쓴다

다른 사람의 일기를 보면 그 사람의 기분과 감정을 알 수 있다. 다른 가족들이 볼까 봐 일기를 솔직하게 쓰지 못하는 사람들도 있다. 일기를 꾸며 쓰기보다 솔직한 마음으로 자세히 써 보자. 자신의 하루를 반성하면서 잘한 일, 잘못한 일, 기쁜 일, 안 좋았던 일, 내일 해야 할 일 등을 쓴다. 일기를 쓰면서 생각을 정리하는 것이 중요하다. 우리가 잘 알고 있는 유명한 위인들도 일기를 썼다. 예를 들어 전쟁 중 『난중일기』를 쓴 이순신 장군, 자신의 여행 소재를 일기로 쓴 혁명가 체 게바라 등이 있다.

실행 방법으로는 다음을 참고하라.

첫째, 하루에 있었던 일 중심으로 일기로 써야 한다. 일기를 과장해서 쓰면 안 된다. 일기는 하루를 반성하는 과정이니 솔직하고 자세히 써야 한다.

둘째, 평범한 삶 가운데 일기 소재들을 정해 보자. 매번 특별하고 좋은 일만 있는 것은 아니다. 하루를 보내면서 무엇을 쓸 것인지 다이어리에 메모해 본다.

셋째, 하루를 마무리하는 시점에 간결하게 일기를 쓴다. 요즘에는 워드로 일기를 작성하는 사람들도 많다. 손쉽고 편리하기 때문이다. 일기 쓰기 앱도 있어서 다운로드해 사용할 수 있다. 한 장의 사진과 세 줄의 글로 일기를 쓰는 앱 '세 줄 일기'도 있다.

3) 감사 일기를 쓴다

요즘 SNS에서 '감사 일기 쓰기' 프로젝트가 유행이다. 예를 들어 카톡으로 채팅방을 만들어 감사 일기 공유하기, 가족들과 함께 감사 일기 쓰기 등이다. 감사 일기를 쓰면 작은 것에도 감사하게 되고 긍정적인 마음으로 하루를 보낼 수 있다. 예전에 무심코 지나갔던 모든 것들이 감사의 이유가 되고 삶의 행복을 느낄 수 있다. 힘들다고 부정적인 생각만 하면 상황이 안 좋아진다. 힘든 상황 가운데 감사하며 하루를 보낸다면 모든 것을 이겨 낼 수 있는 힘을 가질 수 있다. 오프라 윈프리는 이렇게 말했다. "감사 일기를 쓰면서 내 인생은 완전히 달라졌다. 나는 비로소 인생에서 소중한 것이 무엇인지, 삶의 초점을 어디에 맞춰야 하는지 알게 되었다."

실행 방법으로는 다음이 있다.

첫째, 감사 일기 쓸 분량을 정하고 매일 쓴다. 하루에 몇 가지씩 쓸지 정한다. 예를 들어 3~5가지 정도 쓰면 좋다. 많이 쓰려고 하면 나중에 쓸 소재를 찾지 못한다.

둘째, 감사 일기 노트를 준비한다. 감사 일기를 정해진 노트에 정성스럽게 작성해 보자. 나중에 감사 일기를 보면서 추억을 회상할 수 있을 것이다.

셋째, 주변의 모든 일에 감사하며 긍정문으로 써야 한다. 예를 들어 '하루를 힘차게 시작할 수 있어서 감사합니다', '나에게 주신 모든 환경에 대해 감사합니다'라고 쓰면 된다. 감사 일기는 구체적으로 작성하고, 현재 시제로 써야 한다.

디지털 시대가 발달하면서 일기 쓰는 사람들이 줄어들었다. '스마트폰 할 시간은 많은데 일기 쓸 시간은 없다'고 말하는 사람들도 있다. 일기 쓰는 데 많은 돈이 드는 것도 아닌데 쉽게 일기 쓰기를 결정하지 못한다. 성공의 시작은 작은 일에서부터 시작된다. 일기를 지속적으로 쓰면서 꿈을 이룬 분들도 많이 있다. 일기를 거창하게 쓰기보다 매일 꾸준히 쓰면서 보다 나은 삶을 살 수 있도록 노력해야 한다. 일기 쓰면서 자기 성찰의 시간을 갖다 보면 바른 인성을 소유하게 된다. 하루에 10분씩 시간을 내어 일기를 매일 쓰는 습관을 가져 보자. 일기를 쓰다 보면 오늘보다 나은 멋진 미래가 기다리고 있을 것이다.

7.

필사하는
습관

김시현의 『필사, 쓰는 대로 인생이 된다』에는 이런 말이 있다.

"필사는 말 그대로 책을 손으로 베껴 쓰는 것을 말한다. 사람들은 필사를 작가 지망생이나 기자 지망생이 필력을 높이기 위해서 하는 것으로 알고 있다. 필사가 필요한 사람은 전업 작가만은 아니다. 이제 글쓰기는 생존이 달린 중요한 문제가 되어가고 있다. SNS, 보고서, 업무메일, 자기소개서, 논문 등 자신의 생각을 논리적이고 설득력 있는 문장으로, 사람들의 마음을 흔드는 글을 쓸 수 있다는 것이 큰 장점이 되는 시대이다. 필사를 통해 글을 잘 쓰는 능력을 갖추는 것은 필사 후에 따라오는 작은 단면일 뿐이다."

1) 필사책을 정한다

책을 읽는 사람에 비해 필사하는 사람은 드물다. 필사하려면 마음을 가다듬고 손으로 쓰는 정성이 들어가야 하기 때문이다. 나도 중학교 2학년 때 국사 선생님이 내준 방학 필사 숙제를 통해 인생의 첫 번째 터닝 포인드를 맞이했다. 국사책 한 권을 방학 동안 다 쓰 올 수 있는 학생은 '앞으로 무슨 일을 하든 해낼 수 있다'라고 하셨다. 나는 국사 선생님의 말을 믿고, 하루에 8시간 이상 필사해서 숙제를 끝냈다. 책상에 오래 앉아 필사하다 보니 집중력도 좋아지고 공부하는 습관도 생겼다. 그 후의 삶은 완전히 변했고, 하고자 하는 일들을 이루었다. 국사 선생님께서는 필사의 위대한 힘을 알고 계셨던 것이다. 어떤 책이라도 좋다. 자신의 운명을 바꿀 필사 책을 정해 보자. 어떤 사람과, 책을 만나느냐에 따라 인생이 달라진다.

실행 방법으로는 다음을 참고하라.

첫째, 자신이 좋아하는 책을 정한다. 서점에 가서 필사할 책을 찾아본다. 장기간에 걸쳐 써야 하기 때문에 책을 대여하기보다 소유하는 게 좋다. 필자도 마인드 스쿨 조성희 대표의 『뜨겁게 나를 응원한다』 책으로 필사를 하고 있다. 하루 10분, 100일 동안 필사하는 책이다. 좋은 문장을 마음에 새기면서 마음 근육을 튼튼하게 만들어 보자. 필사하기 좋은 책으로는 성경책, 『명심보감』, 『논어』, 『채근담』, 『나폴레온 힐의 성공을 위한 365일 명상』, 『한용운과 필사하기』, 『필사의 즐거움: 윤동주처럼 시를 쓰다』 등이 있다.

둘째, 필사할 기한을 정한다. 100일 동안 꾸준히 하면 습관을 만들 수 있다. 100일을 기준으로 기간을 정해 보자.

셋째, 필사 시간은 10분이 넘지 않도록 짧게 정한다. 처음부터 장시간 필사하다 보면 습관으로 만들기 힘들다. 짧게 필사하더라도 책 내용에 집중하며 탐미해 보자.

2) 나만의 필사법을 만든다

필사의 재미를 느낄 수 있도록 나만의 필사법을 만들어 보자. 우선 스스로 필사 시간을 정한다. 문장을 정독하며 소리 내어 읽고 필사하면서 마음에 새기자. 글씨체도 자신의 취향에 맞게 써 보자. 요즘에는 마음을 담아 캘리그래피로 필사하는 경우도 있다. 예쁜 글씨는 감성도 풍부하게 만든다. 아무리 바빠도 필사할 때 정성을 다하도록 한다. 다양한 도구를 이용해 필사하면 필사의 매력을 느낄 수 있다. 나만의 필사법을 만들어 개성 있는 필사책을 만들어 보자. 좋은 글은 아픈 마음을 치유하며 인간의 성장을 돕는다. 매일 꾸준히 필사하면서 필사의 힘을 느껴 보자.

실행 방법으로는 다음을 참고하라.

첫째, 자신에게 맞는 필사법을 만든다. 자필로, 혹은 워드로 필사할지를 정한다. 최근에는 온라인 필사도 유행이다. 시간에 쫓기는 사람들은 워드로 필사하여 블로그에 포스팅한다.

둘째, 필사할 노트를 정한다. 요즘은 자신의 취향에 맞게 다이어리에 필사하는 사람도 많다. 특별한 의미를 부여하기 위해서 자신만의 예쁜 필사 노트를 마련해 보자.

셋째, 좋은 문장을 발췌한다. 책을 읽다 보면 놓치고 싶지 않은 멋진 글을 발견하게 된다. 이때 잘 메모해 두었다가 필사해 보자. 좋은 글을 한 권 필사하게 되면 세상에서 단 하나뿐인 자신만의 멋진 필사책이 만들어진다.

3) 주변 사람들과 함께 필사한다

필사할 때 주변 사람들과 함께 하면 오랫동안 즐기면서 할 수 있다. 나는 아이들에게 신앙심과 공부 습관을 만들어 주기 위해 4년 전부터 지금까지 함께 성경 필사를 하고 있다. 같이 필사하면서 서로 동기 부여를 해 주고 집중하는 시간을 갖는다. 아이들은 하나님의 은혜를 체험함과 더불어 공부 습관도 생겼다. 요즘 SNS에서 함께 필사하는 사람들이 많아졌다. 필사한 후 네이버 블로그, 페이스북, 인스타그램에 인증 샷을 올린다. 서로 함께 하면서 응원과 격려의 댓글도 달아 주다 보니 힘을 얻고 지속적으로 하게 된다. 필자도 블로그를 하면서 필사의 달인 김희수 작가를 알게 되었다. 하루도 빠짐없이 필사하며 주변 분들께 선한 영향력을 주고 계신 분이다.

실행 방법으로는 다음과 같은 방법이 있다.

첫째, 가족들과 필사하면서 좋은 습관을 만들어 본다. 가족들과 함께 필사할 책을 정한 후 매일 실천해 본다. 가족들이 먼저 변해야 다른 사람들에게도 선한 영향력을 줄 수 있다.

둘째, 가까운 지인들과 필사한다. 필자도 지인들께 필사책을 선물하면서 필사를 함께 하고 있다. 필사 후 단톡방에 매일 인증 샷을 올린다. 함께 하면 책임감도 생겨서 빠지지 않고 열심히 하게 된다.

셋째, 네이버 블로그에서 운영하는 챌린지 프로그램을 참여한다. 자신의 블로그를 통해 목표 분야의 미션 위젯을 설치한다. 설치된 위젯으로 연재 현황을 확인하며 목표를 달성할 수 있다.

매일 쓰는 필사의 힘은 중요하다. 필사는 그냥 따라 쓰는 것보다, 손으로 쓰면서 읽기 때문에 더 깊이 이해하고 공감할 수 있다. 필사를 하다 보면 저자가 된 기분이 들기도 한다. 필사를 하기 전에 다음 내용을 참고하자.

첫째, 자신에게 도움이 될 유익한 필사책을 정한다. 필사책을 대여하기보다 소유하면 편리하게 사용할 수 있다.

둘째, 나만의 필사법을 만든다. 필사법을 만들면 필사의 재미를 느낄 수 있어 유익하다.

셋째, 주변 사람들과 함께 필사한다. 이렇게 하면 오랫동안 즐기면서 할 수 있다. 위인들의 운명까지 바꾸어 놓았던 기적의 필사 습관을 나만의 습관으로 만들어 보자.

8.

일찍 자고
일찍 일어나는 습관

요즘 20~40대 사이에서 미라클 모닝을 실천하는 사람들이 증가하고 있다. '미라클 모닝'은 새벽에 기상해서 명상, 운동, 독서 등 자기 계발 활동 하는 것을 말한다. 인스타그램에 미라클 모닝 인증 게시물이 80여만 건이 넘는다. 아침을 어떻게 시작하느냐에 따라 하루 일과가 결정된다. 하루를 일찍 시작하는 사람들은 시간을 효율적으로 사용하고, 늦게 시작하는 사람들은 시간에 쫓기며 살아간다. 효율적인 시간 관리를 위해 아침 일찍 일어나는 습관을 실천해 보자.

1) 일찍 일어나려면 일찍 자야 한다

수많은 성공한 사람들이 가장 많이 실천하는 습관은 아침 일찍 일어나는 것이다. 이들은 새벽 5시에 기상하여 생산적인 하루를 보낸다. 집중이 잘 되는 아침 시간을 이용해 명상, 독서, 외국어 공부, 운동 등 유익한 습관들을 실천한다. 반면 아침 늦게 일어나는 사람은 시간에 쫓기며 하루를 보낸다. 이들은 해야 할 일이 밀리다 보니 비생산적인 하루를 보낸다. 아침 일찍 일어나려면 일찍 자는 습관을 길러야 한다. 한편, 일찍 일어나겠다고 잠을 적게 자서는 안 된다. 잠을 충분히 자야 활동할 수 있는 에너지가 생긴다. 일찍 일어나기 위해 깨어 있는 시간 동안 집중하며 수면 시간을 확보해 보자.

실행 방법으로는 다음을 참고하자.

첫째, 일찍 일어나려면 밤 10~11시에 자야 한다. 깨어 있는 시간에 해야 할 일을 다 마칠 수 있도록 계획을 세우고, 일찍 자도록 한다. 매일 규칙적으로 같은 시간에 자고 일어날 수 있도록 한다.

둘째, 건강을 위해 수면 시간을 확보한다. 새벽 기상을 위해 잠을 줄이려고 하는 사람들이 있다. 잠을 적게 자면 건강에 적신호가 온다. 건강이 최고의 자산이기 때문에 하루에 6~7시간은 잘 수 있도록 한다.

셋째, 잠들기 전 컴퓨터나 스마트폰을 하지 않는다. 바쁜 현대인들은 늦은 시간에 취미 생활을 하며 늦게 자는 경우가 많다. 방 조명을 어둡게 해서 편안한 분위기를 만든 후 일찍 잠자리에 들도록 한다.

2) 해야 할 일을 정해 놓는다

아침에 일어나 해야 할 일을 정해 놓지 않으면 알람을 듣고 일어났다가 다시 잠들게 된다. 아침 시간을 어떻게 보낼지 계획을 세운다. 해야 할 일을 전날 준비해서 책상 위에 올려놓고 잔다. 지인들과 약속이 있거나 가족 여행을 가는 경우, 낮일에 해야 할 습관을 못 하게 된다. 이런 경우를 대비해 아침 시간에 할 수 있도록 계획을 세운다. 꾸준한 습관을 유지하기 위해서는 미리 시간을 확보해야 한다. 시간을 확보해 놓지 않으면 바쁘다는 이유로 안 하게 되고 나중에는 쉽게 포기하게 된다. 스케줄을 항상 메모하면서 중요한 일들을 놓치지 않게 한다.

실행 방법으로는 다음과 같은 방법이 있다.

첫째, 아침에 일어나 해야 할 일을 미리 준비한다. 하루를 마무리하면서 다음 날 계획을 점검하고 준비해 둔다.

둘째, 중요한 일을 아침 시간에 한다. 아침에 중요한 일을 미리 해 두면 마음 편하게 하루를 시작할 수 있다. 아침을 여유롭게 시작하면 하루를 시작하는 에너지도 바뀐다.

셋째, 무리한 계획을 세우지 않는다. 다른 사람들과 비교하면서 무리하게 계획을 세우는 사람들이 있다. 많은 것을 하는 것이 중요한 게 아니라 한 가지를 하더라도 제대로 하는 게 중요하다. 매일 실천할 수 있는 작은 목표부터 세워 시간을 알차게 보낼 수 있도록 한다.

3) '미라클 모닝' 챌린지에 참여한다

요즘 SNS에서 미라클 모닝 챌린지가 유행이다. 네이버 블로그, 인스타그램 등에 '미라클 모닝' 해시태그가 달린 글이 많다. 이들은 스마트폰에서 타임스탬프 앱을 설치해 일어난 시간을 사진으로 찍고 게시물로 올려 인증 샷을 공유한다. 챌린지에 참여하면 아침 일찍 일어나는 습관을 지속적으로 유지하게 된다. 챌린지 참여는 서로 응원하면서 성장의 시간을 가질 수 있어 유익하다. 필자도 챌린지에 참여하여 습관을 유지하고 있다. 피곤하고 힘들 때는 하루 이틀 쉬어 가고 싶을 때도 있다. 열심히 참여하시는 분들을 통해 힘을 얻고 미라클 모닝을 실천하고 있다.

실행 방법으로는 다음을 참고하라.

첫째, 자신에게 맞는 챌린지에 참여한다. SNS에 인증하는 방법 외에도 '챌린저스', '카카오 프로젝트 100' 등 앱을 다운로드해 이용할 수 있다. 두 앱 모두 챌린지에 참여하기 위한 참가비도 없을뿐더러 100% 달성 시에는 포상을 주어 동기 부여를 해 준다.

둘째, 챌린지에 참여하는 사람들과 소통하며 성장한다. 자신의 인증 샷만 올리고 끝내기보다 다른 참여자들과 댓글로 응원하며 소통하자.

셋째, 챌린지에 끝까지 참여한다. 개인적인 사정이 생겨 챌린지 도중 한두 번 못하게 되는 경우가 있다. 중간에 빠지더라도 최소 100일 동안 지속할 수 있도록 노력한다. 결과보다 습관을 이루어 가는 과정이 중요하기에 책임감 있게 챌린지에 참여한다.

일찍 자고 일찍 일어나면 쾌적함을 느낄 수 있다. 일찍 일어나면 기분도 좋아져서 알찬 하루를 보낼 수 있다. 일찍 일어나면 시간을 더 많이 사용할 수 있고, 부지런한 습관을 형성할 수 있다. 일찍 일어나려면 밤 11시 전에는 자야 한다. 전날 밤에 아침에 일어나 해야 할 일을 정해 놓고 잠자리에 들어야 한다. 미라클 모닝 챌린지에 참여하면 일찍 일어나는 습관을 지속적으로 유지할 수 있다. 아침 일찍 일어나는 사람들은 생활이 안정적이고 다른 사람들보다 앞서 나갈 수 있다. 전 세계의 자산 1조 부자 21인이 실천했던, '일찍 일어나는 습관'을 나만의 습관으로 만들어 보자.

✎ 에필로그

습관의 힘을 가르쳐 주신 이기준 국사 선생님

저의 어린 시절 환경은 좋지 않았습니다. 어머님께서 식당을 하셔서 많은 남자 손님들이 저희 집에 오셨기 때문에 저에게는 집이 위험한 곳이었습니다. 술 취한 아저씨들을 피해야 했기 때문에 때로는 밤에 사다리를 타고 지붕 위로 올라가 몸을 피해야 했고, 때로는 한밤중에 시골 마을에서 도망 다녀야 했습니다. 도망가다 친구네 집으로 달려 들어간 적도 있고, 친구 아버님의 도움으로 나쁜 아저씨를 피한 적도 있습니다. 안방 장롱 뒤에 숨어서 안 나온 적도 많았습니다.

그러다 보니 학교생활도 힘들고 공부도 잘되지 않았습니다. 그 당시 학교 선생님들은 시험을 못 보거나, 수업 시간에 질문을 해서 답을 못 맞히면 체벌을 자주 하셨습니다. 선생님께 자주 몽둥이로 맞아서 허벅지가 까맣게 멍든 적도 많았습니다. 그렇게 맞아도 집에 가서 부모님께 얘기한 적이 없었습니다. 부모님께 말이라도 해서 '힘든 상황을 줄이면 좋았을 걸.' 하면서 지나고 나서 후회한 적도 있습니다. 하지만 소극적인 성격이었기 때문에 말수도 없고 조용한 학생으로 지냈습니다.

중2 때 국사 선생님께서 여름 방학 숙제로 국사책을 한 권 다 써오라는 숙제를 내주셨습니다. 국사책을 다 써오는 학생은 '앞으로 무슨 일을 하든 해낼 수 있다'고 얘기를 해 주셔서, 저는 희망을 가지고 도전하며 인생의 첫 번째 터닝 포인트를 맞이했습니다.

국사 선생님의 말을 믿고, 여름 방학 동안 하루에 8시간 이상 필사해서 숙제를 끝냈습니다. 책상에 오래 앉아 필사하다 보니 집중력도 좋아지고 공부하는 습관도 생겼습니다. 그 후의 삶은 완전히 변했고, 학업에 열중하려고 노력하며 지냈습니다. 국사 선생님께서는 필사와 습관의 위대한 힘을 알고 계셨던 분입니다. 어떤 사람과 어떤 책을 만나느냐에 따라 인생이 바뀐다는 것을 깨닫는 계기가 되었습니다.

훌륭한 선생님의 가르침으로 인해 저는 소극적인 사람에서 열심히 노력하는 사람으로 성장했습니다. 옛 친구들이 지금의 저의 모습을 보면 많이 놀라기도 합니다. 생각지도 못한 삶을 살아간다는 얘기를 해준 적도 있습니다. 저에게 시련이 다가왔을 때 삶을 바꿀 수 있었던 것은 포기하지 않고 도전하는 삶을 살았기 때문입니다. 인생의 고난이 닥쳤을 때도 그 문제를 해결하기 위해 계획을 세우고 작은 것부터 도전하기 시작했습니다.

저에게 성공이란? 꿈을 향해 한 걸음 한 걸음 꾸준히 나아가며 주변 분들에게 동기 부여하며 선한 영향력을 주는 것입니다. 저의 후반부 인생에서는, 희망 전도사로서 사람들의 성장을 도우며 살아가는 것이 최종 목표입니다. 저는 다른 사람들과 경쟁하는 것보다 협력하며 함께 성장하는 것을 좋아합니다. 사람들과의 약속을 제일 중요시 생각하고, 말한 대로 실행하다 보니 주변에 좋은 분들이 많이 생겨 저희 집은 일년 내내 먹을 것이 끊어지지 않는 집이 되었습니다. 저도 좋은 분과의 인연을 이어 가고자 노력하며 도움을 주고 있습니다.

지금까지 살아온 모든 길들이 하나님의 은혜였습니다. 고난과 역경을 통해 하나님의 사람으로서, 인생의 지혜와 앞으로 나아가는 힘을 배웠습니다. 힘든 여정 길을 달려오면서도, 남편과 결혼한 뒤 부부 싸움 한 번 한 적이 없고, 자녀들 또한 건강하게 자라 주었습니다.

또한 20년 이상 좋아하는 일을 하면서 천사같이 예쁜 소중한 제자들을 만났습니다. 제자들이 점점 성장하는 것을 볼 수 있다는 것도 큰 축복입니다. 수업 시간에 제자들이 열심히 공부하는 모습만 보고 있어도 참 행복합니다.

작은 것에도 감사하며 행복하게 살아갈 수 있어 요즘 너무 행복합니다. 많이 가져서 행복한 것이 아니라 함께하며 나눌 수 있어 행복합니다.

저는 매일 아침 에밀 쿠에의 『자기 암시』, '나는 날마다 모든 면에서 점점 더 나아지고 있다!'라고 외치며 하루를 시작합니다. 매일 하루를 계획하고 습관을 실천합니다. 작은 습관의 힘이 저의 인생을 바꾸었기에 저는 습관을 멈출 수 없습니다.

누구나 작은 목표부터 세우고 실천하면 삶을 변화시킬 수 있습니다.

못한다고 생각하고 두려움에 싸여 시작하지 않으면 아무것도 할 수 없습니다.

나이는 숫자에 불과합니다. 민지 자신이 가장 좋아하는 것이 무엇인지 생각해 보세요. 그 후 좋아하는 것을 꾸준히 할 수 있게 계획을 세우시고 습관을 실천해 보시길 바랍니다.

여러분들도 긍정적인 생각으로 도전하며 좋은 습관을 만들어 가시길 뜨겁게 응원합니다!

이 책을 쓰면서 도움 받은 참고 자료

Oprah's Journal(https://www.oprah.com/spirit/oprahs-private-journals diary-excerpts/all), 1970.11.6.

〈꼬리에 꼬리를 무는 그날 이야기 시즌2〉, SBS, 17회 2021.07.01. 방송

게리 켈러, 제이 파파산, 『원씽』, 비즈니스북스, 2013

고대원, 성은모, 『습관 공부 5분만』, 빈티지하우스, 2019

고마츠 야스시, 『정리정돈의 습관』, 알에이치코리아, 2012

구본형, 『익숙한 것과의 결별』, 생각의나무, 1999

김시현, 『필사 쓰는 대로 인생이 된다』, 한빛비즈, 2016

김연아, 『김연아의 7분 드라마』, 중앙출판사, 2010

김은경, 『습관의 말들』, 유유, 2020

김제덕, 〈살림하는 남자들 시즌2〉, KBS, 2021.08.21. 방송

나가타 히데토모, 『100일을 디자인하라』, 이지현 옮김, 유엑스리뷰, 2021

나폴레온 힐, 조엘 포티노스, 오거스트 골드, 『나폴레온 힐의 365 부자일기』, 안진환, 최정임 옮김, 더스타일, 2012

더 나은 HR을 만드는 IMHR (https://www.imhr.work/brand/meet)

데이먼 자하리아데스, 『작은 습관 연습』, 고영훈 옮김, 더난출판사, 2020

라이프 엑스퍼트, 『놀라운 집중의 기술』, 전경아 옮김, 기원전, 2006

로버트 마우어, 『끝까지 계속하게 만드는 아주 작은 반복의 힘』, 장원철 옮김, 스몰빅라이프, 2016

로이 F.바우마이스터, 손 티어니, 『의지력의 재발견』, 이덕임 옮김, 에코리브르, 2012

류희석, 『습관, 최고의 내가 되는 기술』, 바이북스, 2020

리처드 부스, 〈세상을 이끄는 1%, 천재들의 독서법〉, KBS, 2021.01.16. 방송

박찬호, 〈리얼 타임 영감의 순간〉, EBS, 2016

벤저민 하디, 『최고의 변화는 어디서 시작되는가』, 김미정 옮김, 비즈니스북스, 2018

브렌든 버처드, 『식스 해빗』, 김원호 옮김, 웅진지식하우스, 2019

사사키 후미오, 『나는 습관을 조금 바꾸기로 했다』, 정지영 옮김, 쌤앤파커스, 2019

스티브 기즈, 『습관의 재발견』, 구세희 옮김, 비즈니스북스, 2014

스티브 스콧, 『게으름이 습관이 되기 전에』, 신예경 옮김, 알에이치코리아, 2020

스티브 스콧, 『해빗 스태킹』, 강예진 옮김, 다산4.0, 2017

쓰카모토 료, 『행동하는 습관』, 김경인 옮김, 경원북스, 2019

안현모, 〈전지적 참견 시점〉, MBC, 2021.06.19. 방송

에밀 쿠에, 『자기 암시』, 하늘아래, 2020

오쇼, 『명상이란 무엇인가』, 정근호 옮김, 젠토피아, 2014

오은영, 〈요즘 육아 금쪽같은 내 새끼〉, 채널A, 2021.10.15. 방송

오히라 노부타카, 『끝까지 해내는 사람들의 1일1분 루틴』, 황혜숙 옮김, 센시오, 2020

웬디 우드, 『해빗』, 김윤재 옮김, 다산북스, 2019

위키하우(wikiHow), (https://ko.wikihow.com/스트레스-안-받고-사는-방법#ref-3)

위키하우(wikiHow), (https://ko.wikihow.com/의지력을-갖는-법#ref-9)

윌리엄 너스, 『미루는 습관 버리기』, 조은경 옮김, 팬덤북스, 2015

윌리엄 너스, 『심리학 미루는 습관을 바꾸다』, 이상원 옮김, 갈매나무, 2013

유광선, 『와일드 이펙트』, 와일드북, 2020

유재석, 〈유 퀴즈 온 더 블럭〉, tvN, 2020.09.09.

이병훈, 『성적이 오르는 학생들의 1% 공부 비밀』, 원앤원에듀, 2017

이시다 준, 『지속력』, 페이지팩토리, 김상애 옮김, 2015

이상화, 〈동상이몽2-너는 내 운명〉, SBS, 2019.09.30.

이충호, 『십대, 꿈을 이루어주는 습관의 힘』, 피플앤북스, 2020

잭 캔필드, 마크 빅터 한센, 레스 휴이트, 『미래를 여는 집중의 힘』, 이준희 옮김, 북코프, 2007

제임스 클리어, 『아주 작은 습관의 힘』, 이한이 옮김, 비즈니스북스, 2019

제프 헤이든, 『스몰 빅』, 정지현 옮김, 리더스북, 2019

조광일, 〈Show Me The Money 10〉, Mnet, 2021.11.27. 방송

찰스 두히그, 『습관의 힘』, 강주헌 옮김, 갤리온, 2012

켈리 맥고니걸, 『왜 나는 항상 결심만 할까?』, 신예경 옮김, 알키, 2012

톰 콜리, 『습관이 답이다』, 김정한 옮김, 이터, 2019

페트로 루드비크, 『미루는 습관을 이기는 작은 책』, 김유미 옮김, 비즈니스북스, 2018

프레드릭 울버튼, 수잔 샤피로, 『어떻게 나쁜 습관을 멈출 수 있을까』, 이자영 옮김, 소울메이트, 2013